A HISTORY OF
苏格兰史
SCOTLAND

[英] 玛格丽特·麦克阿瑟 —— 著　　刘淑珍 —— 译

中国出版集团公司
华文出版社

图书在版编目（CIP）数据

苏格兰史 /（英）玛格丽特·麦克阿瑟著；
刘淑珍译. -- 北京：华文出版社，2020.10
（华文全球史）
ISBN 978-7-5075-5357-4

Ⅰ.①苏… Ⅱ.①玛…②刘… Ⅲ.①苏格兰—历史 Ⅳ.①K561

中国版本图书馆CIP数据核字(2020)第184666号

苏格兰史

作　　者：	[英] 玛格丽特·麦克阿瑟
译　　者：	刘淑珍
选题策划：	华盛世享
插图供应：	18629596618
责任编辑：	景洋子　魏丹丹
出版发行：	华文出版社
社　　址：	北京市西城区广外大街305号8区2号楼
邮政编码：	100055
网　　址：	http://www.hwcbs.com.cn
电　　话：	总编室010—58336239
	发行部010—58336212
经　　销：	新华书店
印　　刷：	三河市国英印务有限公司
开　　本：	710×1000　1/16
印　　张：	28.25
字　　数：	347千字
版　　次：	2020年10月第1版
印　　次：	2020年10月第1次印刷
标准书号：	ISBN 978-7-5075-5357-4
定　　价：	110.00元

版权所有　侵权必究

出版前言

随着中国开放的大门越开越大,关注世界各国尤其是西方国家文明的源流、发展和未来已经成为当下世界史研究的一个热点,为了成系统地推出一套强调"史源性"且在现有世界史出版物中具有拾遗补阙价值的作品,我们经过认真论证,推出了"华文全球史"系列,首次出版约为一百个品种。

"华文全球史"系列从书目选择到人名地名的规范,从书稿中图片的采用到译者的确定,都有比较严格的遴选规定、编审要求和成稿检查,目的就是要奉献给读者一套具有学术性、权威性的高质量的世界史系列图书。

书目的选择。本系列图书重视世界史学科建设,视角宽阔,层级明晰,数量均衡,有所突出。计划出版的华文全球史中,既有通史,也有专题史,还有回忆录,基本上是世界历史著作中的上乘之作,同时填补了国内同类作品出版的空白。

人名地名规范。本系列图书中人名地名,译名规范,重视专业性。在人名翻译方面,我们坚持"姓名皆全"的原则,加大考据力度,从而实现了有姓必有名,有名必有姓,方便了读者的使用。在注释方面,书中既有原书注,完整地保留了原著中的注释;也有译者注,体现了译者的研究性成果。

书中的插图。本系列图书的一个重要特征是书中都有功能性插图,这些插图全方位、多层次、宽视角反映当时重大历史事件,或与事件的场景密切相关，涉及政治、军事、经济、社会、外交、人物、地理、民俗、生活等方面的绘画作品与摄影作品。功能性插图与文字结合，赋予文字视觉的艺术，丰富了文字的内涵。

译者的确定。本系列图书的翻译主要凭借的是一个以大学教师为主的翻译团队，团队中不乏知名教授和相关领域的资深人士。他们治学严谨，译笔优美，为确保质量奉献良多。

"华文全球史"系列作为一套具有较高学术价值的优秀的世界历史丛书，对增加读者的知识，开阔读者的视野，具有积极的意义。同时要看到，一方面很多西方历史学家的观点符合事实，另一方面不少西方历史学家的观点是错误的，对于这些，我们希望读者不要不加分析地全盘接受或全盘否定，而是要批判地吸收外国文化中有益的东西。

华文出版社

2019年8月

目 录

001　**第 1 章**
　　　盖尔时期

045　**第 2 章**
　　　英格兰时期

077　**第 3 章**
　　　独立战争时期

111　**第 4 章**
　　　独立王国时期

141　**第 5 章**
　　　詹姆斯一世至詹姆斯五世统治时期

201　**第 6 章**
　　　宗教改革时期

261	**第 7 章**
	共主联邦时期
353	**第 8 章**
	合并后时期
411	**译名对照表**

第1章

盖尔时期

精彩看点

苏格兰概况——苏格兰的主要民族——罗马帝国入侵——英格兰人入侵——斯科特人——基督教的传入——皮克特人信奉基督教——英格兰人信奉基督教——英格兰人再次入侵——皮克特人与斯科特人的统一——北方人到来——苏格兰向英格兰称臣——获取斯特拉斯克莱德——占领洛锡安——克努特入侵——苏格兰国王麦克白即位——英格兰移民的到来——"征服者"威廉入侵——苏格兰的圣玛格丽特的宗教改革——有争议的继承——盖尔时期的终结——本章小结

当今，我们把大不列颠岛北部称为苏格兰。然而，大不列颠岛北部从前并不叫苏格兰。直到凯尔特人中的一支，即斯科特人从爱尔兰来到大不列颠岛北部，才将这里命名为苏格兰。在历史上，罗马人首次提到苏格兰时称它为喀里多尼亚。苏格兰的历史和民族构成与欧洲其他国家和民族不同，主要体现在两个方面：首先，苏格兰从未真正被纳入罗马帝国的版图；其次，我们发现凯尔特人的一个分支，在条顿人到来之前，不仅没有消失，而且坚决地对抗条顿人，最终条顿人被凯尔特国王征服，并在后来为凯尔特王国的独立英勇奋战，仿佛自己就是凯尔特人。

苏格兰各区域的地理情况不尽相同。福斯湾和克莱德湾将大不列颠岛北部与大不列颠岛隔开，导致苏格兰几乎成了一个独立的半岛。大致来说，整个苏格兰西部为高地，东部为低地。半圆的格兰皮安山脉从克莱德湾一直延伸到迪伊河口，可以视为高地和低地的分界线。低地沿苏格兰东海岸线向北延伸。低地和高地的显著差异对居民性格的形成至关重要，也影响了整个苏格兰的发展历程。低地地区水源充足、土地肥沃。生活在低地地区的人们平和、勤勉。有证据表明，低地地区不管是沿海还是内陆，很早之前就有了人口稠密、经济繁荣的城镇。高地地区则恰恰相反。高地地区到处是湖泊、荒野和荒山，这些地方多岩石，高不可攀，而长满石楠的山坡也不能作为牧场使用。在群山之间的幽谷——唯一可耕种的地方,可收获的农作物种类稀少、收成晚、不稳定。高地地区任何种类的植被都很稀少。苏格兰西海岸被分割成无数小岛。曲曲折折的海岸线或被伸入海里的陡峭嶙峋的海岬切割,或被狭长的湖泊割断。海水灌入陆地,群山凸起,两侧都是光秃笔直的悬崖。即使在今天,高地地区也几乎没有重要城镇。因为陆地交通不便,海岸线又如此危险,商业往来几乎是不可能的。在高地地区,即便是孜孜不倦地劳作,也只能勉强维持生计。高地人对家乡群山的贫瘠感到灰心丧气。因此,高地人觊觎临近的苏格兰低地地区的繁荣,并且发现直接偷盗"邻居"的谷物、牛羊比自己耕作、喂养容易得多。所以高地人一直以来总是抢劫更加富有的低地人,而这对低地人来说完全就是灾难。

苏格兰被自然环境分为地理特征截然相反的两个部分,苏格兰人也由大名鼎鼎的雅利安人中截然不同的两个支系构成,即凯尔特人和条顿人。最早来

凯尔特人

条顿人

到苏格兰的是凯尔特人。当苏格兰在历史上被人熟知时,即罗马帝国第一次入侵苏格兰时,凯尔特人就已经占领了苏格兰。后来我们发现,在大不列颠岛北部,有三个凯尔特人的支系,即皮克特人、斯科特人和威尔士人。皮克特人是居住在福斯湾以北的阿尔巴王国①的凯尔特人,早期人们称他们为皮克特人。如果从地名、当代的记述和告示来判断,我们有充分的理由认为,皮克特人更像是盖尔人,而不是凯尔特人的另一个分支——不列颠人。斯科特人是盖尔人的另一个分支。在我们第一次听到"斯科特"这个名字时,斯科特人还居住在爱

---

① 也作奥尔本王国。——原注

皮克特人

盖尔人

尔兰。后来，斯科特人从爱尔兰迁徙到大不列颠岛西海岸。斯科特人是皮克特人的朋友和盟友，因为早期的资料就提到他们曾并肩作战，对抗罗马帝国。之后，随着越来越多的斯科特人在阿尔巴王国安顿下来，福斯湾北部的凯尔特人对斯科特人渐渐习以为常，此后就把斯科特人定居的整个地区称为苏格兰。福斯湾南部的凯尔特人中有部分信仰基督教，并受到罗马文明的教化，所以与其他凯尔特人不同。来自易北河和埃德河之间的条顿部落称这部分凯尔特人为威尔士人。条顿人沿苏格兰东海岸定居，最终占领大片土地，并把被条顿人赶走的威尔士人或其他民族的人称为凯尔特人。凯尔特人把所有新来者称为撒克逊人。事实上"撒克逊"只是最早来到这里的一个部落的名字。随着撒克逊

撒克逊人

人逐渐分散在低地地区,"撒克逊"这个词开始只用来指低地人。随着时间的推移,最初的凯尔特和撒克逊两大部落的人口比例几乎颠倒过来。起初,凯尔特与撒克逊两大部落的人口比例为三比一。到了苏格兰现代时期,尽管"凯尔特人"的称呼得以保留,但凯尔特与撒克逊两大部落的人口比例已经逆转为一比三了。

罗马人当时已经控制大不列颠岛南部。80年,在阿格里科拉的率领下,罗马人进入大不列颠岛北部。罗马人把大不列颠岛北部的凯尔特人称为"喀里多

一个喀里多尼亚人的首领拜见来到大不列颠岛北部的阿格里科拉

尼亚人"。罗马人发现此处的群山之中的凯尔特人非常善于自卫，于是决定放弃征服这个地方。在高地边界的一场大战中，罗马人尽管击败了凯尔特人，但还是撤回福斯湾和克莱德河以南。在福斯湾和克莱德河之间约三十英里①宽的地峡上，罗马人修建了众多堡垒，堡垒之间由防御城墙连接。修筑城墙的目的是保卫罗马帝国并作为罗马帝国的边界。尽管在地峡以北发现了许多罗马人

在与喀里多尼亚人大战前，阿格里科拉向军队发表演说

---

① 英制长度单位。一英里约合一点六零九三四四千米。——译者注

哈德良

的遗迹，但可以确定在没有防御工事时，罗马人就已经在防御工事内设置了定居点。喀里多尼亚人斗志昂扬，无法眼睁睁地看着自己的家园就这样被占领。于是，喀里多尼亚人越过城墙，不断侵扰罗马人，夺取或摧毁能得到的一切。最后，120年，罗马皇帝哈德良在地峡下游的泰恩河和索尔韦河之间建造了第二座城墙，这使两河之间的区域几乎完全任由凶猛的皮克特人摆布。此时，罗马人开始称皮克特人为喀里多尼亚人。二十年后，即140年，罗马皇帝安敦尼统治时期，罗马将军昆塔斯·洛利乌斯·乌尔比古斯把皮克特人再次赶回第一座城墙，修复并加强了阿格里科拉建立的防御工事。但不到半个世纪，皮克特人又一次冲破防线,并且杀死罗马指挥官。208年,罗马皇帝塞维鲁率领一支庞大的军队穿过喀里多尼亚,到达苏格兰北部海岸。但他并没有机会作战,而且损失了诸多士兵。塞维鲁修复并加固了哈德良城墙。不久之后,皮克特人又越过第二座城墙,向南一直打到肯特郡。4世纪后半叶,罗马将军弗莱维厄斯·狄奥多西不得不带领大军向伦敦开战。弗莱维厄斯·狄奥多西是罗马皇帝狄奥多西一世之父。弗莱维厄斯·狄奥多西花费巨大精力击退皮克特人,恢复了罗马帝国原来的疆界,把两座城墙之间的地区变成罗马的一个省。为纪念当时的皇帝瓦

罗马皇帝塞维鲁

瓦伦丁尼安一世

伦丁尼安一世,弗莱维尼斯·狄奥多西将其命名瓦伦西亚。大概就在此时,地峡的低处修建了巨石墙。5世纪初,威胁罗马帝国首都的风险迫使罗马人放弃了瓦伦西亚及罗马在英格兰的所有其他省份。罗马军队的撤离使瓦伦西亚已罗马化的不列颠人成为不列颠人残忍的敌人——皮克特人——无助的猎物。在罗马人入侵的第三个世纪结束时,福斯湾南部的不列颠人与阿尔巴和加洛韦仍然独立野蛮的皮克特人几乎没有什么共同之处,皮克特人就像异族人。一方虽然依旧是未开化的"异教徒",一如既往的勇敢和凶猛;另一方是已开化的基督教徒,丧失了原始部落的活力,导致无力抵抗那些更好战的同族。

布列吞人。

  6世纪,盎格鲁人大举入侵苏格兰。盎格鲁人在瓦伦西亚东海岸定居,把布列吞人——盎格鲁人称之为威尔士人——驱赶回西部山区。由此,罗马城墙之间的区域存在两个王国:547年,艾达建立英格兰诺森伯兰王国,占据福斯湾以南整个地区的东部;威尔士王国,因为其提供水源的河流又被称为斯特拉斯克莱德,占据从克莱德湾向南延伸到迪伊河的地区。

  几乎就在英格兰人大量涌入大不列颠东海岸的同时,苏格兰人也逐渐在大不列颠西海岸定居下来。由于分隔英格兰和爱尔兰的海峡只有十二英里宽,苏格兰人可以很容易地从斯科舍①来到更大的岛屿寻求财富。尽管我们难以确

---

① 爱尔兰的旧称。——原注

定苏格兰人最早到来的日期,但可以肯定的是,直到6世纪初期苏格兰人才大规模迁徙至此,并且足够团结从而形成新的独立王国。这是记录凯尔特人由西向东的迁徙记录之一,也是一个不一样的记录。因为大家一致认为在条顿人到来之前,凯尔特人是被一直向西驱逐的。当时苏格兰人的领导者是统治爱尔兰北部的达尔里亚达家族的弗格斯大帝和洛恩·麦克·艾瑞克。在大不列颠西海岸,弗格斯大帝和洛恩·麦克·艾瑞克建立了新的国家。当时这个国家被命名为达尔里亚达,现在被称为阿盖尔。

阿尔巴的皮克特人是"异教徒"。苏格兰人与阿尔巴的皮克特人不同,因为当时的爱尔兰人已经基督教化。新来者苏格兰人为他们征服的地方带来了

弗格斯大帝

新的信仰，并把基督教传播给皮克特人和诺森伯兰王国的英格兰人。向苏格兰人传播基督教的伟大使徒是有着"苏格兰鸽子"之称的科伦巴。科伦巴本是爱尔兰达罗修道院院长，因与亲戚不睦，且自己一方战败，被迫离开爱尔兰，来到阿尔巴海岸的新殖民地。当时达尔里亚达的国王康纳尔·麦克·康盖尔热

科伦巴

情接待了科伦巴,并赠予科伦巴一个小岛。小岛叫艾奥纳,大约一英里半长,一英里宽,位于马尔岛西部。科伦巴与一起来的十二位修士在此定居。为了更好地传教,科伦巴与十二位修士简单建造了一个木制小教堂,还修建了几座粗陋的小木屋用来居住。后来,人们将这些小木屋称为修道院。科伦巴与十二位修士在修道院祈祷和修行。科伦巴与十二位修士的传教热情如同对上帝的虔诚一样强烈。他们从艾奥纳出发,在相邻的岛屿之间传教,将教义传播到奥克尼群岛,甚至冰岛。

到达艾奥纳约两年后,科伦巴开始自己负责皮克特人的信奉这一重要事项。科伦巴穿越格兰皮安山脉,寻求皮克特国王布里代一世的支持,并使布里代一世信奉基督教。与在艾奥纳的计划相同,科伦巴在布里代一世和依附于他的首领赐予的土地上建立宗教社区。由此,科伦巴建立的教会完全独立于

皮克特国王布里代一世皈依基督教

罗马主教和任何其他教会，但继承了爱尔兰的苏格兰人教会的独特性。修士们按照自己的方式计算过复活节和剃须的时间。这些事情虽小，但在当时非常重要，所以修士们为此争执了很长时间。直到716年，修士们才最终决定在何时过复活节、何时剃须这两件事上，遵从罗马习俗。按照科伦巴的教会的教廷系统，修道院院长权力最大。而在全世界信仰基督教的其他地方，所有的权力都属于主教。这是因为每一座修道院至少有一名神父，而主教除了任命神父，并没有其他权力。科巴伦是皇室成员，在达尔里亚达家族有很大的影响力。鉴于科伦巴的权威，阿尔巴王国召科伦巴来解决阿尔巴王国王位继承的争论。科伦巴之后，艾奥纳的历任修道院院长依然在阿尔巴王国所有教会事务上保持着至高无上的地位。9世纪中叶，在欧洲大陆，科伦巴为首的修士虔诚和富有学识的美誉广泛流传。也大约是在这一时期，圣芒戈复兴了在罗马占领时期传播到斯特拉斯克莱德的、威尔士人信仰的、行将没落的基督教。

此时，诺森伯里亚王国的英格兰人仍然是"异教徒"。但随着与邻国的战争不断，英格兰人逐渐壮大，有望成为大不列颠最强大的民族。7世纪初，在福斯湾以南的大不列颠岛，英格兰国王诺森伯里亚的埃德温是至高无上的。尽管诺森伯里亚的埃德温曾通过约克第一任主教约克的波莱纳斯的布道信奉

诺森伯里亚的埃德温接受洗礼并皈依基督教

诺森伯里亚的奥斯瓦尔德

基督教,可新教义似乎并没有在人民中广泛传播。诺森伯里亚的埃德温的继承者——诺森伯里亚的奥斯瓦尔德年轻时曾在亲戚皮克特国王的宫廷里避难。诺森伯里亚的奥斯瓦尔德向艾奥纳的修士们祈祷,希望修士们能派人去帮助英格兰人民信奉基督教。圣科南是第一个去英格兰的传教士,但圣科南对英格兰人的举止非常厌恶,很快就返回了艾奥纳。然后,修士中的另一个人林迪斯

林迪斯凡的艾丹在传教

凡的艾丹,却把一生都奉献给了圣科南不喜欢的任务。林迪斯凡的艾丹辛苦传教,传教热情也得到了当时的国王诺森伯里亚的奥斯瓦尔德的积极回应。诺森伯里亚的奥斯瓦尔德甚至亲自充当翻译,使英格兰听众能听懂传教士的传教。林迪斯凡的艾丹在林迪斯凡[①]修建了一个小教堂。从林迪斯凡开始,基督教传播到邻近的麦西亚王国,然后按照科伦巴的模式建立了许多修道院和学院。

诺森伯里亚的奥斯瓦尔德和其继任者奥斯威把诺森伯利亚王国的领地扩展到了福斯湾之外。据说诺森伯里亚的奥斯瓦尔德和奥斯威让苏格兰人和皮克特人向自己称臣纳贡。下一任国王诺森伯里亚的埃克弗里思,率领一支强大

---

① 它像艾奥纳一样,是一个小岛。——原注

的军队穿过泰河，向北挺进。但在一个具体位置不祥，叫内甘斯米尔的地方，诺森伯里亚的埃克弗里思在一场大战中战败被杀。此后，英格兰人似乎占领了福斯湾南部。但皮克特人没有被征服。这是我们知道的苏格兰历史上唯一的一件大事。除一长串列到843年的皮克特人与斯科特人共同的国王名单之外，没有任何其他历史记载。

皮克特人与斯科特人的统一发生在苏格兰国王肯尼思·麦卡尔平统治时期。我们可以肯定肯尼思·麦卡尔平是皮克特人的国王。但至于肯尼思·麦卡

有关内甘斯米尔战役的雕刻

尔平是如何成为国王的，只能靠猜测。虽然肯尼思·麦卡尔平和后世的国王保留了最初的苏格兰国王这一称谓，但更有可能的是继承来的而非征服来的。至于肯尼思·麦卡尔平统治了多少土地，对臣民的权力有多大，我们不得而知。据说，对凯尔特人而言，国王只是许多其他部落或部族中占统治地位的首领。每

肯尼思·麦卡尔平

唐纳德·麦卡尔平

个部落或部族都有自己的首领,而国王对这些首领的控制似乎更多只是名义上的,而非实际的。苏格兰北部地区似乎是由强大的、被称为"摩尔玛尔[①]"的部族首领统治。据说,部族首领名义上服从苏格兰国王,但行动似乎完全不受国王的控制。甚至有几个国王在与部族首领的战斗中丧生,部族首领确实是国王最麻烦的敌人。位于斯佩河和阿盖尔北面的马里王国是当时最强大的王国。马里王国横跨苏格兰,从马里湾一直延伸到对面的海洋。

肯尼思·麦卡尔平之后的国王是其弟唐纳德·麦卡尔平和其子康斯坦丁一

---

① 摩尔玛是盖尔语地区省统治者的名称,理论上仅次于苏格兰国王,相当于伯爵。——译者注

康斯坦丁一世

世。唐纳德·麦卡尔平和康斯坦丁一世统治时期主要与北方人作战。北方人是条顿人的一个"异教"民族，出没于海上，掠夺沿海地区。从8世纪开始，北方人对于英格兰人和凯尔特人就像大不列颠岛的祸害一样，在沿海猛攻，侵扰陆地，掠夺战利品。有时候，北方人占领大片土地并定居。现代欧洲的三个国家——丹麦、挪威和瑞典的所在地都曾是北方人的定居点之一。不过，虽然侵扰并最终征服英格兰的北方人主要来自丹麦，但挪威人似乎把苏格兰视为自己的特殊猎物。毫无疑问，苏格兰众多岛屿和海湾之间的相似性，以及斯堪的纳维亚半岛参差不齐的轮廓吸引了挪威人。苏格兰西海岸狭长的海湾，就像挪威的峡湾，为海盗的船提供了便利的港口。据我们所知，大约8世纪末，北方人第一次突袭了皮克特王国。据说北方人践踏了整个苏格兰海岸，摧毁了皮克特人的首都，并在爱尔兰海出没。北方人的暴行是专门针对修道院和宗教团体的，艾奥纳也没有幸免。艾奥纳一次又一次遭遇战火，被战争蹂躏，修道院被洗劫一空，修士被杀害。最后，修道院院长不得不向欧洲大陆为自己和神圣创始人的遗物寻求庇护。在肯尼思·麦卡尔平统治时期，苏格兰教会至高无上的地位移交给了邓凯尔德修道院。肯尼思·麦卡尔平之子康斯坦丁一世统治时期，哈拉尔·费尔海尔建立挪威王国，对苏格兰的入侵发生了变化。因为哈拉

哈拉尔·费尔海尔

尔·费尔海尔的入侵而流离失所的小部族首领们[①]不得不在其他地方寻求定居点。有些人在爱尔兰建立定居点，从爱尔兰出发去掠夺英格兰西海岸地区。还有一些人在奥克尼、苏德里斯或南岛，也就是北方人所说的赫布里底群岛安营扎寨。哈拉尔·费尔海尔征服了定居在奥克尼群岛的人，并把这些岛屿变成伯爵封地，送给他的一个盟友西格德。事实证明，西格德的继任者索尔斯坦是苏格兰王国强大的敌人。索尔斯坦控制了整个北方，几乎有现在的凯斯内斯和萨瑟兰两个郡那么大。这两个郡位于北方人所居住岛屿的南部，所以北方人将其命名为凯斯内斯和萨瑟兰。索尔斯坦死后，其庞大的领地便被分解了。大概就在此时，被认为是北方首领的吉里克夺取苏格兰王位并统治苏格兰十多年。吉里克作为苏格兰教会的解放者而被后人铭记。

吉里克

[①] 他们被称为维京人或海湾上的居民。——原注

康斯坦丁二世

吉里克之后统治苏格兰的是肯尼思·麦卡尔平之孙康斯坦丁二世。924年，康斯坦丁二世向英格兰国王"长者"爱德华称臣。康斯坦丁二世选择"长者"爱德华为"父亲和君主"，即把自己置于"长者"爱德华的保护之下，承认"长者"爱德华比自己更强大。随后，据此约定，英格兰人对苏格兰人提出统治要求。"长者"爱德华死后，苏格兰继续对其继任者阿瑟尔斯坦称臣，但康斯坦丁二世很快便后悔了。几年后，康斯坦丁二世和斯特拉斯克莱德的威尔士人与丹麦人结盟，企图夺回诺森伯里亚。因为阿瑟尔斯坦早已把苏格兰人赶出了诺森伯里亚。937年，康斯坦丁二世之子在布鲁南堡战役中被杀，盟军被彻底击溃。六年后，即943年，康斯坦丁二世决定退位，在圣安德鲁斯修道院隐居。

马尔科姆一世继承苏格兰王位。马尔科姆一世并非康斯坦丁二世之子,而是其堂侄①。因为苏格兰人并不严格遵守王位继承顺序,这一点在当时已成惯例:苏格兰人会选择皇室成员继位,但通常更希望让上一任国王的兄弟而不是儿子继位。马尔科姆一世统治期间的重大事件就是获取了斯特拉斯克莱德。斯特拉斯克莱德被英格兰国王埃德蒙一世征服,埃德蒙一世把斯特拉斯克莱德作为封地授予马尔科姆一世,条件是任何时候,只要需要,苏格兰都必须在陆上和海上为英格兰服务。这样,斯特拉斯克莱德就成了苏格兰王位继承人

马尔科姆一世

① 康斯坦丁二世的父亲与马尔科姆一世的爷爷为亲兄弟。——译者注

英格兰国王埃德蒙一世

的封地。关于马尔科姆一世之后的六位国王,因德武夫、杜布、奎伦、肯尼斯二世、康斯坦丁三世和肯尼斯三世,我们所知甚少。这六位国王在与威尔士人或苏格兰北方臣民的斗争中死去。在因德武夫统治时期,苏格兰人得到了由诺森伯里亚国王诺森伯里亚的埃德温建立的爱丁堡。

马尔科姆二世是马尔科姆一世的孙子,是肯尼斯·麦卡尔平直系血统的最后一个继承人。马尔科姆二世之后,苏格兰王位由原来的兄弟叔侄交替继承改为直系继承。马尔科姆二世统治苏格兰三十年,执政期间最著名的事件是设法得到诺森伯里亚北部的洛锡安。马尔科姆二世的首次行动是入侵白姆

因德武夫　　　　　　　　　　　　　杜布

奎伦

肯尼斯二世

康斯坦丁三世　　　　　　　　　　　肯尼斯三世

布勒的瓦尔塞奥夫的领地。白姆布勒的瓦尔塞奥夫年事已高，身体虚弱，终日把自己关在白姆布勒城堡。这让马尔科姆二世的行动毫无阻力。马尔科姆二世最远打到达勒姆，但在那里败给白姆布勒的瓦尔塞奥夫精力充沛的儿子博尔德的乌特雷德。几年后，宿敌博尔德的乌特雷德去世，马尔科姆二世再次入侵达勒姆，并于1018年在特威德河岸的卡汉姆取得辉煌胜利，一雪达勒姆战败之耻。卡汉姆战役胜利之后，苏格兰人占领了洛锡安。当时的伯尼西亚伯爵埃德武夫·库特尔还没有足够的力量将其夺回。据说因为肯尼斯三世曾对"和平者"埃德加表示效忠英格兰，以此换取对洛锡安地区的统治权，所以洛锡安已在肯尼斯三世时被英格兰国王"和平者"埃德加授予苏格兰。如果真是这样，

马尔科姆二世

英格兰国王埃德蒙二世

苏格兰人肯定又会再次失去洛锡安。尽管马尔科姆二世把洛锡安当作英格兰的领地,并向英格兰国王埃德蒙二世表示效忠,但在卡汉姆战役胜利后,苏格兰人得到洛锡安并守住了洛锡安。

1031年,威猛的丹麦国王克努特大帝北上。当时克努特大帝统治着丹麦、挪威和英格兰。马尔科姆二世觐见克努特大帝,向其称臣,并重申康斯坦丁二世和"长者"爱德华之间达成的协议。臣服于克努特大帝三年之后,马尔科姆二世驾崩,邓肯一世即位。邓肯一世之母为马尔科姆二世之女,嫁与邓肯修道院院长邓肯的克里南。传说为确保邓肯一世即位,马尔科姆二世让人谋杀了肯尼斯三世的孙子。如果真是这样，报应很快就会来临。因为被谋杀者的妹妹苏格兰的格鲁克是苏格兰国王麦克白的妻子。苏格兰国王麦克白是马里的摩尔玛尔，也是最有权势的部族首领之一。邓肯一世北上平叛引起骚乱的摩尔玛尔。苏格兰国王麦克白抓住邓肯一世到其封地的机会，在战斗中袭击了邓肯一世，之后在一个叫博斯高恩①的地方将其杀害。

苏格兰国王麦克白绝不应该被看作是一个篡位者和杀人犯。卢拉赫是苏格兰的格鲁克与前夫马里的吉尔·科曼的儿子，苏格兰国王麦克白的继子。苏

邓肯一世

① 古盖尔语中的意思是"铁匠的家"。——原注

苏格兰国王麦克白

格兰国王麦克白支持妻子苏格兰的格鲁克和卢拉赫的即位声明。因为根据公认的盖尔人继承规则,卢拉赫比邓肯一世更有权继承王位。毫无疑问,苏格兰国王麦克白认为谋杀年轻的国王邓肯一世是对自己内兄遭到谋杀的合法报复。无论如何,苏格兰国王麦克白英明睿智,即位之后把国家治理得很好。在苏格兰国王麦克白统治期间,苏格兰繁荣昌盛。苏格兰国王麦克白和妻子苏格兰的格鲁克不仅在国内捐助教会,还在国外施舍穷人。有记录显示苏格兰国王麦克白和妻子苏格兰的格鲁克曾救助过罗马帝国的穷人。但这种和平统治持续时间并不长久,因为邓肯一世的父亲——邓肯修道院院长克里南发动了一次

唐纳德三世

起义,声援其孙子马尔科姆三世①和唐纳德三世。大约在同一时间,诺森伯里亚伯爵西沃德带领一支军队攻打苏格兰国王麦克白,将其赶下王位。但诺森伯里亚伯爵西沃德一离开,苏格兰国王麦克白就把王位夺了回来。几年后,诺森伯里亚伯爵西沃德再次为堂弟马尔科姆三世的王位入侵苏格兰②,并在一场大战中击败苏格兰国王麦克白。尽管苏格兰国王麦克白又坚持了四年,最终还是在阿伯丁的伦法南被杀。苏格兰的格鲁克的儿子卢拉赫不久后驾崩,留下一子马里的梅尔·斯内赫泰。很久之后马里的梅尔·斯内赫泰才提出即位声明,但当时没有人想要延长这场斗争。

---

① 绰号"坎莫尔""大头王",根据记载马尔科姆三世的脖子很长。——原注
② 西沃德的一位女性亲戚嫁给了邓肯一世。——原注

马尔科姆三世的统治是苏格兰历史上的一个转折点。马尔科姆三世之后的苏格兰王国从根本上不再是纯粹的苏格兰式的。由于英格兰人带来的巨大影响,凯尔特人的礼仪、语言、法律和习俗都被改变了。这种变化很大程度上是由于1066年诺曼人在"征服者"威廉的带领下征服了英格兰。对于那些不愿向陌生人屈服的英格兰人来说,苏格兰宫廷是最近也是最好的避难所。那些不愿向陌生人屈服的英格兰人成群结队来到苏格兰,并受到热烈欢迎。在这些流亡者中,最引人注目的是西撒克逊王国的国王埃德加二世,以及其母亲阿加莎和姐姐苏格兰的圣玛格丽特和妹妹克里斯蒂娜。马尔科姆三世对埃德加二世一行非常友好。整个冬天埃德加二世一行都住在马尔科姆三世那里。在统

马尔科姆三世

治初期，马尔科姆三世入侵了英格兰①，摧毁了约克和诺森伯里亚。当时的诺森伯里亚伯爵托斯蒂格·戈文森前往罗马朝圣。现在，马尔科姆三世又进行了第二次类似的袭击。尽管两年前"征服者"威廉占领约克时，马尔科姆三世就曾通过达勒姆主教向"征服者"威廉表示过要效忠于他。这次，马尔科姆三世代表埃德加二世去侵扰克利夫兰和达勒姆这两个已经被"征服者"威廉摧毁的地方。马尔科姆三世的"进步"有目共睹。他采用了各种各样的暴行，教堂和

"征服者"威廉

———————
① 当时的英格兰国王是忏悔者爱德华。——原注

马尔科姆三世与苏格兰的圣玛格丽特

儿童无一幸免,苏格兰人还带回许多俘虏,甚至在最贫穷的苏格兰家庭里也能找到英格兰奴隶。与此同时,曾在英格兰举行过两三次起义的埃德加二世再次寻求苏格兰宫廷的庇护。不久之后,马尔科姆三世成功说服苏格兰的圣玛格丽特成为自己的妻子。在此之前,马尔科姆三世曾娶奥克尼伯爵托尔芬·西古德松的遗孀英格堡·芬斯多蒂尔,并育有一子,叫邓肯·麦克马尔科姆[①]。

1072年,"征服者"威廉带领舰队和军队北上,报复马尔科姆三世的突

---

① 即位后为苏格兰国王邓肯二世。——译者注

袭。"征服者"威廉最远到达皮克特人以前的首都——泰河的阿伯内西。马尔科姆三世在那里觐见"征服者"威廉，承认"征服者"威廉是苏格兰领主，表示自己愿意臣服于他，并提供人质作为诚信的保证，其中包括亲生儿子邓肯·麦克马尔科姆。但几年后，马尔科姆三世利用"征服者"威廉不在诺曼底的机会，又一次袭击"征服者"威廉的王国，一直打到泰恩，并带回了战利品和俘虏。"征服者"威廉的长子罗伯特·库尔斯为回击马尔科姆三世这次侵略，来到北方。令人高兴的是，罗伯特·库尔斯和马尔科姆三世达成和平协议，不再有流血冲突。这种和平的状态一直持续到1092年马尔科姆三世再次入侵英格兰时才被打破。马尔科姆三世再次入侵英格兰的理由是，他的内弟埃德加二世已经从

罗伯特·库尔斯

英格兰国王威廉二世

"征服者"威廉赐予的在诺曼底的避难地被赶了出来。当时继承"征服者"威廉宝座的是威廉二世。威廉二世带领大军挺近洛锡安。不过,在罗伯特·库尔斯和埃德加二世的斡旋下,洛锡安又恢复了和平。马尔科姆三世重申对威廉二世的臣服,威廉二世也重申其父"征服者"威廉对埃德加二世的赠予,包括某些庄园及每年支付十二马克。但威廉二世并没有遵守条约。当马尔科姆三世抱怨威廉二世违背诚信时,马尔科姆三世被传唤到英格兰的格洛斯特接受询问。马尔科姆三世去了格洛斯特。在格洛斯特,马尔科姆三世被置于与诺曼男爵同等的地位。对此马尔科姆三世深感屈辱,非常生气,所以很快回到苏格兰。于

马尔科姆三世之死

是，马尔科姆三世第五次率军进入英格兰，但这次远征并没有胜利归来。马尔科姆三世与其子爱德华在阿伦河河岸被杀，他的军队在混乱中逃离。

然而，这场灾难并没有随着马尔科姆三世的驾崩而结束。当时，善良的苏格兰的圣玛格丽特在爱丁堡一听到马尔科姆三世驾崩的噩耗差点伤心而死。苏格兰的圣玛格丽特这个善良女子的许多优点为其赢得圣人的称号。苏格兰的圣玛格丽特是宗教革命的中流砥柱。这场宗教革命是在宫廷、人民、教会和国家中默默进行的。苏格兰的圣玛格丽特的虔诚和学识使马尔科姆三世和人民不再凶残，使苏格兰从半开化到更加文明，对其丈夫马尔科姆三世和人民都产生了巨大影响。据说，苏格兰的圣玛格丽特在宫廷里引进银盘和苏格兰人从未见过的许多奢侈品，鼓励文学和商业。但苏格兰的圣玛格丽特更主要忙于恢复宗教的地位。因为当时宗教的地位已日渐衰落，教会已经从古老的纯洁和热情中堕落，成为许多滥用职权者的牺牲品。比如，修道院属于大家族的世袭制的继承人，通常由不懂宗教的门外汉把持。宗教基础掌握在一群不正规的神职人员手中，这群不正规的神职人员被称为"卡尔迪斯[①]"。为此，苏格兰的圣玛格丽特召开了一场神职人员会议，亲自和神职人员谈话，丈夫马尔科姆三世充当翻译。

---

① Culdees来自两个拉丁词，意思是"上帝的仆人"。——原注

苏格兰的圣玛格丽特尽最大努力使神职人员放弃各自的特性,服从基督教的习惯。苏格兰的圣玛格丽特重建了艾奥纳修道院。这座修道院此前遭受了北方人巨大的破坏。苏格兰的圣玛格丽特在邓弗姆林建造了一座新修道院。苏格兰的圣玛格丽特和丈夫马尔科姆三世后来就葬在那里。

马尔科姆三世和被公认为王位继承人的马尔科姆三世之子爱德华之死,使整个王国陷入混乱。盖尔人一直对上一任继承者的转变,以及英格兰移民取代盖尔人的部族首领怀着厌恶和嫉妒之情。盖尔人推选马尔科姆三世的弟弟唐纳德·贝恩①登上空缺的王位。与此同时,马尔科姆三世和第一任妻子英格堡·芬斯多蒂尔之子邓肯·麦克马尔科姆祈求英格兰国王威廉二世帮助自己夺回父亲的王国,并承诺苏格兰将成为英格兰的封地。邓肯·麦克马尔科姆的请

邓肯·麦克马尔科姆

---

① 即位后为苏格兰国王唐纳德三世。——译者注

求得到威廉二世的回应。在英格兰和诺曼军队的帮助下,邓肯二世赶走统治了苏格兰几个月的叔叔唐纳德三世。可是唐纳德三世在马尔科姆三世和苏格兰的圣玛格丽特的在世的子嗣中最年长的苏格兰的埃德蒙的帮助下,再次占据上风,谋杀了邓肯二世,流放了其他家庭成员,在位三年。但后来,埃德加二世跟随英格兰军队来到北方,埃德加二世把外甥埃德加·麦克马尔科姆[①]推上了王位,如同当初把王位授予邓肯二世一样。之后,唐纳德三世被抓。按照当时的残忍惯例,在被投入监狱前,唐纳德三世被剜去双眼。苏格兰的埃德蒙则在忏悔中死于英格兰的一家修道院。

苏格兰的圣玛格丽特的儿子们继续推行由苏格兰的圣玛格丽特发起的宗教革命。在宫廷和乡村,凯尔特人的习俗越来越受到撒克逊人的影响。国王更看重新贵族和英格兰伯爵。洛锡安作为最富有的地方,成为苏格兰国王埃德加统治时期最重要的领地。而北方真正的苏格兰人却被视为野蛮人、异类、天敌和永久扰乱一切和平与繁荣的人。这一时期的记录是如此之少,而且现有记录主要是从其他国家的编年史中偶然发现的有关苏格兰的事件中提取出来的,以至任何关于这个国家状况或人民生活习惯的资料都极其模糊。主要的建筑遗迹来自布里金和阿伯内西以爱尔兰风格建造的圆形钟塔。这些圆形钟塔仍然是基督教的见证。布里金的教堂是在肯尼斯三世时期建造的。

在苏格兰历史的第一个时期,最值得注意的事件是罗马帝国入侵时遇到的来自皮克特人的抵抗,斯科特人从爱尔兰来到苏格兰,斯科特人和皮克特人在肯尼斯·麦卡尔平统治下的融合,科伦巴将基督教传入苏格兰,皮克特人和英格兰人信奉基督教,以及苏格兰国王统治斯特拉斯克莱德和洛锡安。我们也必须注意到,世袭的影响是如此巨大,以至一个家族可以这么长时间地继承王位。来自英格兰的流亡者带来的非凡的革命彻底改变了当时国民生活的潮流,给构成这个国家的两大民族带来如此多的冲突和苦难。

---

① 即位后为苏格兰国王埃德加。——译者注

第2章
英格兰时期

精彩看点

"赤脚王"马格努斯入侵——与英格兰联姻——亚历山大一世——亚历山大一世的宗教改革——大卫一世——与英格兰的战争——军旗战役——与英格兰和解——苏格兰的内部改善——马尔科姆四世——征服加洛韦——"狮子"威廉——《法莱斯条约》——"狮子"威廉在林肯向英格兰国王约翰表示敬意——苏格兰教会独立——内部问题——"狮子"威廉统治时期的社会进步——亚历山大二世——划定边界——北方的状况——亚历山大三世——亚历山大三世的婚姻和对英格兰的臣服——北方人的最后一次入侵——文学和建筑——国家概况

苏格兰国王埃德加统治初期，"赤脚王"马格努斯宣称对奥克尼和斯堪的纳维亚的领地享有权利。"赤脚王"马格努斯抓捕了奥克尼伯爵保罗·索芬森和埃利勒·索芬森，并让自己的儿子西格德一世成为新的奥克尼伯爵。然后，"赤脚王"马格努斯向苏德里斯群岛航行，那时苏德里斯群岛附属于群岛王国

苏格兰国王埃德加

中的马恩岛。"赤脚王"马格努斯暴力占领苏德里斯群岛,并通过绕每一个岛航行一周,宣示对苏德里斯群岛的所有权。据说为证明对金泰尔的所有权,"赤脚王"马格努斯手握舵柄,穿过地峡。"赤脚王"马格努斯死后,这些岛屿又回到以前的所有者手中。而以前的所有者的后代,即群岛之王,只要觉得有利时,就会宣布自己是挪威的附属国。但"赤脚王"马格努斯的这次入侵有一点与以往的北方人入侵有所不同。"赤脚王"马格努斯的这次入侵,神圣的艾奥纳岛受到尊重,当时重建的修道院没有受到"赤脚王"马格努斯特别命令的伤害。

"征服者"威廉之幼子英格兰国王亨利一世与苏格兰国王埃德加的妹妹苏格兰的马蒂尔达①的联姻使苏格兰与英格兰的友好关系得以维持和加强。事实证明,正如苏格兰的马蒂尔达的母亲苏格兰的圣玛格丽特是苏格兰的福音

英格兰国王亨利一世

---

① 原名伊迪丝。——原注

苏格兰的马蒂尔达

一样,苏格兰的马蒂尔达也给英格兰人民带来了福气。苏格兰的马蒂尔达教会了国王亨利一世"爱他的子民",被子民亲切地称为"好王后马蒂尔达"。而苏格兰国王埃德加统治期间之所以能平安无事,得益于弟弟大卫①提供了明智的建议。因此,苏格兰国王埃德加临终之前,把斯特拉斯克莱德和王国的其他部分分开,并将斯特拉斯克莱德作为回报授予弟弟大卫。

---

① 后来成为苏格兰国王,称大卫一世。——译者注

苏格兰国王亚历山大一世

苏格兰国王亚历山大一世不像哥哥苏格兰国王埃德加那样性格温和，他意志坚定，不屈不挠。亚历山大一世统治期间国家动荡不安。亚历山大一世总是试图镇压那些反对自己的不安分的臣民。首要的难题无疑来自北方。莫恩人和马里人偷偷潜入，行动迅速而敏捷，准备击杀亚历山大一世。莫恩人和马里人的战术对邓肯一世来说是致命的，但被亚历山大一世看穿了。亚历山大一世发现了莫恩人和马里人的阴谋，于是快速行军迎战。莫恩人和马里人被迫战斗，在马里湾的北岸被彻底打败。亚历山大一世在胜利后采取了明显的报复行动，赢得了"凶猛王"的绰号。为纪念这次成功，亚历山大一世建立了斯昆的修道院。

亚历山大一世的精神和智慧值得纪念。他正是凭借这种精神和智慧维护了国家教会的独立。亚历山大一世急于以同样的精神推行其母亲苏格兰的圣玛格丽特已经开始的宗教改革。为此，亚历山大一世任命母亲苏格兰的圣玛格丽特的告解神父——达勒姆的图尔戈特为圣安德鲁斯的主教,并要求约克大主教杰勒德为达勒姆的图尔戈特举行圣职仪式。对此,约克大主教杰勒德要求苏格兰所有主教都要服从于他。这等同于把整个苏格兰都归为约克大主教杰勒德的教区。这种要求显然不合理。毫无疑问,洛锡安的所有主教都服从于约克大主教杰勒德。但苏格兰教会的历史比约克大主教杰勒德的教会的历史要更悠久,而且从来没有依赖过任何外部势力。而达勒姆的图尔戈特原来所在的达勒姆修道院就是从苏格兰教会分离出来的。后来,伦敦主教莫里斯为新主教达勒姆的图尔戈特举行圣职仪式,达勒姆的图尔戈特被任命为苏格兰教会的领袖,这个难题得以解决。但达勒姆的图尔戈特并没有履行自己的新职责,而是尽其所能地将苏格兰教会交由约克大主教杰勒德管辖。结果达勒姆的图尔戈特很快和亚历山大一世发生了争执。亚历山大一世拒绝让达勒姆的图尔戈特去罗马向教皇帕沙尔二世陈述情况。达勒姆的图尔戈特辞职并回到达勒姆,不

教皇帕沙尔二世

久之后在达勒姆去世。为拒绝约克大主教杰勒德的主张,亚历山大一世决定从南部省份选出下一位主教。埃德默本是坎特伯雷的一名修士,也是坎特伯雷的圣安塞尔姆大主教的学生和传记作者。埃德默接受了主教一职。但事实证明,埃德默并不比达勒姆的图尔戈特好多少。埃德默坚持认为自己及其主教辖区应依附于坎特伯雷。因为亚历山大一世坚决不同意,所以埃德默也辞职离开。

埃德默

大卫一世

尽管埃德默后来反悔,并提议回来,但为时已晚,因为斯昆修道院院长斯昆的罗伯特已经代替埃德默被任命为主教。亚历山大一世没有留下子嗣,其弟大卫继承了王位。因此,斯特拉斯克莱德重新回归到苏格兰王国。

大卫一世统治早期,马里爆发起义。马里人抓住大卫一世去英格兰的机会发动起义。当时大卫一世去处理与亨廷登爵位相关的事务。亨廷登本是被"征服者"威廉处死的诺森伯兰伯爵瓦尔塞奥夫的一个英格兰封地。大卫一世因与继承人诺森伯兰伯爵瓦尔塞奥夫之女——亨廷登伯爵夫人莫德结婚而获得亨廷登爵位。莫里的摩尔玛尔安格斯和马尔科姆,是卢拉赫母系的后代,马里人和莫恩人希望把安格斯和马尔科姆中的一个推上苏格兰王位。随着叛乱的继续,恐慌中的大卫一世请求英格兰北部贵族的帮助。他的请求得到了回应。大卫一世准备北上,凯尔特人惊慌失措,放弃了囚禁在罗克斯堡城堡的首

第 2 章 英格兰时期 | 053

罗克斯堡城堡遗址

领。历史记录中首次出现了王国治安团。王国治安团打败了叛军。马里的领地被没收,然后分配给了诺曼骑士。大卫一世还是坎布里安亲王时,就已经笼络了这些骑士。

1135年,亨利一世驾崩。因在英格兰拥有土地,大卫一世第一个宣誓效忠自己的外甥女[①]——亨利一世之女及继承人马蒂尔达皇后。大卫一世也是拿起武器捍卫马蒂尔达皇后的继承权,向布卢瓦的斯蒂芬[②]宣战的第一个人。大卫一世立即进军英格兰,接受北方贵族的臣服,并以马蒂尔达皇后的名义占领了除班伯勒之外的所有北方要塞。布卢瓦的斯蒂芬向北进军,迎战大卫一世。但布卢瓦的斯蒂芬和大卫一世达成了和解。因为大卫一世不能违背对马蒂尔达皇后的誓言,所以自己不能拥有布卢瓦的斯蒂芬的封地。后来通过授予大卫

---

① 大卫一世是马尔科姆三世的儿子,马蒂尔达皇后的母亲苏格兰的马蒂尔达是马尔科姆三世的女儿。因此,马蒂尔达皇后是大卫一世的外甥女。——译者注
② 即位后为英格兰国王斯蒂芬。——译者注

一世之子苏格兰的亨利亨廷登伯爵的头衔,以及卡莱尔和唐克斯特两个地方,才解决了这个难题。尽管大卫一世要求苏格兰的亨利继承诺森伯兰[①]没有得到布卢瓦的斯蒂芬的批准,但布卢瓦的斯蒂芬还是答应会考虑这一点。于是,苏格兰的亨利跟随布卢瓦的斯蒂芬一起南下。在英格兰宫廷,苏格兰的亨利比英格兰贵族更有优先权。这引起英格兰贵族的嫉妒。英格兰贵族立即全体离开宫廷。大卫一世对此十分愤慨,于是召回苏格兰的亨利。大卫一世准备第二年再次入侵英格兰,并决定除非苏格兰的亨利立即拥有诺森伯兰,否则不会同意任

布卢瓦的斯蒂芬

[①] 诺森伯兰本是苏格兰的亨利的母亲亨廷登伯爵夫人莫德的遗产。——原注

何和平条件。1138年，大卫一世的军队洗劫了英格兰北部各郡县，摧毁了诺勒姆城堡并击溃一队兰开斯特人。当时这些兰开斯特人正聚集在里布尔河的克利瑟罗抵抗入侵者。这次胜利之后，战胜国苏格兰犯下了前所未有的暴行。

军旗战役，又称诺萨勒顿战役。苏格兰军队的暴行，以及对作为英格兰王位继承人之一的大卫一世试图赢得英格兰王位的担心，终于唤醒了英格兰北部的骑士。英格兰北部的骑士决定放弃内部分歧，同仇敌忾，纷纷聚集在一位勇猛而伟大的士兵——沃尔特·埃斯佩克的大旗之下。英格兰北部的骑士义愤填膺。之前，英格兰北部的骑士曾准备帮助大卫一世镇压那些凯尔特人。而现在，大卫一世正带领这些凯尔特人攻击他们。苏格兰人、加洛韦的皮克特人、斯特拉斯克莱德的威尔士人、奥克尼的北方人，以及洛锡安的英格兰人与诺曼骑士一起，组成了所谓的苏格兰军队。但苏格兰军队成功的机会很小。凯尔特人嫉妒陌生的诺曼人，嚷嚷着凯尔特人才有权领导这场斗争，各种族之间纷争不断。多次纷争之后，苏格兰军成功的机会更小。事实证明，纷争对苏格兰的事业是致命的。最后，大卫一世做出让步。如果大卫一世有更好的判断力，就会把打破敌对阵营的任务交给装备精良、骑术精湛的骑兵，而不是继续使用步兵。两军在诺萨勒顿附近的一处沼泽相遇。在那里，英格兰人正聚集在军旗周围。这面军旗如此奇特，以至这场战役也因此得名。军旗是神圣的，被悬挂在船的桅杆上，上面有约克的圣彼得、贝弗利的圣约翰和里彭的圣威尔弗雷德的图案。战争开始前，两位诺曼贵族，第一代安南戴尔勋爵罗伯特·德布鲁斯和伯纳德一世·德·巴利奥尔进行了最后一次维护和平的尝试。第一代安南戴尔勋爵罗伯特·德布鲁斯和伯纳德一世·德·巴利奥尔是大卫一世的朋友，从大卫一世手里获取了土地。他们的后代在苏格兰历史上扮演了重要角色。第一代安南戴尔勋爵罗伯特·德布鲁斯和伯纳德一世·德·巴利奥尔请求大卫一世不要与曾经立场相同的老朋友开战。但大卫一世对第一代安南戴尔勋爵罗伯特·德布鲁斯和伯纳德一世·德·巴利奥尔的恳求无动于衷。于是，第一代安南戴尔勋爵罗伯特·德布鲁斯和伯纳德一世·德·巴利奥尔宣布放弃效忠大卫一世。战斗

军旗战役中的英格兰军队

开始，加洛韦人对英格兰人发动猛烈进攻，但被英格兰人的弓箭击退并逃跑。加洛韦人的逃跑在苏格兰军队中引起混乱。大卫一世被杀的传言使人们更加恐慌。虽然大卫一世竭尽全力把逃亡的人聚集在他的旗帜——韦塞克斯的古老巨龙周围，但还是被迫退到卡莱尔。几天后，大卫一世之子苏格兰的亨利在卡莱尔与大卫一世会合。这次失败并没有把苏格兰人赶出英格兰。大卫一世继续围攻坚固的威克城堡，最后威克城堡的人投降。

次年，即1139年，在达勒姆，大卫一世和布卢瓦的斯蒂芬达成和解。苏格兰的亨利继承诺森伯兰的爵位，布卢瓦的斯蒂芬则保留班伯勒和纽卡斯尔，大卫一世则继续管理北方各郡县的事务，直至驾崩。和解两年后，大卫一世又拿起武器支持马蒂尔达皇后。当马蒂尔达皇后的军队在温切斯特溃败时，

马蒂尔达皇后

亨利二世

大卫一世侥幸逃脱了被俘虏的命运。在卡莱尔的宫廷,正是大卫一世封玛蒂尔达皇后的儿子亨利二世为骑士。不过,随着自己唯一的儿子苏格兰的亨利去世,大卫一世痛苦地走向生命的终结。苏格兰的亨利为人正直,是一名英勇的士兵,他的死举国哀伤。苏格兰的亨利娶了萨里伯爵威廉·德·瓦伦之女埃达·德·瓦伦。他们育有三子,即马尔科姆四世、"狮子"威廉和亨廷登伯爵戴维。长子马尔科姆四世和次子"狮子"威廉接连继位。长女苏格兰的埃达[①]嫁给荷兰伯爵弗洛里斯三世,并得到许诺的一大片土地——罗斯作为嫁妆。苏

---

① 婚后为亨廷登的埃达。——译者注

荷兰伯爵弗洛里斯三世

格兰的亨利死后,大卫一世把长孙马尔科姆四世送到各郡,让各郡承认他为继承人。几个月后,大卫一世在卡莱尔驾崩,葬在邓弗姆林修道院,他的父母旁边。

大卫一世既是一个良善之人,也是一个伟大的国王。在国外,大卫一世维护王国的荣誉;在国内,大卫一世一生为人民谋福利。苏格兰王国后来的很多社会和政治制度都归功于他。大卫一世招徕外国贵族阶层,鼓励许多诺曼贵族来到他的宫廷,并通过赐予贵族土地诱使他们定居苏格兰。这得罪了当地的部族首领。大卫一世也没有忘记老百姓的利益,他增加了皇家自治市的数量,并给予市民许多特权和豁免。《大卫传》是其朋友兼仰慕者——里沃修道院院长里沃的埃尔雷德的著作。里沃的埃尔雷德的描述就如一幅引人入胜的图画,画中是一位能干贤德的国王,和蔼可亲,彬彬有礼,待人不分贵贱,随时准备倾听臣民的投诉,扶正祛邪,对任何弱势群体从不置若罔闻。里沃的埃尔雷德告诉我们,大卫一世是如何为臣民伸张正义的。大卫一世在特定的日子里,在王国的几个地区,亲自听审诉讼,为穷人和受压迫者申冤。六个主教

里沃的埃尔雷德

院——邓布兰、布里金、阿伯丁、凯斯内斯、罗斯和格拉斯哥,要么由大卫一世建立,要么由大卫一世恢复。还有许多修道院都是在大卫一世统治时期建立的。大卫一世继续教会改革,劝导"异教徒"们遵守更常规的方式,以免被赶出修道院。大卫一世在位二十九年,其间,苏格兰国力昌盛,人口增长,文明进步。毫无疑问,如果他的继任者拥有同样的能力,这个王国边界将会是蒂斯河而不是特威德河。

马尔科姆四世登上王位时还不满十二岁。事实上,马尔科姆四世的即位是因为当时世袭制占了上风,并且马尔科姆四世的祖父大卫一世已经镇压了北方部族,建立了常规的政府机构。

马尔科姆四世

"狮子"威廉

马尔科姆四世统治时期最主要的政绩是征服加洛韦。当时的加洛韦已直接依附苏格兰王室。马尔科姆四世在阿基坦帮助亨利二世与法兰西王国作战时,一些贵族曾计划起义。起义的目的是废黜马尔科姆四世,让其弟"狮子"威廉即位。1160年,马尔科姆四世回国后不久,那些贵族包围了马尔科姆四世所在的珀斯,并试图将其俘虏。但这些贵族被马尔科姆四世打败,溃不成军。许多部族首领逃到了加洛韦。马尔科姆四世紧追不舍,并收复了加洛韦。加洛韦领主加洛韦的弗格斯在霍利鲁德修道院结束了自己的生命。四年后,即1164年,另一个危险的敌人起义对付马尔科姆四世。这次是阿盖尔的领主索默莱德。索默莱德虽然没有国王的头衔,却拥有统治苏格兰西海岸的权力。索默莱德带领大军,从克莱德河上的伦弗鲁附近登陆。但索默莱德一上岸立刻就被叛变者杀死了。索默莱德的追随者也被打散,逃回各自的岛屿,再也没有叛乱。

马尔科姆四世在苏格兰王国内加强了权力,但马尔科姆四世却失去了大卫一世曾控制的英格兰北部各郡县。因为1157年,马尔科姆四世与亨利二世在切斯特会晤时,亨利二世迫使他放弃这些地区。与大卫一世拥有这些区域时的条件一样,马尔科姆四世被授予亨廷登伯爵的头衔。

威廉绰号"狮子王",继承其兄马尔科姆四世的王位。"狮子"威廉渴望重新获得诺森伯兰的爵位。这是他父亲苏格兰的亨利曾经拥有,却在马尔科姆四世在位时失去的。亨利二世拒绝把诺森伯兰的爵位还给"狮子"威廉。因此,"狮子"威廉帮助亨利二世的儿子们反抗他。趁亨利二世不在法兰西王国时,"狮子"威廉入侵英格兰,占领了几个要塞地区。但1174年7月,由于鲁莽,自恃英勇,"狮子"威廉和苏格兰最优秀的贵族们,在阿尼克城堡墙外的草地上遭遇突袭,成为俘虏,被送往诺曼底的法莱斯。

阿尼克城堡下的战斗

"狮子"威廉在阿尼克城堡下的战斗中被俘

  1174年年末,"狮子"威廉通过签署《法莱斯条约》重获自由。《法莱斯条约》对"狮子"威廉和苏格兰来说都是奇耻大辱。《法莱斯条约》规定之后苏格兰王国就像洛锡安那样成为英格兰王国的附庸,并且苏格兰的男爵和神职人员也要臣服于英格兰国王,英格兰国王将掌管苏格兰要塞。在释放"狮子"威廉和苏格兰最优秀的贵族们时,作为守信的保证,每个人都将留下其子或下一个继承人继续作为人质。"狮子"威廉的弟弟亨廷登伯爵戴维和其他二十一位男爵继续作为人质,直到英格兰得到苏格兰要塞。1175年,"狮子"威廉在约克觐见亨利二世,向其表示臣服:苏格兰国王,连同其伯爵、男爵、自由佃户和神职人员,在圣彼得大教堂成为英格兰国王的臣民。神职人员发誓,如果"狮子"威廉对亨利二世不忠,他们将会对苏格兰实施宗教禁令,而世俗人员则会被英格兰领主控制。《法莱斯条约》一直有效,直到1189年亨利二世去世。后来英格兰国王理查一世因为"十字军运动"缺钱,在敲诈一万马克之后释放了"狮子"威廉,归还了苏格兰要塞,但拒绝把"狮子"威廉梦寐以求的诺森伯兰伯爵爵位还给他。

按照《法莱斯条约》签订之前苏格兰国王对英格兰国王的惯例,英格兰国王约翰即位之后,"狮子"威廉向英格兰国王约翰称臣。"狮子"威廉在林肯觐见英格兰国王约翰。英格兰国王约翰由一群英明神武的贵族簇拥着。但两

英格兰国王约翰

位国王之间的气氛并不友好。英格兰国王约翰想在特威德茅斯建一座城堡，以破坏苏格兰最大的贸易城市贝里克的贸易。但苏格兰人赶走了建造者，夷平了城堡。有一段时间，英格兰国王约翰和"狮子"威廉两位国王都屯兵边境，形成对峙。

1176年，在北安普顿举行的一次大议会上，约克大主教宣称苏格兰是他主教辖区的一部分，并且呼吁苏格兰神职人员依附自己。苏格兰神职人员向教皇提出抗议。教皇没有准许约克大主教坚持的主张。1188年，教皇克莱门特三世以苏格兰教会直接依赖罗马教廷为由，批准了苏格兰教会独立的请求。

教皇克莱门特三世

"狮子"威廉被囚禁期间,加洛韦发生了叛乱。"狮子"威廉的所有将领要么被杀,要么被驱逐。在法莱斯投降之后,加洛韦首领加洛韦的吉尔·布里格特认为自己是英格兰的附庸。因此,加洛韦的吉尔·布里格特帮助英格兰侵扰洛锡安。直到1185年加洛韦的吉尔·布里格特去世前,洛锡安永无宁日。"狮子"威廉的朋友加洛韦的洛克兰随后占领加洛韦,赶走加洛韦的吉尔·布里格特的继承人,重建皇家城堡。"狮子"威廉利用加洛韦的洛克兰的影响诱使亨利二世承认加洛韦的洛克兰的控制权,从而获得了一个忠诚而可靠的盟友。正是在加洛韦的洛克兰的帮助下,"狮子"威廉才得以镇压了北方一场可怕的起义。

　　在"狮子"威廉统治时期,自由城镇开始引起人们的注意。阿伯丁得到"狮子"威廉的特许,获得自由贸易和自治的特权。"狮子"威廉批准芒特山以北的公民可以像其祖父大卫一世时期那样开设法庭。因此,我们看到,苏格兰北部的城镇为相互支持而团结在一起。这比欧洲大陆的汉萨同盟早了一个世纪。汉萨同盟把波罗的海的贸易城市联系在一起。一些最重要的城镇从"狮子"威廉那里获取特许状。"狮子"威廉还通过在一些偏远的地方,如埃尔金、奈恩和因弗内斯,建立自己的法庭来扩大北方文明的影响。"狮子"威廉统治时期建立的唯一的宗教场地是阿布罗斯修道院。阿布罗斯修道院是为当时的圣徒——坎特伯雷的圣托马斯而建的。1214年,在斯特灵,"狮子"威廉驾崩,留下一子苏格兰国王亚历山大二世继承王位。

　　亚历山大二世继位成为马里又一次起义的导火索之一。但因为那时苏格兰国王在马里的权力比以往任何时候都要大,所以镇压这次起义比以往任何一次都容易。这一次,苏格兰的专制与自由之间的巨大斗争使英格兰国王约翰与英格兰贵族们产生了分歧。亚历山大二世加入贵族阵营,希望能借此夺回诺森伯兰。亚历山大二世越过边界,接受北方贵族的效忠。1215年,亚历山大二世带领军队与英格兰男爵们的军队一起,向多佛尔进发。在多佛尔,亚历山大二世向法兰西国王路易八世表示臣服。路易八世应贵族之约前来接受亚历山大二世的觐

亚历山大二世

法兰西国王路易八世

见。但英格兰国王约翰驾崩及其子亨利三世在林肯的成功即位改变了整个事态的发展。1217年,像往常一样,亚历山大二世向亨利三世称臣,并被授予亨廷登伯爵的头衔。四年后,即1221年,亚历山大二世和亨利三世的妹妹英格兰的琼的婚姻使亚历山大二世和亨利三世之间的关系更加紧密。这一联姻之后是持久的和平,尽管亚历山大二世仍然声称自己拥有诺森伯兰,亨利三世也依然支持约克大主教对苏格兰教会拥有至高无上的权力。亨利三世去法兰西王国时,将边境交由亚历山大二世管控。1237年,在约克举行的一次会议上,为获得彭里斯和泰恩河谷的土地,亚历山大二世同意放弃对诺森伯兰伯爵爵位的要求。

亨利三世

1222年，英格兰和苏格兰两国试图划定明确的边界，双方各任命了六名专员。虽然对边界的确切位置存在争议，英格兰和苏格兰也都宣称自己拥有大片领土。而事实并非如此。从1222年起到19世纪，边界几乎未曾改变。

亚历山大二世统治时期发生的一场骚乱向我们展示了苏格兰王国北部无政府的状态。凯斯内斯的主教梅尔罗斯的亚当试图在其教区强制收缴什一税。教区居民聚在一起，商议抵制这种苛捐杂税的最佳方式。据说在教区居民开会商议的时候，有一个人叫道："不如我们杀了主教算了！"听了这句话，教区居民便采取行动。教区居民不再白费口舌攻击主教梅尔罗斯的亚当，而是把主教梅尔罗斯的亚当和他的房子都烧成了灰。这场骚乱前，凯斯内斯的前主教凯斯内斯的约翰被奥克尼伯爵哈拉尔德·马达德松抓走，割掉了舌头。在远征西部群岛的途中，亚历山大二世在凯勒拉岛^①驾崩。亚历山大二世的第二任妻子库西的玛丽育有一子——亚历山大三世。亚历山大三世继承王位。

亚历山大二世骑士装的钢印

① 阿盖尔海岸的一个小岛。——原注

在古老的加冕之地——斯昆①，八岁的亚历山大三世加冕为苏格兰国王。按照传统，没有登上命运之石的人都不能成为合法的苏格兰国王。加冕仪式中最引人注目的部分是一位凯尔特吟游诗人的出现。亚历山大三世是古代凯尔特国王的后裔。因此，凯尔特吟游诗人向亚历山大三世致敬，和向凯尔特国王致敬一样。凯尔特吟游诗人背诵了亚历山大三世所有祖先的名单，将众人的思绪带回最遥远的时代。这或许是要提醒亚历山大三世，他的国王头衔竟然来自先辈轻视和鄙夷的那些凯尔特人。

亚历山大三世

---

① 保存着著名的命运之石的地方。——原注

英格兰国王爱德华一世

　　1251年圣诞节，在约克，亚历山大三世大婚，娶亨利三世之女英格兰的玛格丽特为妻。因在英格兰拥有封地，亚历山大三世向英格兰国王亨利三世称臣。但亚历山大三世未答应亨利三世提出的承认苏格兰为英格兰属国的要求。亚历山大三世借口这个问题太棘手，必须要征求谋臣的意见。1278年，亚历山大三世去威斯敏斯特觐见英格兰国王爱德华一世，并向其表示敬意，承认苏格兰为英格兰属国这个问题再次被提出。亚历山大三世声称自己只因享有英格兰的封地而向爱德华一世表示敬意，这并不代表苏格兰王国对英格兰王国表示敬意。爱德华一世声称自己是苏格兰的领主，但当时并没有强制苏格兰接受。

1262年，挪威国王哈康四世率领一支庞大的舰队来到奥克尼群岛和西部群岛。北方人称这两个岛为苏德里斯①或南岛。舰队沿西海岸航行，在沿岸岛上敲诈勒索，并突袭内陆。在其他地方，北方人的舰队穿过长湖和洛蒙德湖之间狭窄的海峡，沿洛蒙德湖向下，侵扰伦诺克斯。这是因为伦诺克斯下游土地肥沃。哈康四世沿克莱德湾航行，试图与亚历山大三世达成和解。亚历山大三世起初愿意放弃对赫布里底群岛的所有主张，但希望保留坎布雷斯岛、比特岛和阿伦岛。但苏格兰人故意拖延和解时间，因为苏格兰人预计秋天的暴风雨会帮助自己除掉对手。希望果然没有落空。1262年10月月初，一场猛烈的暴风雨来临，把对手的船打散，一些船被击沉，一些船搁浅。1263年，一支苏格兰军队在艾尔海岸匆忙集结。第二天，在拉格斯附近登陆的北方人被这支苏格兰军队轻松击败。哈康四世在返回挪威的途中，于奥克尼群岛中的一个小岛驾崩。1266年，哈康四世之子同意支付一千马克，放弃马恩岛和西部群岛，并承诺每年支付一百马克给苏格兰。马恩岛和西部群岛的岛民获得赦免，但条件是主教辖区应该继续设在特隆赫姆。1281年，亚历山大三世之女苏格兰的玛格丽特②与挪威国王埃里克二世结婚。1283年，苏格兰的玛格丽特去世，留下一幼女挪威少女玛格丽特。几个月后，亚历山大三世的独生子苏格兰王子亚历山大去世，苏格兰的玛格丽特之女挪威少女玛格丽特成为苏格兰王位继承人。三年后，即1286年夜里，亚历山大三世沿金霍恩附近的法伊夫海岸骑马时从马上摔下而亡。

　　这一时期的编年史，没有一本是苏格兰人写的。但有一位诗人不仅诗文有名，而且因预言而享有盛誉。这位诗人就是埃塞尔多恩的托马斯·利尔茅斯。因为大家都认为托马斯·利尔茅斯的预言是真实的，所以托马斯·利尔茅斯被称为"诗人托马斯"和"预言帝托马斯"。据说托马斯·利尔茅斯曾预言过那场巨大的国家灾难——亚历山大三世之死。亚历山大三世之死将酿成一场巨

---

① 即南赫布里底群岛。——原注
② 与挪威国王埃里克二世成婚后称挪威女王苏格兰的玛格丽特。——译者注

大的风暴，这风暴是"如此严酷而猛烈，以至整个苏格兰都将处于风雨飘摇之中"。还有一位苏格兰名人是著名的巫师迈克尔·斯科特。迈克尔·斯科特在异国他乡游历甚多。迈克尔·斯科特作为学者、占星家和魔术师，在异国他乡就像在自己的国家苏格兰一样享有盛名。这一时期的建筑主要是苏格兰的圣玛格丽特和其后代建立的教堂和修道院。这些教堂和修道院都和英国的当代建筑风格相同。迄今为止，苏格兰只有很少的城堡①。像爱丁堡、斯特灵和邓巴顿的防御工事，都是陡峭的岩石，难以接近，所以这些防御工事并不需要艺术加工。而我们推断这一时期的住宅是木质结构的。

  苏格兰历史的第二时期随着亚历山大三世的驾崩戛然而止。苏格兰历史的第二阶段始于两百多年前最后一位凯尔特国王唐纳德三世被废黜。在这一时期，通过吞并阿盖尔和西部群岛，苏格兰的边界得到扩展。苏格兰的两个附属——洛锡安和加洛韦，与苏格兰的联系也更加紧密，尽管洛锡安和加洛韦仍然是独立的。在整个苏格兰历史的第二时期，英格兰王国的势力虽然以比较温和的方式进入苏格兰，却比以往任何时候都要强大。英格兰的法律和习俗已被引入苏格兰，在许多情况下代替了凯尔特人以前的法律和习俗。凯尔特人的摩尔玛尔已被苏格兰王室的地方治安官代替。但由于苏格兰并没有像英格兰那样分成很多郡，地方治安官也不像英格兰那样是各郡的长官，而是被国王派到某些地区的政府官员。这些地区或治安管辖区成为后来的郡。诺曼征服之后建立的封建制度，连同苛捐杂税和种种压迫，都被引入苏格兰并扎根，甚至比英格兰更加牢固。原来的部族首领被外国贵族取代，无论是凯尔特农民的土地还是撒克逊农民的土地，全都归诺曼贵族所有。甚至有时候，新来的诺曼人利用现有的凯尔特人的姓氏建立自己的家族。这是因为凯尔特人以自己的名字给居住的土地命名，所以诺曼人占有这些土地时，相当于连同凯尔特人的名字一起夺走了。苏格兰与英格兰的和平持续近一个世纪，从而取得了巨大的社会进

---

① 用砖石建造的坚固建筑。——原注

步。苏格兰历史的第二时期被开垦过的大量土地证明，在这段没有外敌侵扰的时期，农业一定很兴旺。苏格兰也修建了很多道路和桥梁，许多贸易发达的城镇积累了大量的财富，取得了巨大进步。到苏格兰历史的第二时期结束为止，苏格兰王国还没有明确任何城镇作为苏格兰的首都。圣约翰镇又称珀斯，因为靠近斯昆，第一个被提出做苏格兰的首都。但国王不打算把首都设在任何一个皇家自治市。这些皇家自治市在苏格兰非常重要。皇家自治市的议员都直接听命于国王。因此，在某种程度上，皇家自治市是对贵族日益增长的权力的制衡。这些皇家自治市的市民有权根据自治市制定的法律来管理自己。这些皇家自治市被分为两派。福斯湾以北的人被汉萨①同盟联系在一起，并且以汉萨同盟这个名字为人熟知。而在洛锡安，四个主要代表城市是罗克斯堡、斯特灵、爱丁堡和贝里克，这四个皇家自治市有自己的法庭。因为《皇家自治市公约》，这些自治市至今仍每年在爱丁堡举行一次会议。这一时期的苏格兰市镇也丝毫没有落后于欧洲大陆的城市。贝里克是当时苏格兰最富有、最繁华的城市。有位作家称贝里克和伦敦不相上下。因弗内斯在造船方面享有盛誉，据说当时那里建造的一艘船引起了法兰西贵族的羡慕和惊叹。但随着亚历山大三世的驾崩，一切美好戛然而止。随之而来的是长年的战乱和痛苦，抹掉了苏格兰历史上的黄金时代达到的高度文明和繁荣状态的所有痕迹。

---

① 中世纪的一个商业同业公会。——原注

第3章
独立战争时期

精彩看点

摄政制度——王位空缺时期——诺勒姆会议——爱德华一世的判决——约翰·巴利奥尔——约翰·巴利奥尔加冕——与法兰西王国结盟——爱德华一世第一次征服苏格兰——英格兰对苏格兰的管辖——威廉·华莱士起义——在欧文投降——斯特灵战役——福尔柯克战役——威廉·华莱士被捕——尝试合并两个王国——罗伯特·布鲁斯起义——罗伯特·布鲁斯加冕——爱德华一世的复仇计划——罗伯特一世的抗英斗争——班诺克本战役——胜利的战果——罗伯特一世的志同道合者——本章小结

亚历山大三世驾崩不到一个月，苏格兰庄园主会议在斯昆举行会议，会议任命六位摄政辅佐玛格丽特女王①治理国家，直到玛格丽特女王长大成人。玛格丽特女王当时年仅三岁，在外祖父亚历山大三世驾崩后即位。六位摄政中，三位来自福斯河以北的苏格兰王国，另外三位来自洛锡安和加洛韦。这种安排似乎表明这些地区的差异依然存在并发挥作用。最初的凯尔特王国的苏格兰人和洛锡安的英格兰人仍然彼此疏远。与此同时，诺曼贵族第五代安南戴尔勋爵罗伯特·德布鲁斯试图用武力夺取王位。第五代安南戴尔勋爵罗伯特·德布鲁斯的祖先早在12世纪就定居在安南戴尔。第五代安南戴尔勋爵罗伯特·德布鲁斯声称他有权继承王位，因为他是亨廷登的伊索贝尔的后裔，而亨廷登的伊索贝尔是亨廷登伯爵戴维的小女儿，亨廷登伯爵戴维则是"狮子"威廉的弟弟。于是第五代安南戴尔勋爵罗伯特·德布鲁斯请求爱德华一世支持自己应得的继承权。与此同时，苏格兰的七位伯爵、圣安德鲁斯主教威廉·弗雷泽和社区提出了反对第五代安南戴尔勋爵罗伯特·德布鲁斯即位的请求。爱德华一世不但没有支持第五代安南戴尔勋爵罗伯特·德布鲁斯，还同意了苏格兰庄园主会议的建议，认为玛格丽特女王应该嫁给自己的长子威尔士亲王爱德华。1290年，爱德华一世与苏格兰庄园主会议签订《伯厄姆条约》。《伯厄姆条约》得到了苏格兰牧师、贵族和社区各方的认可。《伯厄姆条约》规定苏格兰的权利和自

---

① 挪威少女玛格丽特即位后称玛格丽特女王。——译者注

由不受侵犯，苏格兰王国的臣民在苏格兰境外的任何犯罪行为均应接受本国法庭的裁决。简而言之，苏格兰将保留其独立国家的所有权利和自由。如果这一切能够实现，对苏格兰和英格兰来说，两国达成的一致意见是解决问题的最佳途径。但1290年9月，玛格丽特女王在前往苏格兰的途中在奥克尼群岛驾崩，使这一进程戛然而止。爱德华一世亲自派了一艘装备精良的船接玛格丽特女王回苏格兰。

玛格丽特女王是"狮子"威廉的最后一个合法后裔。玛格丽特女王不幸早夭后，新国王必须在"狮子"威廉的弟弟——亨廷登伯爵戴维的继承人中寻找。亨廷登伯爵戴维有三个女儿留有后代，亨廷登的玛格丽特、亨廷登的伊

玛格丽特女王

荷兰伯爵弗洛里斯五世

索贝尔和亨廷登的埃达。鉴于她们都已离世,能代表她们的最近的继承人依次是:亨廷登的玛格丽特之外孙约翰·巴利奥尔,亨廷登的伊索贝尔之子第五代安南戴尔勋爵罗伯特·德布鲁斯,亨廷登的埃达之孙约翰·黑斯廷斯。除此之外,还有几个继承王位的候选人,但他们的主张根本经不起推敲。可有一个人,尽管他的主张不是非常有力,但在权势和地位方面是佼佼者。这个人就是荷兰伯爵弗洛里斯五世。荷兰伯爵弗洛里斯五世是苏格兰的埃达的玄孙,亨廷登的埃达是大卫一世之子苏格兰的亨利的女儿。苏格兰的埃达结婚时,苏格兰的亨利将罗斯作为嫁妆赐予她。第五代安南戴尔勋爵罗伯特·德布鲁斯在其儿子们和詹姆斯·斯图亚特及其他贵族的支持下,与荷兰伯爵弗洛里斯五世缔结契约。双方都发誓,不管谁继承王位,都要把三分之一的王国给对方。摄政们担心第五代安南戴尔勋爵罗伯特·德布鲁斯会以武力夺取王位,而所有王位竞争者似乎都已认可爱德华一世在此事上的决定权。因此,在摄政们的恳求下,爱德华一世以最高统治者的身份参与解决此事。

于是,1291年6月,爱德华一世召集贵族们在特威德河北岸的诺勒姆举行会议解决此事。我们可以猜到大多数与会者都是声称有王位继承权的人,而真正的较量在第五代安南戴尔勋爵罗伯特·德布鲁斯和约翰·巴利奥尔之间展开。第五代安南戴尔勋爵罗伯特·德布鲁斯、约翰·巴利奥尔,以及几乎所有声称拥有王位继承权的人,都是拥有爱德华一世封地的诺曼贵族。起初,布鲁斯

布鲁斯家族的纹章

家族从科唐坦半岛迁来。到"征服者"威廉统治末期，布鲁斯家族已经在约克定居。大卫一世把安南戴尔的大片土地赐给布鲁斯家族，又把贝里克的一座庄园赐给巴利奥尔家族。第五代安南戴尔勋爵罗伯特·德布鲁斯的理由是，虽然他的母亲亨廷登的伊索贝尔在三姐妹中排行比较靠后，但在辈分上他与祖先更近一级，所以他的王位继承权优于约翰·巴利奥尔。第五代安南戴尔勋爵罗伯特·德布鲁斯还提出很多先例证明在这种情况下，辈分更近优于资历。

根据现代法律来看，爱德华一世的决定非常公平合理。约翰·巴利奥尔作为亨廷登伯爵戴维长女亨廷登的玛格丽特的外孙，最有权继承王位。但在苏格兰早期，没有人会怀疑第五代安南戴尔勋爵罗伯特·德布鲁斯关于辈分的说法。爱德华一世拒绝把统治权分给亨廷登伯爵戴维三个女儿的继承人。很明显，爱德华一世把苏格兰看作是一个附属国，而不是这三个竞争者可以分享的普通领地。1292年11月，在第一次会议的十八个月后，爱德华一世在贝里克做出判决。在这十八个月期间，苏格兰王国名义上由苏格兰管理。但爱德华一世将二十三个要塞置于自己的控制之下，就好像已统一了苏格兰和英格兰这两个国家。裁决结束后，爱德华一世放弃了这些主要据点，以显示自己行事公允。

爱德华一世一生的伟大计划就是把不列颠统一成一个王国，自己成为王国之主。威尔士已成为英格兰的附属国。到那个时候为止，爱德华一世认为对苏格兰的行动是完全公正合理的。在把合法继承人约翰·巴利奥尔推上苏格兰王位时，爱德华一世扮演的是大领主角色。这与当初英格兰对马尔科姆三世和埃德加二世的手段如出一辙。只是爱德华一世对待约翰·巴利奥尔的方式不那么正当。爱德华一世并没有提出具体的条件，约翰·巴利奥尔也没有权利接受任何条件。爱德华一世让约翰·巴利奥尔对英格兰王国俯首称臣，就好像苏格兰是英格兰的封地一样。虽然洛锡安是英格兰的封地，斯特拉斯克莱德差不多也是英格兰的封地，然而苏格兰并非如此。尽管自924年以来，苏格兰在某种程度上一直向英格兰国王称臣，但这种依赖仅仅是通过"称臣"的形式表示出来,是弱者与强者之间非常自然的一种关系。我们必须记住,苏格兰向英格兰第一次称臣已经过去了三个世纪。在这段时间内,最初简单的封建封赏的性质已经完全改变,而且在很大程度上已被遗忘。爱德华一世把苏格兰、洛锡安与斯特拉斯克莱德都看作是英格兰王国的封地,苏格兰应该和其他封地的地位相同。但苏格兰人知道他们并非这样的臣民,他们认为他们的王国苏格兰绝不依赖于英格兰。双方各执一词。即使是最初称臣时表明的苏格兰对英格兰的附属程度,已经被上一任国王亚历山大三世拒绝,英格兰的爱德华一世也没有坚持。但约翰·巴利奥尔软弱而愚蠢,爱德华一世则聪明而强大。因此,爱德华一世决心通过约翰·巴利奥尔间接统治整个苏格兰。

1292年,约翰·巴利奥尔再次向爱德华一世表示臣服之后,站在斯昆的命运之石上正式加冕。然后约翰·巴利奥尔召集苏格兰庄园主会议在斯昆开会。这次会议中苏格兰庄园主会议第一次被称为议会。约翰·巴利奥尔并不受臣民的欢迎,因为他被看作是爱德华一世的傀儡。几个月后,贝里克的市民罗杰·巴塞洛缪对苏格兰针对他的一项判决感到不满,于是向爱德华一世求助。爱德华一世在纽卡斯尔任命了一个委员会审理此案。这公然违反了《伯厄姆条约》。但爱德华一世强迫约翰·巴利奥尔签署了一项解除和放弃《伯厄姆条约》及当时存在的任何可能质疑爱德华一世领主地位的文件。此后几个月,又有人对苏格兰庄园主会议做的决议提起上诉。这个人是法夫伯爵唐纳德四世的叔父法夫的麦克达夫。接着又有人对第五代安南戴尔勋爵罗伯特·德布鲁斯和道格拉斯家族的土地提出上诉,于是约翰·巴利奥尔被传唤到英格兰议会。英格兰议会表决约翰·巴利奥尔是不听取爱德华一世命令的附庸,命令约翰·巴利奥尔将苏格兰王国的要塞交到爱德华一世手中,直到爱德华一世满意为止。

1294年,法兰西王国和英格兰王国爆发战争。约翰·巴利奥尔与苏格兰王国的贵族和平民、挪威国王埃里克二世和法兰西国王腓力四世结成同盟,一致对抗爱德华一世。此后的几个世纪,苏格兰一直维持这样的对外政策,直到宗

法兰西国王腓力四世

教改革①。按照苏格兰王国与挪威王国和法兰西王国之间的同盟条约，一支苏格兰军队越过边界，横扫并蹂躏了英格兰北部郡县。

现在爱德华一世对于苏格兰来说变成了征服者而不是保护者。先前，苏格兰人毫无异议地承认爱德华一世至高无上的地位。正是苏格兰臣民的诉求，诱使英格兰的爱德华一世不再顾及这种至高无上地位的合法性。爱德华一世一直等待机会征服苏格兰人的国家。现在，苏格兰人挑起战争，就给了爱德华

---

① 当时对宗教的虔诚战胜了民族仇恨，罗马天主教的法兰西王国变得比新教的英格兰王国更可怕。——原注

约翰·巴利奥尔

一世一个征服苏格兰的借口。爱德华一世立即率领一支庞大的军队向北进军,围攻并夺取了贝里克——一个庞大而富裕的贸易重镇。市民的反抗激怒了爱德华一世,爱德华一世对市民进行了可怕的报复。这场报复使贝里克沦落为一个普通集镇。当爱德华一世征服贝里克时,苏格兰的独立派向爱德华一世传递了约翰·巴利奥尔不再臣服于他的消息。为防止约翰·巴利奥尔懊悔,改变主意,苏格兰独立派拘禁了约翰·巴利奥尔。爱德华一世攻下贝里克之后,向邓巴进发,占领城堡,然后继续征伐爱丁堡。爱德华一世屯兵霍利鲁德,围攻城堡之后夺取皇冠上的珠宝送去珀斯,并在去珀斯的路上占领了斯特灵。为粉碎苏格兰人关于独立王国的所有想法,并让苏格兰人看到他们被征服了,爱德华一世从斯昆带走了命运之石。据说历代苏格兰君主与此命运之石有着某种神秘关联。后来命运之石被运到威斯敏斯特教堂,置于加冕椅下。爱德华一世还带着苏格兰的圣玛格丽特的圣冠,强迫所有臣服于他的贵族宣誓效忠这个珍贵的遗物。爱德华一世一直向北打到埃尔金,在二十一周内横扫了苏格兰,于1296年回到贝里克。所有的贵族和教士都亲自向爱德华一世表示敬意。约

威斯敏斯特教堂的加冕椅

翰·巴利奥尔则听任爱德华一世的摆布，被废黜，然后被驱逐出境。约翰·巴利奥尔先是被送到英格兰监禁，后又被移交给罗马教皇代表维琴察主教。最后，退位之后的约翰·巴利奥尔回到自己在皮卡第的庄园，于1314年去世。爱德华一世把苏格兰看作是一个因封臣谋逆而被没收的领地。13世纪的人认为的因叛国罪而被没收封地的观念，在10世纪是不存在的。如果发生在10世纪，约翰·巴利奥尔可能只会被废黜，由其他人代替。就像法兰西国王腓力二世从英格兰国王约翰手中攫取了诺曼底，与此事如出一辙，也是前所未有的。

为使苏格兰成为英格兰王国不可分割的一部分，爱德华一世立即采取措施。爱德华一世执意认为要塞应由和苏格兰无任何关系的人指挥和驻守。因此，爱德华一世任命萨里伯爵约翰·德·瓦伦为监国大臣，休·德克莱辛汉姆担任财政大臣，奥姆斯比为司法大臣，并向他们分发书面委任状，供他们在苏格兰使用。爱德华一世还采取措施在贝里克建立大法院和财政部，并召集一个商人委员会来商讨未来苏格兰商贸的最佳措施。休·德克莱辛汉姆奉命尽其所能筹集资金，维持国内的和平与秩序，并镇压苏格兰各地的邪恶叛乱分子、杀人犯和扰乱治安的人。

北方的凯尔特人对政府的这一变化漠不关心。对北方的凯尔特人来说，谁坐上苏格兰的王位可能没有什么区别，而且爱德华一世也没有进入北方的凯尔特人的地盘。诺曼贵族害怕失去在英格兰的产业，所以也默认了这一点。然而，在最不可能发生抵抗的低地地区，政府的这一变化却引起了低地人的公然反抗和敌对。低地人是最早的条顿人的后裔，与边境南侧的同族相比，在血统和语言上他们更像纯正的英格兰人。低地人潜在的不满情绪逐渐发酵，最后演变成起义。最早扛起起义大旗的是威廉·华莱士。威廉·华莱士是土生土长的克莱兹代尔人。威廉·华莱士与大多数同族不同，他从未宣誓效忠爱德华一世。威廉·华莱士出其不意，击破英格兰驻拉纳克的守军，并击毙埃尔郡新任命的治安官威廉·哈塞里克。这次突袭胜利之后，威廉·华莱士以类似的方法袭击了被占领地区的英格兰王国的残余部队。于是，原来只有一小群追随

约翰·巴利奥尔向爱德华一世交出王冠

者的威廉·华莱士起义军逐渐吸引了更多的人加入。后来威廉·华莱士还突袭了正在斯昆法庭的司法大臣奥姆斯比。虽然奥姆斯比逃脱,但威廉·华莱士等人俘获了战利品。下一个遭到袭击的是正在格拉斯哥的达勒姆主教安东尼·贝克。安东尼·贝克被迫逃离。在这些胜利之后,苏格兰著名勇士道格拉斯勋爵哈迪的威廉和罗伯特·布鲁斯①加入威廉·华莱士起义军。

但苏格兰这个国家一盘散沙,缺乏统一目标,人民的英勇斗争也没有得到贵族的支持。爱德华一世派第一代珀西男爵亨利·珀西率领大军前去镇压起

威廉·华莱士

---

① 其祖父是第五代安南戴尔勋爵罗伯特·德布鲁斯,最早声称是苏格兰王位继承人。——原注

义。那些参加起义的贵族们叛变了，并于1297年7月在欧文再次宣誓效忠爱德华一世。爱德华一世相信起义已经被彻底镇压。但威廉·华莱士趁爱德华一世不在佛兰德斯之际，集结泰河以北低地地区的起义军，并占领了泰河以北低地地区的要塞。

英格兰军队在休·德克莱辛汉姆和萨里伯爵约翰·德·瓦伦的领导下迅速向北推进。威廉·华莱士决定在斯特灵的卡斯与之作战。斯特灵的卡斯地势平坦，福斯河河水像银练一样蜿蜒流过草地。威廉·华莱士把部队驻扎在福斯河岸边。对屯兵之地的选择，显示出他的大将之才。河水在部队和英格兰人之间蜿蜒流过，而部队背后是克雷格修道院，陡峭的岩石山保护着部队的后方。英格兰士兵想要过河，不得不通过一座狭窄的桥。威廉·华莱士一直等到英格兰部队经过桥的一半时才发起攻击。由于处于不利地位，英格兰部队很快溃不成军。恐慌蔓延到对岸的英格兰部队，英格兰士兵在混乱中逃离。这次战役发生在1297年9月11日，史称斯特灵大桥战役。休·德克莱辛汉姆在战斗中被杀，萨

斯特灵大桥战役

里伯爵约翰·德·瓦伦被迫撤退到贝里克。斯特灵大桥战役胜利后，苏格兰人夺回了福斯河以南的要塞，威廉·华莱士以约翰·巴利奥尔的名义，得到下议院的同意，担任苏格兰王国监国大臣。然而，遗憾的是，苏格兰人并不满足于驱逐侵略者，而是顺势在边界发动战争，像强盗一样，凶狠、残忍地荼毒了英格兰北部郡县。

从佛兰德斯回来之后，爱德华一世召集一支庞大的军队，准备征服苏格兰。爱德华一世承诺赦免所有愿意加入征服苏格兰的流浪者和罪犯。爱德华一世亲自率军出征。苏格兰人洗劫了边境的英格兰城镇。在爱德华一世到来之前，苏格兰人经由洛锡安率先撤退了。威廉·华莱士深知自己部队的弱点，避免与爱德华一世的大军直接冲突，静待时机，选择爱德华一世的大军因缺乏食物而精疲力竭时发起冲锋。爱德华一世得到消息，称威廉·华莱士就在福尔柯克附近。于是爱德华一世急忙向北挺进，迫使威廉·华莱士应战。斯特灵大桥一战，威廉·华莱士因选择有利的地理位置而幸运地赢得胜利。这次，威廉·华莱士布阵迎敌的方式更显示了其军事才能。那时大家都认为骑兵就是军队的力量所在，而威廉·华莱士的部队大部分是步兵，并且当时这些步兵还算不上是真正的士兵。但威廉·华莱士的军事才能使他发现了如何使这些步兵比骑兵更强大的方法。威廉·华莱士布下长矛圆阵，外面一层是手持长矛的士兵，里面一层是弓箭手。手持长矛的士兵排成一排跪在地，以便里面的弓箭手能够从手持长矛的士兵头顶上方射击。威廉·华莱士给士兵演示了怎样才能打胜仗。士兵就位时，威廉·华莱士说："阵已布好，就看你们的了！"尽管苏格兰人英勇作战，坚守阵地，英格兰军队的战马也被长矛刺退，但苏格兰人最后还是被数量占绝对优势的英格兰军队打败了。1298年7月22日，英格兰人赢得福尔柯克战役的胜利。福尔柯克战役胜利之后，爱德华一世回到卡莱尔。威廉·华莱士辞去监国大臣的职务。爱德华一世占领了福斯河以南的地区，但北部低地地区一直保持独立。直到1303年春天，爱德华一世率领一支大军北上，再次征服整个苏格兰。爱德华一世把总部设在邓弗姆林——苏格兰皇室最中意的地

福尔柯克战役

斯特灵城堡

方。斯特灵城堡在英勇的总督威廉·奥利方爵士的领导下独守三个月。但斯特灵城堡被英格兰军队占领时，苏格兰守军获得赦免。除威廉·华莱士之外，起义的所有领导者后来在生活、自由或财产方面都未受到任何损失。而威廉·华莱士必须无条件接受英格兰爱德华一世的恩惠。

自福尔柯克战役战败以来，威廉·华莱士一直在欧洲大陆。威廉·华莱士回苏格兰之后被仆人杰克·肖特出卖给了约翰·门蒂斯。约翰·门蒂斯用威廉·华莱

士向爱德华一世换取了邓巴顿城堡总督的职位,并把威廉·华莱士押解到伦敦。在伦敦,一个特别委员会审判了威廉·华莱士。威廉·华莱士被判叛国罪和反抗爱德华一世的叛逆罪。威廉·华莱士为自己辩护说自己从未宣誓效忠爱德华一世,不应该被判叛逆罪。尽管如此,威廉·华莱士仍被判有罪,并处死刑。按照当时在英格兰开始使用的酷刑,威廉·华莱士被绞死之后,被斩首,头被吊在伦敦桥上,身体被分成四等份。威廉·华莱士身体的四个部分别被送往纽卡斯尔、贝里克、斯特灵和珀斯,以此来警告苏格兰人以后再也不要反抗英格兰。

审判威廉·华莱士

威廉·华莱士被押赴刑场

爱德华一世开始着手两个王国的合并。同时，苏格兰将由一名中尉管理，并由贵族和神职人员组成的委员会协助。在英格兰王国的议会，有十名苏格兰代表，包括四名教士、四名男爵和两名下议院议员。其中一名议员代表福斯河以北地区，一名议员代表福斯河以南地区。这十名苏格兰代表参加了在威斯敏斯特举行的议会会议。为管理苏格兰，这次议会会议颁布了一项法令。议会会议任命布列塔尼的约翰为爱德华一世的副官，还任命了法官和行政长官，规定苏格兰的要塞由英格兰国王任命的官员管辖，并下令对苏格兰王国的法律状况进行调查，以便对其修订。爱德华一世提出对起义军有利的和平策略。爱德华一世实行的所有策略都是为了赢得苏格兰人民和议会议员的支持，尽管苏格兰人民和议会议员中的许多人，如罗伯特·布鲁斯和格拉斯哥主教罗伯特·威沙特都参加了之前的起义。对苏格兰人来说最大的麻烦是他们永远不知道什么时候苏格兰会被征服。就在爱德华一世希望合并计划能够执行的时候，苏格兰人再次武装起义。

这次起义的领袖是罗伯特·布鲁斯。罗伯特·布鲁斯依照母亲卡里克伯爵夫人玛乔里的头衔继承了卡里克伯爵爵位。罗伯特·布鲁斯的祖父第五代安南戴尔勋爵罗伯特·德布鲁斯曾和约翰·巴利奥尔竞争王位继承权。罗伯特·布鲁斯曾经加入威廉·华莱士的起义军，但又在欧文宣誓效忠爱德华一世，此后从爱德华一世那里得到诸多好处。罗伯特·布鲁斯与圣安德鲁斯主教威廉·德兰伯顿签署了一份契约。威廉·德兰伯顿也是威廉·华莱士的支持者之一。在这份契约中，罗伯特·布鲁斯与威廉·德兰伯顿都发誓在苏格兰的起义大业中，不论发生任何事情都要支持对方，在不告知对方的情况下决不采取行动。这份契约的签署对此后的苏格兰历史产生了显著影响。爱德华一世知道了这份契约。罗伯特·布鲁斯害怕爱德华一世生气，吓得从伦敦逃到邓弗里斯。在灰修士礼拜堂，罗伯特·布鲁斯与巴德诺赫的约翰·科明三世①会面。巴德诺赫

---

① 绰号"红发科明"。——原注

巴德诺赫的约翰·科明三世被罗伯特·布鲁斯杀害

的约翰·科明三世是约翰·巴利奥尔及其儿子们之后的下一个王位继承人。巴德诺赫的约翰·科明三世的外祖母是约翰·巴利奥尔的母亲，母亲是约翰·巴利奥尔的妹妹。巴德诺赫的约翰·科明三世还声称他理应得到人民的支持，因为自己是古凯尔特国王唐纳德·贝恩的后裔。因为是单独会面，罗伯特·布鲁斯与巴德诺赫的约翰·科明三世之间到底发生了什么，我们不得而知。但罗伯特·布鲁斯从礼拜堂里出来时，说自己因恐惧而杀了巴德诺赫的约翰·科明三世。罗伯特·布鲁斯的一个拥护者罗杰·德柯克帕特里克说："那就让我来确定一下吧！"然后罗杰·德柯克帕特里克跑进礼拜堂，杀死了受伤的那个人，即巴德诺赫的约翰·科明三世。因为这是谋杀且亵渎神明的行为，罗伯特·布鲁斯违反了法律，被教皇开除教籍。但罗伯特·布鲁斯也因此成为巴利奥尔家族之后最具继承权的人。那时，人们对世袭继承权的信念非常坚定，所以罗伯特·布鲁斯得到了苏格兰人民的大力支持。但同时反英大业的枷锁也沉重地压在了罗伯特·布鲁斯的身上。

1306年3月27日，罗伯特·布鲁斯加冕。为了能在短时间内完成，加冕礼几乎是对旧仪式的模仿。真正的加冕仪式是由巴肯伯爵夫人伊莎贝拉·麦克达夫完成的。虽然巴肯伯爵夫人伊莎贝拉·麦克达夫的丈夫巴肯伯爵约翰·科明属于科明家族，是罗伯特·布鲁斯的死敌，但巴肯伯爵夫人伊莎贝拉·麦克达夫还是秘密到来，维护自己的家族——麦克达夫家族，将王冠戴在罗伯特一世[①]头上。

巴肯伯爵夫人伊莎贝拉·麦克达夫为罗伯特·布鲁斯加冕

---

① 罗伯特·布鲁斯即位后称罗伯特一世。——译者注

巴肯伯爵夫人伊莎贝拉·麦克达夫被关进笼子,吊在塔楼上

这次爱德华一世决定严厉镇压苏格兰人。彭布罗克伯爵艾梅·德·瓦朗斯接替布列塔尼的约翰担任副官。所有参与谋杀巴德诺赫的约翰·科明三世的人都被谴责为卖国贼,所有武装分子的命运都将是死亡。罗伯特一世被教皇的一纸通谕逐出教会。巴肯伯爵夫人伊莎贝拉·麦克达夫被囚禁在笼子里,吊在贝里克城堡的一座塔楼上。罗伯特一世的一个妹妹克里斯蒂娜·布鲁斯也被

罗伯特一世

判处同样的刑罚。罗伯特一世的弟弟奈杰尔·德布鲁斯、妹夫克里斯托弗·西顿和其他三位贵族都被俘虏，并以叛国罪被处死。这是苏格兰独立大业中第一次有贵族的流血事件，大大促进了贵族和平民的团结。平民是之前唯一受到征服者压迫的受害者。这次爱德华一世做的准备工作比以往任何时候都要充分。爱德华一世邀请全国各地各个阶层的臣民参军，还劝说自己的儿子威尔士亲王爱德华和三百名新获封的骑士，要在削弱桀骜不驯的苏格兰人的战斗中赢得荣誉。但爱德华一世没有等到复仇计划的实现就驾崩了。1306年7月30日，爱德华一世于苏格兰的边界布鲁夫驾崩。这对苏格兰来说是件好事。事实证明，爱德华一世驾崩是苏格兰历史上的一个转折点。尽管英格兰仍然控制着要塞，但爱德华二世①没有采取有效措施来镇压苏格兰人。爱德华二世只是把父亲爱德华一世召集起来的军队带到埃尔郡的卡姆诺克,什么都没做就撤退了。

多年来,罗伯特一世一直是个亡命之徒,逃亡在外,只有几个追随者。他们总是命悬一线,但只要一有机会,就英勇攻击入侵苏格兰的英格兰驻军,很多时候都是差一点就被英格兰驻军抓住。西部和加洛韦的凯尔特人折服于英格兰人提供的利益,不支持罗伯特一世。爱国的巴肯伯爵夫人伊莎贝拉·麦克达夫的丈夫巴肯伯爵约翰·科明及其亲戚洛恩的麦克杜格尔是罗伯特一世的

爱德华二世

---

① 威尔士亲王爱德华即位后称爱德华二世。——译者注

死敌。因为曾一度遭遇失败,所以罗伯特一世打算放弃斗争,离开苏格兰,前往宗教圣地。传说,是蜘蛛织网激发了罗伯特一世的勇气和耐力,使他重新振作起来。据说当时罗伯特一世躲在爱尔兰北岸的拉斯林岛。一天早晨,在避难的简陋小屋里,罗伯特一世躺在床上,看见一只蜘蛛想把网从一根横梁织到另一根横梁上,却徒劳无功。蜘蛛尝试了六次,失败了六次。罗伯特一世大致算了一下,他也被英格兰人打败了六次。罗伯特一世急切地想看蜘蛛是否会再试一次。"如果它再试一次,"罗伯特一世想,"我也会再试一次。"蜘蛛果真又试了一次,这次成功了。罗伯特一世认为这是个好兆头,就立即回到苏格兰,在阿伦岛与一些追随者会合。罗伯特一世和追随者从岛上来到大陆。从那时起,罗伯特一世命运的潮流似乎发生了逆转,不再是厄运连连。尽管如此,罗伯

罗伯特一世观察蜘蛛结网

罗伯特一世与他的追随者

特一世还是要经历重重危险。罗伯特一世的英雄壮举都是由阿伯丁副主教约翰·巴伯传下来的。因为约翰·巴伯出生在罗伯特一世死后不久,所以约翰·巴伯讲的故事可能有些是真实的。但我们应该知道这些故事只是传说。约翰·巴伯把罗伯特一世描述为一个身体强壮、身材高大的人。罗伯特一世乐观幽默,无论发生什么不幸,都会鼓舞部下,无论遇到什么危险,总是第一个冲到前面,而且常常把自己的好命归于自己的机智和勇敢。罗伯特一世最有名的传说

第 3 章 独立战争时期 | 105

发生在洛恩的约翰在的地方。据说当时三个高地人发誓要杀了罗伯特一世，于是在罗伯特一世独自一人时袭击了他。一个抓住罗伯特一世的马的缰绳，另一个试着把罗伯特一世的脚从马镫里拽出来，第三个从后面扑向罗伯特一世，想把他拉下马。结果罗伯特一世把他们全部砍倒，骑着马凯旋。罗伯特一世的胸针在战斗中掉了下来，后来作为珍贵的遗物，一直保存在罗伯特一世的敌人洛恩的麦克杜格尔家族。罗伯特一世第一次决定性的胜利是打败宿敌巴肯伯爵约翰·科明。由于巴肯伯爵约翰·科明和其追随者加入了英格兰军队，罗伯特一世不得不朝因弗雷里附近进军。罗伯特一世赢得了这场战争的胜利。罗伯特一世的追随者把科明家族的地盘破坏得如此严重，以至这场战争被称为"巴肯地狱"而被铭记。最后，苏格兰的神职人员承认罗伯特一世为苏格兰国王。这种形式上取消教会驱逐的行为对人们产生了巨大影响。于是，罗伯特一世带领的起义军规模逐渐壮大。罗伯特一世他们夺回要塞，最后只剩下斯特灵还在英格兰人手中。面对苏格兰军的巨大压力，斯特灵总督决定，如果1314年圣约翰浸信会节，即6月24日前不能等来援军，就把斯特灵交给苏格兰。由于害怕失去爱德华一世最珍贵的战利品，英格兰集结了十万人前去支援斯特灵守军。

苏格兰人得知英格兰派遣援军的消息后，控制了斯特灵平原地区。而英格兰人要想到达斯特灵堡，必须穿过斯特灵平原地区。苏格兰起义军的人数远不如英格兰，也几乎没有骑兵，而英军的主要力量就在于骑兵。罗伯特一世把军队分成四个分队，三个分队的领导分别是詹姆斯·道格拉斯爵士、罗伯特一世的外甥莫里伯爵托马斯·伦道夫、詹姆斯·斯图亚特和罗伯特一世的弟弟爱德华·布鲁斯。因为第四分队里有罗伯特一世最不信任的人，还有一小部分骑兵，所以罗伯特一世亲自指挥第四分队，且被安排在其他分队之后。军队的一个侧翼驻扎在班诺克本的小溪附近，这是一条小河，战争由此得名"班诺克本战役"。战斗开始前，罗伯特一世正在检阅士兵时，英格兰骑士亨利·德博恩爵士向罗伯特一世发起挑战，要与罗伯特一世单挑。亨利·德博恩爵士曾通过刀劈对手的头颅来鼓舞追随者的士气。英格兰军队是弓箭手打头阵,但英格兰军队的弓箭手被罗伯特一世派来迎敌的苏格兰骑兵冲散了。英格兰骑兵随后向苏格兰士兵发起冲锋,试图突破苏格兰长矛兵密集的人墙,但英格兰骑兵没有成功,并且陷入混乱。就在这时,附近一座小山上出现了一些高地人的男仆和追随者。英格兰人以为高地人的男仆和追随者是苏格兰的后备力量,惊恐万状,仓皇逃窜。这次英格兰败得彻底又难看。英格兰骑兵在逃亡时掉进了苏格兰人在平原上巧妙设计的陷阱里。爱德华二世和五百骑兵马不停蹄,一路狂奔到邓巴,在邓巴乘船去了贝里克。那一天,胜利者苏格兰人获得了许多战利品,俘虏了许多英格兰贵族。

在这场艰难的战斗中,苏格兰的收获是巨大的。低地的撒克逊人决定了自己的命运,也决定了凯尔特人的命运。他们可以决定自己叫什么名字,他们可以选择属于哪一个王国。在班诺克本的战场上,苏格兰向英格兰提供了一份令人信服的证据,证明虽然半文明化的凯尔特人的王国贫穷且动荡不安,但他们宁愿独立,也不愿重新加入一个更富裕、更繁荣、更安定的国家。班诺克本战役为苏格兰赢得了三百年的独立。三百年之后,爱德华一世关于英格兰和苏格兰两个王国联合的伟大构想才得以实现。在众多战役中,班诺克本战役特别引人注目的是,它首次证明了威廉·华莱士的军事才能,即如果用兵得当,步兵要好于战无不胜的骑兵。就像莫尔加滕和库尔特雷一样,弗莱明人和瑞士人几乎同时推翻了压迫他们的压迫者。苏格兰人的这一胜利就是一个很好的例子,展示了苏格兰人是如何战胜压迫者的。在那个封建暴政的时代,少数志同道合的人,为了共同的自由,只是按领主的命令作战,就能够抵挡广大的封建家臣。

罗伯特一世的忠实朋友,那些与他同生共死、助他赢得王位的人,他们拥有非凡的勇气和英雄气概。其中最著名的是道格拉斯勋爵哈迪的威廉的长子——詹姆斯·道格拉斯爵士。詹姆斯·道格拉斯爵士一直是威廉·华莱士的朋友和支持者。詹姆斯·道格拉斯爵士自己的城堡见证了他的英勇无畏。当

英格兰骑士亨利·德博恩爵士向罗伯特一世发起挑战

班诺克本战役

时,英格兰人占领了城堡,但在棕枝全日[①]趁守军去教堂时,詹姆斯·道格拉斯爵士突袭了英格兰人。英格兰人被杀掉一些,其余的被俘。然后,詹姆斯·道格拉斯爵士和部下去了城堡,愉快地享用为英格兰人准备的大餐。饭后,詹姆斯·道格拉斯爵士命令英格兰俘虏拿出所有的食物和燃料,堆在城堡的大厅里。然后杀了这些英格兰俘虏,把英格兰俘虏的尸体堆在一起,又把储存的酒倒在英格兰俘虏身上,酒与从那些俘虏伤口处流出来的血混合在一起。然后詹姆斯·道格拉斯爵士和部下放火烧了城堡,退回树林。因为在詹姆斯·道格拉斯爵士和部下的心目中,自由的天穹比围墙约束的城堡更重要。所有这些故事都只是传说。但不管真实与否,都展示了那个时代的精神。

在这一章,我们看到了苏格兰如何因贵族的自私争斗和国王约翰·巴利奥尔的软弱而失去独立;我们看到了苏格兰人为重新获得曾经的自由做第一次尝试时,威廉·华莱士起义是如何只得到苏格兰人民的支持,而没有贵族的支持;我们看到了第一次起义是如何因缺乏统一的民族目标而失败;我们看到了苏格兰在第一次尝试失败之后,如何失去独立的民族生活并与英格兰合并;我们看到了似乎所有的希望都破灭时,苏格兰人民如何在一个真正诺曼男爵的领导下奋起抗争,尽管对苏格兰人民来说,他就像爱德华一世派遣的任何一位官员一样,也不是地道的苏格兰人;我们看到了苏格兰人如何用极大的努力摆脱入侵者的束缚,把入侵者赶出了苏格兰。

[①] 复活节前的星期日。——原注

第4章

独立王国时期

精彩看点

罗伯特一世——米顿"分会"之战——《爱丁堡-北安普敦条约》——罗伯特一世时期的议会——罗伯特一世驾崩——大卫二世——爱德华·巴利奥尔入侵英格兰——哈里顿山战役——大卫二世被俘——罗伯特二世——来自盟友法兰西王国的支援——突袭奥特本——罗伯特三世——诺斯因克战役——与英格兰的关系——奥尔巴尼公爵罗伯特·斯图亚特摄政——哈尔洛岛战役——苏格兰对法兰西王国的援助——奥尔巴尼公爵罗伯特·斯图亚特去世——本章小结

班诺克本战役的胜利为苏格兰赢得了曾经失去的独立。苏格兰将作为一个独立的王国继续存在，而不是英格兰王国的一个省。但由于英格兰人拒绝承认苏格兰的独立，战争继续进行，英格兰北部地区经历了持续不断的入侵和残酷的蹂躏。詹姆斯·道格拉斯爵士非常受欢迎，被称为"善良的詹姆斯勋爵"。罗伯特一世亲封的莫里伯爵托马斯·伦道夫是这些突袭行动中的主要英雄。爱德华二世在另一个驻兵地遭到袭击。在爱尔兰凯尔特部族首领的召唤下，爱德华·布鲁斯像其兄罗伯特一世一样，凭借勇敢和人民的支持为自己赢得了王位。罗伯特一世亲自率领军队助爱德华·布鲁斯一臂之力。爱德华·布鲁斯加冕为爱尔兰国王，但不久被杀。与此同时，边境战争仍在继续。英格兰和苏格兰双方都在争夺贝里克。经常是苏格兰人赢回贝里克，英格兰人再尽其所能重新夺回去，然后再被苏格兰抢回来。

　　围攻贝里克的同时，英格兰边境各郡县受到苏格兰人的严重骚扰。最后，约克大主教和神职人员也拿起武器自卫，但被彻底打败了。大量神职人员的尸首遗留在战场上[①]。因此，这场战斗被称为米顿"分会"之战。爱德华二世本可以通过承认罗伯特一世为苏格兰国王来结束这一切，但爱德华二世没有这么做。1319年，英格兰和苏格兰双方签订为期两年的休战协议。休战协议一到期，

---

① 属于大教堂的神职人员的集会被称为"分会"。——原注

爱德华二世就率领大军再次入侵苏格兰。但爱德华二世看到的只是一片荒芜的土地，苏格兰人已把粮食和牲畜都运到了山上。苏格兰人骚扰撤退军队的后方，却不愿出来应战。英格兰北部郡县的人民因为苏格兰的入侵损失惨重，他们对持续不断的战争感到厌倦。最后，英格兰北部郡县的人民决定，如果爱德华二世不为英格兰北部郡县的人民讲和，英格兰北部郡县的人民就必须自己和敌人讲和。爱德华二世担心自己会因此失去部分领土，于是同意了一项为期十三年的休战协议。该协议于1323年生效。这项协议允许罗伯特一世继承苏格兰国王的头衔，尽管英格兰人并不同意。但几年后，爱德华二世被废黜，其子爱德华①即位。爱德华三世的政府不承认当初的休战协议。于是，苏格兰人又一次突袭英格兰，横扫全境，在一支庞大的英格兰大军的眼皮子底下抢走了他们的财物。与英格兰人相比，苏格兰人在掠夺远征方面有一大优势，那就是苏

爱德华二世被废黜

---

① 即位后称爱德华三世。—译者注

英格兰国王爱德华三世

格兰人的生活比较简单。苏格兰人骑着高地小马,晚上放马吃草。除每人在马鞍旁边携带一小袋燕麦片,再加一个薄薄的用于烘烤食物的铁盘之外,不带任何东西。至于需要的其他食物,就靠掠夺。苏格兰人所到之处,尽情烧杀抢掠,把抢来用不掉的牛杀掉存放在军营里。

经历了诸多纷争之后,随着罗伯特一世的国王头衔得到教皇和其他外国势力的承认,英格兰人意识到他们也不得不承认了。1328年,罗伯特一世和爱德华三世在北安普顿签订《爱丁堡-北安普敦条约》。《爱丁堡-北安普敦条约》规定,就旧的边界线而言,苏格兰应该是完全独立的。两国国王应该是忠实的盟友,任何一方都不应该煽动爱尔兰或高地地区令人烦恼的凯尔特臣民。

为进一步彰显双方友好，英格兰国王爱德华三世的妹妹英格兰的公主琼与罗伯特一世的幼子大卫①订婚。根据《爱丁堡-北安普敦条约》，924年，苏格兰向英格兰称臣及后来提交给英格兰的所有文件，无论真假，都被废除。《爱丁堡-北安普敦条约》使苏格兰王国有了一个全新的开始。就如独立的苏格兰一样，现在洛锡安和斯特拉斯克莱德也脱离了英格兰。长期的共同苦难和共同斗争为苏格兰带来了以往的美好时光里未能带来的好处。共同的遭遇是团结三个不同种族的纽带。这条纽带拥有如此强大的凝聚力，以至任何外来势力都无法割断。在长期的战争中，出现了对英格兰一切事物的强烈仇恨，这种仇恨不利于苏格兰未来的发展，并且驱使苏格兰与法兰西王国结盟，找寻类似于英格兰外交的模式。这一时期法兰西王国的影响清晰地体现在法律、建筑及礼仪方面。苏格兰与法兰西王国签订的条约是苏格兰未来外交政策的开端，是苏格兰为了与法兰西王国共同对抗英格兰。苏格兰承诺不管在任何时候，只要法兰西王国对英格兰宣战，苏格兰就会入侵英格兰。

罗伯特一世统治时期有两届议会值得关注，一是1318年的议会，二是1326年在康柏斯内斯举行的议会。1318年的议会确定了王位继承问题：首先是按照长幼顺序由男性直系继承人继承；其次是女性直系继承人继承；如果两者皆无，就在王室近亲中选择继承人。1318年的议会还通过一项法律，禁止苏格兰地产所有者将收获的农产品或土地收入带出苏格兰王国。因为苏格兰贵族在英格兰的产业比在苏格兰的大，而且苏格兰贵族更喜欢住在富有的英格兰，所以这项法律实际上是没收苏格兰贵族财产的判决。1326年康柏斯内斯的这届议会首次承认第三级庄园主，即来自普通市民的议会成员是国民议会的重要组成部分。

罗伯特一世把自己能获得王位归功于人民和牧师，而贵族中很少有人支持罗伯特一世。罗伯特一世的统治使贵族阶层发生了巨大的变化，因为罗伯特一

---

① 即位后称大卫二世。—译者注

世利用贵族被没收的财产为其他家族奠定基础，如道格拉斯家族。而后来的事实证明，这些被没收财产的贵族是罗伯特一世后裔最大的威胁。这在一定程度上是由于罗伯特一世的错误政策，即在自己的领地内将王权授予某些亲属和支持者。这种做法虽然在当时加强了自己的力量，但最终削弱了国王的权力。1329年，罗伯特一世在卡达罗斯驾崩，留下一子大卫。罗伯特一世早年的斗争赢得了人民的支持，而且最后的胜利使人民感到骄傲。让人民引以为豪的是国王不再是别人手里在其位而不谋其政的傀儡。罗伯特一世勇敢睿智，能够忍受痛苦，对抗厄运，是苏格兰最优秀、最勇敢的人。人民深切悼念罗伯特一世。罗伯特一世死后，詹姆斯·道格拉斯爵士为实现罗伯特一世最后的愿望，带着罗伯特一世的心脏，与苏格兰最勇敢、最优秀的骑士一起出征西班牙。在与摩尔人的一次冲突中，因为急着帮同行的骑士解围，詹姆斯·道格拉斯爵士被敌人包围。当面临危险时，詹姆斯·道格拉斯爵士从脖子上取下用丝绳悬挂着的、装有罗伯特一世心脏的盒子，把盒子扔到战斗最激烈的地方，大声喊道："上啊！勇敢的心！就如同过去我们一同奋战一样！道格拉斯会永远追随你，直至死亡！"詹姆斯·道格拉斯爵士说到做到，英勇战斗。最后，人们在装有罗伯特一世心脏的盒子旁边发现了詹姆斯·道格拉斯爵士的尸体。盒子里装着詹姆斯·道格拉斯爵士生前深爱的朋友和领袖的心脏。詹姆斯·道格拉斯爵士又高又壮，黝黑的皮肤和乌黑的头发为他赢得"黑道格拉斯"的绰号。英格兰人对詹姆斯·道格拉斯爵士又恨又怕，苏格兰人却很爱他。詹姆斯·道格拉斯爵士在死后很久都被人们铭记。

父亲罗伯特一世驾崩时，大卫只有五岁。大卫在斯昆加冕并受膏。这是苏格兰国王从未有过的待遇，因为大家认为受膏是独立君主的特殊权力。当时莫里伯爵托马斯·伦道夫掌控苏格兰政府。莫里伯爵托马斯·伦道夫在罗伯特一世驾崩之前被苏格兰庄园主会议任命为摄政王。大卫二世统治初期，这个国家因一场斗争而四分五裂。这场斗争实际上是一场内战。但与同英格兰人的长期战争相比，这场内战对苏格兰的独立更危险，对国民的伤害更大。这场内战

罗伯特一世驾崩

詹姆斯·道格拉斯爵士将装有罗伯特一世心脏的盒子扔向摩尔人

由在英格兰拥有大量地产的贵族发起。在英格兰拥有大量地产的贵族通过婚姻或继承,获得了苏格兰的土地。但因为罗伯特一世时期颁布的不居住在苏格兰的贵族就不能拥有苏格兰土地的法律,这些贵族失去了这些土地。此前,所谓的苏格兰贵族一直是诺曼贵族,在英格兰和苏格兰两个王国拥有同等的利益。但这项法律迫使苏格兰贵族做出是忠于苏格兰还是英格兰的选择。因此,这项法律是苏格兰贵族决定各自土地价值的一个机会,一个决定像珀西和道格拉斯这样的家族应该在两国边境的北面还是南面,即选择苏格兰还是英格兰的机会。这引起人们的恐惧。

那些被剥夺土地继承权的贵族聚集在约翰·巴利奥尔的儿子爱德华·巴利奥尔的周围,打着为爱德华·巴利奥尔夺回王位的旗号,决定为自己的利益入侵苏格兰。就在这危机四伏的时刻,摄政王莫里伯爵托马斯·伦道夫去世。罗伯特一世的另一个外甥——马尔伯爵多姆纳尔二世继任摄政王。入侵者从法夫海岸登陆,在斯特拉森的杜普林打败了摄政王马尔伯爵多姆纳尔二世指挥的大军,在战争中杀了他,占领了珀斯。1332年9月24日,爱德华·巴利奥尔在斯昆加冕。爱德华·巴利奥尔承认自己是爱德华三世的封臣。但爱德华三世并没有公开参与这场战争。直到苏格兰人频繁越过边境袭击英格兰可以说是苏格兰人违反了《爱丁堡-北安普敦条约》,爱德华三世才插手此事。

1333年春天,爱德华三世包围贝里克。贝里克总督同意如果苏格兰军队不能在规定时间支援贝里克,他就投降。新摄政王阿奇博尔德·道格拉斯爵士,即詹姆斯·道格拉斯的弟弟,前来救援。这次哈里顿山战役与班诺克本的情况正好相反,现在是英格兰军队占据优势,英格兰军队在贝里克附近的哈里顿山上驻扎下来,而作为攻击者的苏格兰军队则只能在沼泽里挣扎。英格兰弓箭手赢得胜利,摄政王阿奇博尔德·道格拉斯爵士被杀,贝里克守军被迫投降。爱德华·巴利奥尔不仅将贝里克交到英格兰人手中,还将福斯河以南的所有要塞都交给了英格兰人。此后三年多,苏格兰和英格兰边境战争频发,英格兰都取得了胜利。直到后来英法百年战争爆发,爱德华三世的注意力才从苏格兰转移

哈里顿山战役

爱德华·巴利奥尔

到法兰西。然后，苏格兰才开始占上风。爱德华·巴利奥尔的主要支持者——阿索尔伯爵戴维·史庄伯吉，在高地的卡尔布伦兵败被杀。1338年，苏格兰王室大管家罗伯特·斯图亚特①成为摄政王，夺回要塞。不久之后，爱德华·巴利奥尔离开苏格兰。1341年，大卫二世与王后英格兰公主琼从法兰西王国回到苏格兰。因为国内的战乱，大卫二世被送往法兰西王国避难。随后五年是相对和平的日子。苏格兰与英格兰达成一系列的休战协议，但在边境问题上双方并没有严格遵守这些协议。

正当爱德华三世忙于围攻加来时，为遵守与法兰西王国结盟的承诺，大卫

---

① 即位后为苏格兰国王罗伯特二世。——译者注

二世入侵英格兰，打破了英格兰与苏格兰之间的休战协议。1346年，约克大主教率领英格兰北方各郡县的军队击败并俘虏了大卫二世。大卫二世被俘的那场战役称为内维尔十字战役，名字来源于后来拉尔夫·内维尔爵士为纪念这次战役而立的十字架。大卫二世被囚禁了十一年。在这十一年里，苏格兰由前摄政王罗伯特·斯图亚特统治，贝里克被苏格兰夺回来又被英格兰抢了回去。爱德华·巴利奥尔曾要求爱德华三世支付他两千磅的养老金。爱德华三世也曾带领一支军队打到福斯，但因为在福斯既找不到粮食，也没有与之作战的敌人，军队只好返回。爱德华三世掠夺了当地的教堂和民宅。因此，这次侵袭被称为"烧坏的圣烛节"。1347年，在支付十万马克的赎金之后，大卫二世获释。此后

内维尔十字战役中，大卫二世被俘

大卫二世多次拜访英格兰,并向苏格兰庄园主会议建议由爱德华三世的次子克拉伦斯公爵安特卫普的莱昂内尔继承苏格兰王位,但遭到反对。1371年,大卫二世驾崩,无子嗣。英格兰公主琼死后,大卫二世曾娶玛格丽特·德拉蒙德,该女子身份不详。

大卫二世的王位由其姐姐玛乔丽·布鲁斯之子、苏格兰王室大管家罗伯特·斯图亚特继承。苏格兰王室大管家这一职位最早是大卫一世授予布列塔尼男爵沃尔特·菲茨-艾伦的。苏格兰王室大管家是个世袭职位。后来,"Steward"这个词慢慢成为"苏格兰王室大管家"的家族姓氏,这一点在家族各个不同分支中达成共识。如果无人反对,罗伯特·斯图亚特就可以登上王

大卫二世

罗伯特二世

位。当时有人担心，威廉·道格拉斯爵士会对罗伯特·斯图亚特的王位继承提出质疑，但威廉·道格拉斯爵士并没有这样做，而是通过其母亲、巴德诺赫的约翰·科明三世的妹妹，代表巴利奥尔家族宣称放弃王位。罗伯特二世曾有过两次婚姻。第一任妻子是伊丽莎白·缪尔，育有四个儿子和几个女儿。伊丽莎白·缪尔死后，罗伯特二世娶了罗斯伯爵休的女儿尤菲米娅·德罗斯，育有两个儿子和几个女儿。第二次婚姻的后裔要求继承王位，理由是罗马教廷赋予了他们继承权。因为罗伯特二世和伊丽莎白·缪尔是近亲，所以他们的婚姻和孩子的合法性遭到质疑。但后来发现罗伯特二世每段婚姻都获得罗马教廷的批准。这就决定了罗伯特二世第一次婚姻生的子女也有继承权。

英格兰国王理查二世

1385年,苏格兰与英格兰休战结束,战争再次爆发。这一次,盟友法兰西王国支援了两千名士兵、一千套盔甲和五万金币来帮助苏格兰。法兰西王国海军上将让·德维埃纳是法兰西王国援军的领袖。英格兰国王理查二世则率领七万大军,入侵苏格兰,一直向北打到福斯地区。在此之前,苏格兰已经惨遭蹂躏,所以理查二世唯一能做的就是摧毁梅尔罗斯修道院。与此同时,苏格兰与盟友法兰西王国一直骚扰英格兰王国北部地区。法兰西人鄙视苏格兰人的贫穷,厌恶他们的作战方式。法兰西人后来说,在卡莱尔和达勒姆教区,苏格兰人烧掉的那些东西的价值远远高于苏格兰所有的城镇。同样,苏格兰人对法兰西人既不礼貌也不友好。不久,法兰西人离开。法兰西人非常高兴能回到自己的国土,而把法兰西人赶走的苏格兰人同样开心。

几年之后,苏格兰男爵又在英格兰北部发动一次突袭,他们在杰德堡集结了一支五千人的军队。通过抓捕的一名英格兰间谍,苏格兰男爵得知英格兰并不打算迎战,而是计划趁他们进入英格兰时在苏格兰南部进行反攻。为挫败这一阴谋,苏格兰人将军队分成两支,分别从东、西两个方向进入英格兰。东边一支,在第二代道格拉斯伯爵詹姆斯·道格拉斯、马奇伯爵乔治·邓巴和莫里伯爵约翰·邓巴的率领下,横扫英格兰全国,直达达勒姆。带着战利品回来时,他们在纽卡斯尔附近逗留了三天。当时集结在纽卡斯尔的英格兰男爵由马奇的军事长官诺森伯兰伯爵亨利·珀西的两个儿子拉尔夫·珀西和"急性子"

诺森伯兰伯爵亨利·珀西

亨利·珀西指挥。两军之间爆发多次小规模战斗。其中一次，第二代道格拉斯伯爵詹姆斯·道格拉斯爵士拿走了亨利·珀西的战旗，并到其军营挑衅，让"急性子"亨利·珀西把旗子赢了回来。第二天，苏格兰人离开，到奥特本塔附近安营扎寨。"急性子"亨利·珀西紧追不舍，在夜里突袭苏格兰人。苏格兰军虽然人数较少，但在防守严密的阵营中占有优势。最后苏格兰人赢得了胜利，但付出了高昂代价——第二代道格拉斯伯爵詹姆斯·道格拉斯爵士在战斗中被杀。在奥特本战役中，许多人还没意识到怎么回事，还没来得及英勇战斗就丢了性命。但这次战役被认为是英格兰、苏格兰战斗中打得最漂亮的一次。这是一场

奥特本战役

肉搏战，双方的骑士都表现出了极大的勇气。切维·蔡斯令人振奋的民谣纪念了他们的壮举。苏格兰人带着俘虏"急性子"亨利·珀西和四十多名英格兰骑士回到自己的家园。这场战役发生在1388年8月，被称为"奥特本战役"。1390年，罗伯特二世驾崩。罗伯特二世为这个国家带来了和平。这是因为在罗伯特二世驾崩的前一年，英格兰和法兰西两国签订停战协定，苏格兰成为法兰西王国的盟友。

罗伯特二世的长子原名约翰·斯图亚特。由于约翰·巴利奥尔这个名字被人们厌恶，所以他在加冕时改为苏格兰国王罗伯特三世。当时的苏格兰处于悲惨的状态，贵族们早已习惯了与英格兰作战，无法忍受和平。贵族们互相争斗，

苏格兰国王罗伯特三世

第4章 独立王国时期 | 129

奥尔巴尼公爵罗伯特·斯图亚特

鱼肉百姓。由于罗伯特三世身心虚弱，无法约束贵族，苏格兰庄园主会议将国事交由其长子戴维·斯图亚特负责，并为戴维·斯图亚特首创罗斯西公爵的头衔。这是苏格兰历史上首次出现公爵头衔。根据苏格兰庄园主会议选出的委员会的建议，罗斯西公爵戴维·斯图亚特将担任国王的副官三年。但其间真正的统治者是罗伯特三世的两个兄弟——奥尔巴尼公爵罗伯特·斯图亚特和巴肯伯爵亚历山大·斯图亚特。巴肯伯爵亚历山大·斯图亚特是福斯北部地区的统治者，由于他凶残无比，绰号"巴德诺赫之狼"。奥尔巴尼公爵罗伯特·斯图亚特急于制止侄子罗斯西公爵戴维·斯图亚特的愚蠢行为，便将其抓捕，关在福克兰城堡。后来，罗斯西公爵戴维·斯图亚特在那里去世。奥尔巴尼公爵罗伯特·斯图亚特说罗斯西公爵戴维·斯图亚特是自然死亡，但人们认为罗斯西公爵戴维·斯图亚特是被叔叔奥尔巴尼公爵罗伯特·斯图亚特饿死的。奇怪的是，在罗斯西公爵戴维·斯图亚特死后，奥尔巴尼公爵罗伯特·斯图亚特的同伙第四代道格拉斯伯爵阿奇博尔德·道格拉斯不仅通过苏格兰庄园主会议消除了人们对他的怀疑,后来奥尔巴尼公爵罗伯特·斯图亚特还被任命为摄政王。

罗伯特三世统治时期,在泰河旁边的一块草地上,两拨高地人发生了一场殊死搏斗,史称"诺斯因克战役"。罗伯特三世和贵族,以及一大群各阶层的人,聚在一起观看战斗。两队各选三十人,按照惯例,他们用斧头、刀剑或弓箭进行战斗,但不穿盔甲。战斗开始前,有个人离开队伍,游过泰河,逃走了。于

诺斯因克战役

是，一个叫亨利·温德[①]的人被雇来填补空缺。两帮高地人歇斯底里地打着，直到所有人都受伤了，战斗才停止。一队剩下十人，另一队只剩一人。据说"不诚实的史密斯"战斗力极强，为征召他战斗的部族赢得了胜利。不过也有人说"不诚实的史密斯"对这件事知之甚少，完全不知道自己在为哪一方而战。但就像奥特本战役一样，这场屠杀只是展示了战斗者相互残杀的技巧。战斗者代表的部族产生争执的原因，就算有，也都忘记了。

1400年，英格兰与苏格兰的休战结束后不久，通过暴力手段获取堂兄理查二世王位的英格兰国王亨利四世，为了让自己受到英格兰人的欢迎，恢复了对苏

英格兰国王亨利四世

---

① 亨利·温德被称为"不诚实的史密斯"或"奸诈的史密斯"。——原注

格兰的主张。亨利四世宣布要到爱丁堡接受苏格兰国王和贵族的臣服,为此率领军队一路打到利斯。这是有史以来英格兰对苏格兰破坏最小的一次入侵,因为同往常一样,苏格兰人已经躲开了,英格兰人找不到敌人可对阵,只好撤退。大约就在此时,马奇伯爵乔治·邓巴转而效忠亨利四世。因为罗斯西公爵戴维·斯图亚特娶了马奇伯爵乔治·邓巴的劲敌第三代道格拉斯伯爵阿奇博尔德·道格拉斯的女儿玛丽·道格拉斯,而不是自己的女儿伊丽莎白·邓巴。况且罗斯西公爵戴维·斯图亚特和伊丽莎白·邓巴本来已经订婚了,这让马奇伯爵乔治·邓巴备感屈辱。1402年,马奇伯爵乔治·邓巴与"急性子"亨利·珀西在霍米尔登打败了

霍米尔登战役

一支由第四代道格拉斯伯爵阿奇博尔德·道格拉斯领导的入侵英格兰的苏格兰军队。就像奥特本战役一样，只不过这一次是英格兰人赢了，第四代道格拉斯伯爵阿奇博尔德·道格拉斯被俘入狱。后来，马奇伯爵乔治·邓巴加入珀西家族，一起反抗亨利四世，并在什鲁斯伯里与珀西家族并肩作战。在边境，奥尔巴尼公爵罗伯特·斯图亚特有一支军队本来准备帮助叛军。但由于作战失败，士气骤减，奥尔巴尼公爵罗伯特·斯图亚特的计划化为泡影。奥尔巴尼公爵罗伯特·斯图亚特想出另一个法子要挟亨利四世。据说奥尔巴尼公爵罗伯特·斯图亚特在苏格兰宫廷接待了一个人，此人正是被废黜的理查二世。传说理查二世是乔装打扮后在西部群岛逃亡时被发现的。然而，1405年，天降机缘，亨利四世中了一个"大奖"。这个"大奖"就是罗伯特三世的次子、王位继承人——卡里克公爵詹姆斯·斯图尔特[①]。苏格兰与英格兰休战期间，卡里克公爵詹姆斯·斯图尔特在去法兰西王国的途中被英格兰人俘虏。据说卡里克公爵詹姆斯·斯图尔特被送到法兰西王国，名义上是接受教育，但实际上是为了远离他危险的叔叔奥尔巴尼公爵罗伯特·斯图亚特。两国国王为牵制对方的行动，都有一名重要的人质。因此，两国之间没有公开进行战争。1406年，罗伯特三世驾崩。

罗伯特三世的驾崩并没有给苏格兰王室带来任何变化。大家认可年轻的詹姆斯一世。尽管苏格兰与英格兰实现了名义上的和平，但夺回边境要塞的战斗仍在继续。苏格兰重新占领并摧毁了杰德堡，因为这是确保杰德堡未来不受外国侵占的最佳方式。

当时，苏格兰王国的另一个边界受到威胁。英格兰进军北方的部队把东北部低地的撒克逊人从山区的凯尔特部族中分离出来。种族之间的敌对仇恨越来越强烈，而且一方的持续侵略和另一方的残酷统治使这种仇恨愈演愈烈。似乎到了凯尔特人和苏格兰人之间力量角逐的时候了。凯尔特人的首领是群岛

---

① 即位后为苏格兰国王詹姆斯一世。——译者注

领主唐纳德。群岛领主唐纳德虽然曾宣誓效忠大卫二世，但再次宣称对西部所有部族拥有主权，并与英格兰签订条约，仿佛自己是一个独立的君主。群岛领主唐纳德声称罗斯伯爵的爵位是其妻子罗斯伯爵夫人马里奥塔的，因为罗斯伯爵夫人马里奥塔的侄女罗斯伯爵夫人尤菲米娅二世①已经做了修女。由于得到了罗斯这个伯爵领地，群岛领主唐纳德成了半个苏格兰王国的领主，他视苏格兰国王为敌人，决定入侵苏格兰国王的领土。离群岛领主唐纳德最近的地区，是福斯北边的低地。福斯北边的低地因为没有发生过边境战争，当时是苏格兰王国最富裕的地区，也是最不擅长自卫的地区。因此，百姓听说一群掠夺成性的野蛮人即将向他们宣战时，都感到非常恐惧。百姓拿起武器自卫。幸运的是他们找到了一位领导人，以这位领导人在类似战事中的经验，非常适合抵御野心勃勃的群岛领主唐纳德。这位领导人就是巴肯伯爵亚历山大·斯图亚特的私生子马尔伯爵亚历山大·斯图亚特。马尔伯爵亚历山大·斯图亚特因在与法兰西王国的战争中英勇作战而赫赫有名。他的伯爵爵位是因为与一位女继承人的婚姻得来。这位女继承人就是马尔伯爵亚历山大·斯图亚特的第一任妻子，马尔伯爵夫人伊莎贝尔·道格拉斯。1411年7月24日，撒克逊与凯尔特两大部族在阿伯丁的哈尔洛岛相遇。正如班诺克本战役一样，在哈尔洛岛战役中处于弱势一方的每一个人，他们的决心和坚毅决定了当天的命运。尽管高地的凯尔特人不顾生命危险，一次又一次地冲锋，但并没有对那一小撮紧密团结起来反抗他们的人造成重大伤害，最后高地的凯尔特人被迫撤退。阵亡者的继承人被授予许多特权和豁免权。哈尔洛岛战役是公认的国家的一次大解放，甚至比在班诺克本的胜利还要伟大。

奥尔巴尼公爵罗伯特·斯图亚特摄政期间，苏格兰为盟友法兰西王国做出很大贡献。英格兰的亨利五世几乎征服了整个法兰西王国，并宣称是法兰西王国的王位继承人。一支由七百名苏格兰人组成的军队，在奥尔巴尼公爵罗

---

① 即罗斯伯爵爵位继承人。——原注

巴肯伯爵约翰·斯图亚特

伯特·斯图亚特的次子——巴肯伯爵约翰·斯图亚特的率领下,向法兰西王国伸出援手。尽管英格兰人一直在海上严密监视以阻止苏格兰人的军队前往法兰西王国,但最终苏格兰人的军队还是安全抵达法兰西王国。1421年,在苏格兰人的军队的帮助下,法兰西王国在博热战役中取得了百年战争中的第一次胜利。巴肯伯爵约翰·斯图亚特被授予"法兰西王国骑士统帅"的称号。之后,巴肯伯爵约翰·斯图亚特被派往苏格兰大使馆寻求第四代道格拉斯伯爵阿奇博尔德·道格拉斯的帮助以支持法兰西国王。1423年，苏格兰和法兰西双方结盟。第四代道格拉斯伯爵阿奇博尔德·道格拉斯来到法兰西王国，获封为图赖讷公爵，得到了富饶的图赖讷领地和许多其他土地。但此后不久，1424年的韦尔讷伊战役中，第四代道格拉斯伯爵阿奇博尔德·道格拉斯被杀。英格兰拒绝招安追随第四代道格拉斯伯爵阿奇博尔德·道格拉斯的苏格兰人，所以他们大多数都随第四代道格拉斯伯爵阿奇博尔德·道格拉斯而死。当时英格兰的亨利五世把詹姆斯一世扣押在军营里，并下令所有支持法兰西王国一方的苏格兰人都应被视为反对英格兰国王的叛国者。韦尔讷伊战役中幸存的苏格兰军组成卫队，即著名的法兰西国王苏格兰卫队的前身。第四代道格拉斯伯爵阿奇博尔德·道格拉斯在韦尔纳伊阵亡时，人们叫他"败兵"，因为他参加的每一场战斗，都是失败的。

1420年，奥尔巴尼公爵罗伯特·斯图亚特去世。奥尔巴尼公爵罗伯特·斯图亚特之子奥尔巴尼公爵默多克·斯图亚特继承摄政王一职，但没有任何记录显示奥尔巴尼公爵默多克·斯图亚特的继任得到了苏格兰庄园主会议的认可。由于没有父亲奥尔巴尼公爵罗伯特·斯图亚特的才能，奥尔巴尼公爵默多克·斯图亚特无法控制苏格兰贵族。贵族们各自为政，整个苏格兰都是暴乱。显然，解决暴乱的良方就是把詹姆斯一世带回苏格兰。于是，第四代道格拉斯伯爵阿奇博尔德·道格拉斯和一些其他贵族就詹姆斯一世的回国与英格兰政府周旋。

罗伯特一世之后的几任国王统治时期，苏格兰几乎失去了罗伯特一世赢得的一切有利条件。苏格兰因内乱四分五裂，几任国王软弱无能，贵族极其强盛，藐视王权，贵族权力与国王不相上下。社会发展处于停滞状态。然而，我们发现，在这一时期，第一次激起了人们对增加知识和获取更大的宗教思想自由的渴望。其中有两个标志性事件：一是1408年，约翰·雷斯比在珀斯被控犯有异端罪被烧死，其书被焚毁；二是1410年，圣安德鲁斯主教亨利·沃德洛在圣

博热战役

韦尔讷伊战役

安德鲁斯创办苏格兰第一所大学——圣安德鲁斯大学。两位苏格兰人第一次编写了关于苏格兰历史的书籍：福尔登的约翰著有《苏格兰人编年史》，安德鲁·温顿著有《韵律编年史》。

第5章
詹姆斯一世至詹姆斯五世统治时期

精彩看点

詹姆斯一世回到苏格兰——高地状况——詹姆斯一世被谋杀——詹姆斯一世的司法改革——詹姆斯二世——威廉·克赖顿勋爵和卡伦德的亚历山大·利文斯顿——道格拉斯家族——詹姆斯二世执政——围攻罗克斯堡——詹姆斯三世——吞并奥克尼群岛和设得兰群岛——与英格兰的关系——贵族暴动——索奇伯恩战役——教会事务——詹姆斯四世——英格兰的阴谋——高地状况——与英格兰的冲突——弗洛登战役——教会状况——詹姆斯五世——奥尔巴尼公爵约翰·斯图亚特摄政——英格兰的干预——詹姆斯五世"亲政"——第六代道格拉斯伯爵威廉·道格拉斯的倒台——内部纷争——与英格兰的战争——詹姆斯五世驾崩及其性格分析——苏格兰女王玛丽——与英格兰签订条约——英格兰第一次入侵——英格兰第二次入侵——英格兰第三次入侵——内部纷争——苏格兰女王玛丽的第一次婚姻——社会进步——这一时期的教育和文学——本章小结

1424年，詹姆斯一世带着来自英格兰的妻子萨默塞特伯爵约翰·博福特之女琼·博福特回到苏格兰。因为詹姆斯一世是在和平时期被带走的，所以英格兰不能光明正大地索要赎金。但英格兰要求苏格兰必须支付四万英镑，以偿

詹姆斯一世与琼·博福特

第 5 章 詹姆斯一世至詹姆斯五世统治时期

付詹姆斯一世的生活费用和教育费用。现在,詹姆斯一世终于回到了自己的王国。在长达八个月的时间里,詹姆斯一世不动声色,并没有报复那些长期不让他进入苏格兰王国的人,而是利用这段时间赢得了人民和一小部分贵族的信任。然后,詹姆斯一世在珀斯抓捕了来参加议会的奥尔巴尼公爵默多克·斯图亚特及其两个儿子沃尔特·斯图亚特和亚历山大·斯图亚特,以及二十六个贵族。奥尔巴尼公爵默多克·斯图亚特及其两个儿子沃尔特·斯图亚特和亚历山大·斯图亚特在由二十一名贵族组成的陪审团面前受审。其实,陪审团的许多人只是为了确保自己的安全才加入陪审团。奥尔巴尼公爵默多克·斯图亚特及其两个儿子被判叛国罪,在斯特灵被处死。詹姆斯一世亲自主持审判,从而恢复了国王个人管理司法的古老惯例。

  詹姆斯一世摆脱了危险的堂兄奥尔巴尼公爵默多克·斯图亚特之后,便把注意力转向苏格兰高地和西部诸岛。那里呈现出一种奇特的凯尔特部族首领和封建贵族统治相结合的现象。苏格兰高地和西部群岛地区有的由诺曼贵族统治,有的由当地的部族首领统治。这些贵族或部族首领都得到属下忠诚的支持,这是凯尔特人的长处。1427年,在因弗内斯,詹姆斯一世召集部族首领参加议会。高地地区的部族首领听从詹姆斯一世的召唤,却被立即扣押、遭到监禁。三位部族首领被绞死,后来有几个部族首领也是同样的命运。还有一些部族首领被关进监狱,只有一小部分人毫发无伤地离开了。群岛领主亚历山大·麦克唐纳是毫发无伤离开的人之一。群岛领主亚历山大·麦克唐纳重获自由后的第一件事就是带领西部群岛的臣民摧毁因弗内斯。詹姆斯一世匆忙向北进军,在洛哈伯打败了群岛领主亚历山大·麦克唐纳。群岛领主亚历山大·麦克唐纳臣服于詹姆斯一世,被囚于坦特伦城堡。但同族的唐纳德·巴洛赫·麦克唐纳自命为麦克唐纳家族的首领,打败了苏格兰王室的军队。于是,詹姆斯一世决心彻底打败凯尔特人。詹姆斯一世为此增征一笔税之后又向北方出发。部族首领们感到詹姆斯一世太强大了,于是向詹姆斯一世表示敬意和臣服。然而,这种臣服实际上毫无意义。在凯尔特人眼里,这种臣服就像羊

坦特仑城堡

皮纸一样没有约束力，但苏格兰政府正是通过这种手段把部族首领变成封建贵族。

　　詹姆斯一世的政策是减少贵族的权力，并通过加强神职人员的权力和鼓励平民来平衡贵族的权力。詹姆斯一世严格调查拥有土地的几位贵族的产权情况，尤其是罗伯特一世时期国王拥有的地产的实际情况。詹姆斯一世剥夺了马奇伯爵乔治·邓巴的爵位，理由是虽然奥尔巴尼公爵默多克·斯图亚特恢复了他的爵位，但奥尔巴尼公爵默多克·斯图亚特无权将他一度因效忠英格兰而丧失的地产授予他。詹姆斯一世还剥夺了门蒂思伯爵马利兹·格雷厄姆从其母亲斯特拉席恩伯爵夫人尤菲米娅·斯图亚特那里继承来的斯特拉席恩伯爵爵

詹姆斯一世

位,理由是这是一个男性封地,然后,把爵位传给了下一位男性继承人——阿索尔伯爵沃尔特·斯图亚特。阿索尔伯爵沃尔特·斯图亚特是门蒂思伯爵马利兹·格雷厄姆的叔外祖父,也是罗伯特二世唯一健在的儿子。这些措施激起了被针对的阶层的厌恶和不信任。一个反对詹姆斯一世的阴谋由此产生。阴谋的主要策划者是门蒂思伯爵马利兹·格雷厄姆的叔叔罗伯特·格雷厄姆爵士。罗伯特·格雷厄姆爵士因在议会谴责詹姆斯一世的所作所为而被驱逐。1437年,谋划阴谋的人在高级内侍阿索尔伯爵沃尔特·斯图亚特的默许下,进入詹姆斯一世的住处。当时詹姆斯一世正在珀斯的黑修士修道院里准备过圣诞节。詹姆斯一世被刺杀后留下一个儿子和几个女儿。长女玛格丽特·斯图亚特嫁给了法兰西王国的王太子,即后来的法兰西国王路易十一。

刺杀詹姆斯一世

詹姆斯一世统治时期曾多次召开议会，并通过许多利于国家利益的英明举措。因此，詹姆斯一世在位时期几乎所有的议会都值得关注。在召开第一次议会时，"准备委员会"被确认为议会的一个固定组成部分。"准备委员会"的成立时间可以追溯到大卫二世统治时期。"准备委员会"的成员在议会开始时选举产生。几乎所有苏格兰庄园主会议的权力都移交给了从"准备委员会"选取出来的人，这些人被称为"立法委员会"。"立法委员会"共同协商，审议提交给议会的条款，然后由苏格兰庄园主会议投票表决，通过之后成为法律。但后来发现把整个议会的事务交由一个委员会处理的做法是立法机关最薄弱之处，并为大量的贿赂和腐败铺平了道路。苏格兰的成文法可以追溯到这一时期。詹姆斯一世首先制定了一系列成文法，将一些仍然有效和已经失效的法律条款分开。詹姆斯一世还规定了度量衡和铸币的标准，使铸币的重量和纯度与英格兰的货币相同。詹姆斯一世统治时期，开始有了司库；《议会法案》的出版语言是人们日常使用的语言；第一次尝试有低级贵族代表的委员会；试图建立一个具有民事管辖权的最高法院，最高法院由大法官和苏格兰庄园主会议选出的三人组成，每年开庭三次。为了让苏格兰人学会与英格兰弓箭手竞争，詹姆斯一世在不同的教区建立训练射箭的学校。简而言之，詹姆斯一世千方百计地让人民从他长期流亡英格兰期间学习和观察到的东西中受益。詹姆斯一世热爱学习，自己也是一位学者，是英国最早、最优秀的诗人之一。詹姆斯一世最长的诗叫作《国王书》。在《国王书》里，詹姆斯一世表达了对美丽的英格兰新娘琼•博福特的爱。优美的旋律证明詹姆斯一世是一位真正的诗人。《国王书》每节七行，是当时很受欢迎的诗节，后来为纪念这位国王诗人，该诗节被称为"国王体"。

在父亲詹姆斯一世被杀时，苏格兰国王詹姆斯二世只有六岁。因为通常的加冕地点斯昆离谋划阴谋的人躲藏之处苏格兰高地地区太近，太不安全，所以詹姆斯二世在霍利鲁德加冕。为更安全起见，詹姆斯二世被母亲琼•博福特带到爱丁堡城堡。谋划阴谋的人的目的是要把阿索尔伯爵沃尔特•斯图亚特推上王位。因为阿索尔伯爵沃尔特•斯图亚特是罗伯特二世第二次婚姻时生的，认

詹姆斯二世

为罗伯特二世的第一次婚姻是无效的一方认为阿索尔伯爵沃尔特·斯图亚特才是真正的王位继承人。如果这是谋划阴谋的人的计谋,也不会得到人民的支持。詹姆斯一世为人民做的一切善事使他广受欢迎,人民对詹姆斯一世之死充满悲伤和愤怒。共谋者被残酷地折磨致死得到了全国人民的欢呼。

詹姆斯二世统治时期的第一件大事是为争夺国王的监护权而进行的斗争。谁能获得詹姆斯二世的人身监护权,谁几乎就能获得王室权力。这一荣誉的竞争者分别是爱丁堡城堡的司法官、总督——威廉·克赖顿勋爵,苏格兰重要要塞斯特灵的总督——卡伦德的亚历山大·利文斯顿,以及詹姆斯二世的母亲

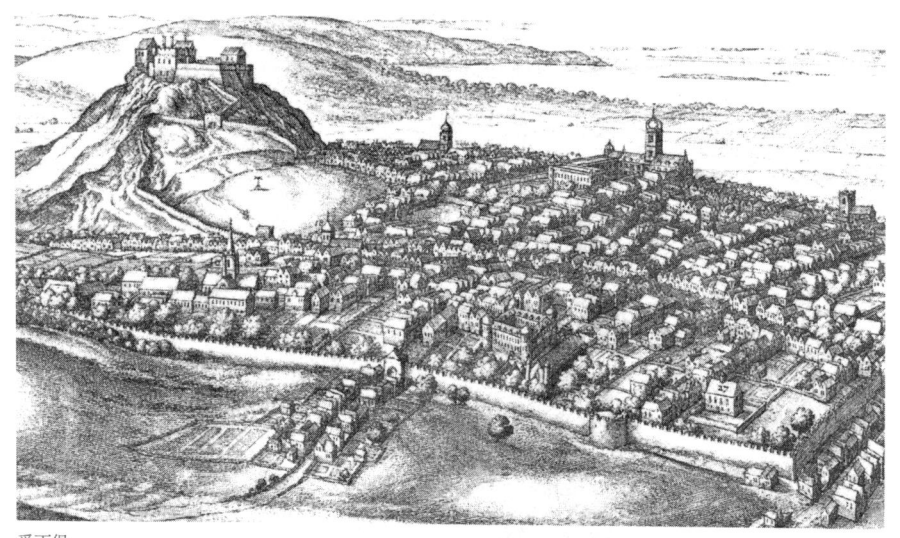
爱丁堡

琼·博福特。琼·博福特担心，如果留在爱丁堡，威廉·克赖顿勋爵会试图把年幼的詹姆斯二世和自己分开。琼·博福特成功地使自己和年幼的詹姆斯二世摆脱了威廉·克赖顿勋爵，偷偷地逃往斯特灵。但琼·博福特很快发现自己和詹姆斯二世只是换了"狱卒"，因为卡伦德的亚历山大·利文斯顿像威廉·克赖顿勋爵一样对詹姆斯二世严加看守。几年后，琼·博福特嫁给洛恩的黑骑士詹姆斯·斯图亚特，此后再也没有参与政治事务。可是琼·博福特逃到斯特灵使卡伦德的亚历山大·利文斯顿获得了詹姆斯二世一段时间的监护权。这使卡伦德的亚历山大·利文斯顿占了上风，直到威廉·克赖顿勋爵设法把詹姆斯二世绑回爱丁堡。但当这两位竞争对手发现相互配合更符合双方利益时，便达成一致，威廉·克赖顿勋爵将詹姆斯二世的监护权还给了卡伦德的亚历山大·利文斯顿。

第五代道格拉斯伯爵阿奇博尔德·道格拉斯当时是苏格兰最有权势的男爵。除了在苏格兰拥有加洛韦、安南戴尔和其他大庄园，第五代道格拉斯伯爵阿奇博尔德·道格拉斯还继承了图赖讷公爵的领地，这是法兰西国王因其父亲第四代道格拉斯伯爵阿奇博尔德·道格拉斯对英格兰人作战有功而授予的，也是他在国外继承的领地。第五代道格拉斯伯爵阿奇博尔德·道格拉斯拥有的财富和辉煌超过了苏格兰国王,"善良的詹姆斯勋爵",即詹姆斯·道格拉斯爵士也为道格拉斯家族赢得了广泛的好感。道格拉斯家族也有权继承苏格兰王位。这是因为詹姆斯·道格拉斯爵士的弟弟兼爵位继承人阿奇博尔德·道格拉斯爵士娶了被罗伯特一世杀死的巴德诺赫的约翰·科明三世的妹妹,所以道格拉斯家族代表了科明家族的主张。正如我们看到的,科明家族比布鲁斯家族更有权继承王位。科明家族也是罗伯特二世的后裔,是尤菲米娅·德罗斯这一支的,而尤菲米娅·德罗斯是罗伯特二世第二次婚姻时生的。那些认为罗伯特二世第一次婚姻不合法的人主张王位不应该由詹姆斯二世继承。第五代道格拉斯伯爵阿奇博尔德·道格拉斯被选为王国的摄政,而且第五代道格拉斯伯爵阿奇博尔德·道格拉斯有足够的能力平息敌对党派,只要他选择这样做。但第五代道格拉斯伯爵阿奇博尔德·道格拉斯没有这样做。1439年,在第五代道格拉斯伯爵阿奇博尔德·道格拉斯死后,他摄政下的政府就结束了。其子第六代道格拉斯伯爵威廉·道格拉斯十五岁便继承了这一切荣誉和权力,几乎像王室的侍从继续服务这个国家。但第六代道格拉斯伯爵威廉·道格拉斯遭受了诸多暴力和压迫。威廉·克赖顿勋爵和卡伦德的亚历山大·利文斯顿共同阴谋策划,使第六代道格拉斯伯爵威廉·道格拉斯倒台。为此,他们邀请第六代道格拉斯伯爵威廉·道格拉斯和弟弟戴维·道格拉斯去爱丁堡拜访詹姆斯二世。两兄弟到达爱丁堡后立即被抓,只是走了个审判的过场,就在爱丁堡城堡的院子里被斩首处决。黑道格拉斯家族的势力就此衰败。黑道格拉斯家族的财产被分割,一部分由男性继承人——第六代道格拉斯伯爵威廉·道格拉斯和戴维·道格拉斯的叔祖父的后代第七代道格拉斯伯爵詹姆斯·道格拉斯继承,而加洛韦则归第六代道格拉斯伯爵威廉·道格拉斯的妹妹加洛韦的"美丽少女"玛格丽特·道格拉斯所有。但在第七代道格拉斯伯爵詹姆斯·道格拉斯死后,黑道格拉斯家族的一部分财产和加洛韦重新合并,因为第七代道格拉斯伯爵詹姆斯·道格拉斯的儿子第八代道格拉斯伯爵威廉·道格拉斯娶了加洛韦的"美丽少女"玛格丽特·道格拉斯。之后,第八代道格拉斯伯爵威廉·道格拉斯进入苏格兰宫廷,履行詹姆斯二世赋予他的职责。第八代道格拉斯伯爵威廉·道格拉斯自称詹姆斯二世选择他为国家的摄政王,从而把大部分权力掌握在自己手中。第八代道格拉斯伯爵威廉·道格拉斯和卡伦德的亚历山大·利文斯顿合谋,试图通过将威廉·克赖顿勋爵围困在爱丁堡城堡,迫使其放弃国王的印章。但威廉·克赖顿勋爵坚决不从,第八代道格拉斯伯爵威廉·道格拉斯和卡伦德的亚历山大·利文斯顿只好和他讲和。年复一年,第八代道格拉斯伯爵威廉·道格拉斯越来越骄傲和强大。第八代道格拉斯伯爵威廉·道格拉斯几乎已经是整个南方地区的领主,还与北方的部族首领建立了联系,包括当时已是西部群岛领主的罗斯伯爵——林赛家族首领克劳福德伯爵亚历山大·林赛[①]。第八代道格拉斯伯爵威廉·道格拉斯召集所有他认为是或应该是其属下的人开会。第八代道格拉斯伯爵威廉·道格拉斯丝毫不顾忌詹姆斯二世的命令,凡与第八代道格拉斯伯爵威廉·道格拉斯作对的,都被处死。第八代道格拉斯伯爵威廉·道格拉斯光豢养的侍从多达五千人,而詹姆斯二世连个侍卫都没有,所以詹姆斯二世的命令很难执行。有一次,詹姆斯二世派帕特里克·格雷爵士前去要求第八代道格拉斯伯爵威廉·道格拉斯释放米克兰。米克兰是帕特里克·格雷爵士的外甥,是邦比年轻的领主的家庭教师或监护人。第八代道格拉斯伯爵威廉·道格拉斯囚禁米克兰是因为米克兰没有参加某一次属下会议。第八代道格拉斯伯爵威廉·道格拉斯很有礼貌地接待了帕特里克·格雷爵士,但坚决要求客人饭后才能告知詹姆斯二世的口信。与此同时,第八代道格拉斯伯爵威廉·道格拉斯却把米克兰带出去斩首了。当听到詹姆斯二世的命令时,第八代道格拉斯伯爵威廉·道格拉斯装出一副很尊重的样子,把米克兰的尸体给帕特里克·格雷爵士看,并说:"躺在那里的就是你姐姐的儿子。我要的是人头,但身体听你吩咐。"帕特里克·格雷爵士不得不尽量掩饰自己的愤怒,直到安全脱身。

---

① 也是没落的马奇伯爵的代表。——原注

随着詹姆斯二世成年，他开始执政。卡伦德的亚历山大·利文斯顿随之倒台。但当时的第八代道格拉斯伯爵威廉·道格拉斯太强大，不能公开对付。于是，詹姆斯二世邀请第八代道格拉斯伯爵威廉·道格拉斯到斯特灵。在那里第八代道格拉斯伯爵威廉·道格拉斯受到友好接待。詹姆斯二世规劝第八代道格拉斯伯爵威廉·道格拉斯解散党羽、洗心革面，但遭到第八代道格拉斯伯爵威廉·道格拉斯的拒绝。詹姆斯二世勃然大怒，喊道："如果你不解散党羽，我就杀了你！"说着就用刀捅了第八代道格拉斯伯爵威廉·道格拉斯。站在旁边的帕特里克·格雷爵士用长柄斧杀死了第八代道格拉斯伯爵威廉·道格拉斯，接着把他血肉模糊的尸体扔进院子。这一野蛮行径使整个国家陷入内战。被谋杀的第八代道格拉斯伯爵威廉·道格拉斯的弟弟和继承人第九代道格拉斯伯爵詹姆斯·道格拉斯公然违抗詹姆斯二世，即放弃效忠詹姆斯二世，他因此成为违背誓言的叛国者。第八代道格拉斯伯爵威廉·道格拉斯的事业被其党羽群岛领主亚历山大·麦克唐纳和克劳福德伯爵亚历山大·林赛接手。詹姆斯二世觉得自己太软弱，无力击垮这个联盟，只好利用贵族间的敌意来达到自己的目的，即通过支持一个家族来消灭另一个家族。这一政策只是改变了苏格兰王室对手的名字，并没有摆脱他们，却为以后的统治埋下隐患。在北方，詹姆斯二世让戈登家族的领袖对战第九代道格拉斯伯爵詹姆斯·道格拉斯，为此特意首封亚历山大·西顿为亨特利伯爵。亨特利伯爵的领地位于那些跟随第八代道格拉斯伯爵威廉·道格拉斯的党羽的领地之间。在南方，詹姆斯二世利用第五代安格斯伯爵阿奇博尔德·道格拉斯①来推翻黑道格拉斯家族②。1454年，在埃斯克河河畔的阿金霍姆战役中，詹姆斯二世和第九代道格拉斯伯爵詹姆斯·道格拉斯，谁应该戴王冠的问题得到解决。第九代道格拉斯伯爵詹姆斯·道格拉斯被追随者抛弃，其军队被打败。第九代道格拉斯伯爵詹姆斯·道格拉斯逃到英格兰。詹姆斯二世颁布法令，没收第九代道格拉斯伯爵詹姆斯·道格拉斯及其家

---

① 也就是人们说的红道格拉斯家族的首领。——原注
② 黑道格拉斯家族是道格拉斯家族中资格较老的一个分支。——原注

族的全部财产。为防止任何一个家族再次变得如此可怕，詹姆斯二世又通过另一项法令，使加洛韦和其他领主和城堡远离王位。尽管如此，黑道格拉斯家族的大部分土地还是归其亲属第五代安格斯伯爵阿奇博尔德·道格拉斯。其他许多家族，包括汉密尔顿家族，也是黑道格拉斯家族没落后崛起的。汉密尔顿家族的首领——詹姆斯·汉密尔顿勋爵曾是第九代道格拉斯伯爵詹姆斯·道格拉斯的追随者之一，但在阿金霍姆战役前夕，詹姆斯·汉密尔顿勋爵投靠了王室。

由于此时约克家族和兰开斯特家族之间的冲突使英格兰人忙得不可开交，边境比较平静。被驱逐的第九代道格拉斯伯爵詹姆斯·道格拉斯珀斯打破了边境比较平静这一局面。詹姆斯二世以援助兰开斯特家族的英格兰的亨利六世为名，组建了一支庞大的军队，意图进攻英格兰。但战争并不残酷。詹姆

亨利六世

斯二世意识到现在是夺回英格兰人仍然控制的苏格兰城镇的大好机会。詹姆斯二世包围了罗克斯堡。当詹姆斯二世饶有兴趣地注视着一门大炮时，大炮突然爆炸，詹姆斯二世当场毙命。詹姆斯二世驾崩后，王后海尔德的玛丽力促攻城，罗克斯堡被攻陷并被摧毁。这次包围战特别值得关注的是，这是我们第一次听说苏格兰使用大炮。另一个特别之处是群岛领主亚历山大·麦克唐纳率援军参战，并被封为边境守卫官之一。詹姆斯二世曾娶海尔德公爵阿诺德之女海尔德的玛丽，留下四子，长子只有八岁。苏格兰的第二所大学在这一时期由主教威廉·特恩布尔在格拉斯哥建立。

苏格兰国王詹姆斯三世统治初期，圣安德鲁斯主教詹姆斯·肯尼迪在政府中担任要职。1466年，圣安德鲁斯主教詹姆斯·肯尼迪去世之后，博伊德家族控制了詹姆斯三世和王室的主要权力。博伊德家族原本只是身份卑微的领主，但通过攀附更有权势的家族变得更加强大，并赢得詹姆斯三世的信赖，最终控制了詹姆斯三世。博伊德家族让詹姆斯三世与他们一起从斯特灵来到爱丁堡，部分是靠说服，部分是诉诸武力。之后，博伊德家族在苏格兰庄园主会议中获得一席之地，并宣称这完全是在詹姆斯三世高兴的情况下同意的。罗伯特·博伊德勋爵被命令保护詹姆斯三世的人身安全，并且被任命为王室要塞的守卫者。其子托马斯·博伊德因与詹姆斯三世的妹妹阿伦伯爵夫人玛丽·斯图亚特结婚而获封阿伦伯爵爵位。

多年来，西部群岛的租金一直没有支付给挪威。詹姆斯二世在位时，挪威曾向苏格兰索要这笔数目不菲的欠款。1469年，随着詹姆斯三世与丹麦国王克里斯蒂安一世之女丹麦的玛格丽特结婚，这件事得到和平解决。丹麦的玛格丽特的嫁妆包括抵消这笔欠款和六万弗罗林。作为担保，奥克尼群岛和设得兰群岛抵押给了詹姆斯三世。但奥克尼群岛和设得兰群岛从来没有按照商定的数额被赎回。阿伦伯爵托马斯·博伊德一直都想促成这桩婚事。阿伦伯爵托马斯·博伊德的敌人趁阿伦伯爵托马斯·博伊德不在克里斯汀宫廷，正忙着策划政变，让他倒台。幸亏其妻子阿伦伯爵夫人玛丽·斯图亚特及时通知他有危险，阿伦伯爵

詹姆斯二世被突然爆炸的大炮炸死

詹姆斯二世与海尔德的玛丽的婚礼

托马斯·博伊德逃走了，先是逃到丹麦，最后逃到英格兰。阿伦伯爵托马斯·博伊德的父亲罗伯特·博伊德勋爵也逃走了，不知所踪。罗伯特·博伊德勋爵的小儿子亚历山大·博伊德勋爵却成了本族人的替罪羊。亚历山大·博伊德勋爵因参与绑架詹姆斯三世而被捕、受审并被判处死，而这一行为现在被谴责为叛国罪。博伊德家族的财产被没收，其中大部分财产被宣布为王室不可分割的财产。

詹姆斯三世统治初期，英格兰国王爱德华四世表面上表现得很友好，但实际上与第九代道格拉斯伯爵詹姆斯·道格拉斯和群岛领主亚历山大·麦克

詹姆斯三世

英格兰国王爱德华四世

唐纳暗中勾结。爱德华四世意在表明应该把苏格兰的西部群岛和北部地区这两个部分作为依附于英格兰的公国。这见不得人的勾当的结局就是群岛领主亚历山大·麦克唐纳的儿子约翰·麦克唐纳侵夺了要作为英格兰公国的地区,即苏格兰福斯河以北的全部地区。这最终导致苏格兰国王与群岛领主关系破裂。詹姆斯三世要求约翰·麦克唐纳对叛乱负责并放弃纳普代尔和金泰尔这两个本属于苏格兰王国的地区,并且要求罗斯伯爵的领地因弗内斯和奈尔都归国王所有。为弥补约翰·麦克唐纳失去他引以为傲但令人怀疑的群岛领主的头衔,詹姆斯三世让约翰·麦克唐纳成为议会的一员。1474年,爱德华四世之

约克的塞西莉

女约克的塞西莉和苏格兰王子詹姆斯·斯图亚特[①]准备联姻。但由于詹姆斯三世与两个弟弟奥尔巴尼公爵亚历山大·斯图亚特和马尔伯爵兼加里奥赫伯爵约翰·斯图亚特之间的争议,联姻被迫中止。奥尔巴尼公爵亚历山大·斯图亚特和马尔伯爵兼加里奥赫伯爵约翰·斯图亚特比詹姆斯三世更受大家的拥戴。因此,当马尔伯爵兼加里奥赫伯爵约翰·斯图亚特突然死在克雷格米拉城堡时,人们怀疑是詹姆斯三世毒死了他。奥尔巴尼公爵亚历山大·斯图亚特因被控与

---

① 即位后为苏格兰国王詹姆斯四世。——译者注

爱德华四世进行叛国交易而被捕，被关押在爱丁堡城堡。奥尔巴尼公爵亚历山大·斯图亚特先是逃到法兰西王国，希望路易十一能助他一臂之力，却发现爱德华四世更愿意帮忙。于是，奥尔巴尼公爵亚历山大·斯图亚特和爱德华四世达成一项协议，协议规定爱德华四世要把奥尔巴尼公爵亚历山大·斯图亚特推上苏格兰王位——他理应成为苏格兰国王——并且要娶约克的塞西莉。在两国政府交换了各种各样的威胁信息，发出许多攻击的威胁之后，一支强大的苏格兰军队被召集起来，侵入英格兰。

路易十一

詹姆斯三世一直不受贵族欢迎。詹姆斯三世对金钱的热爱和对和平的追求根本得不到贵族的支持,贵族既不能理解,也不能容忍他们鄙视的人是国王的亲信,现在是他们掌握规则的时候了。为入侵英格兰而集结的军队由詹姆斯三世亲自率领,最远行至贝里克的劳德。在贝里克的劳德,贵族们在第五代安格斯伯爵阿奇博尔德·道格拉斯的带领下,聚在一起,商讨如何除掉他们最憎恨的一个国王的亲信——罗伯特·科克伦。罗伯特·科克伦本是一个泥瓦匠。詹姆斯三世在这次远征中居然把炮兵的指挥权交给了罗伯特·科克伦。詹姆斯三世还把马尔伯爵兼加里奥赫伯爵约翰·斯图亚特的财产赠予罗伯特·科克伦。更过分的是,罗伯特·科克伦居然还僭取了这个头衔。故事是当贵族在商议的时候,安德鲁·格雷勋爵引用了关于老鼠和猫的古老传说,意思是,除非贵族当中有人足够勇敢主动攻击他们的敌人,否则他们所有的计划都将无果而终。这时第五代安格斯伯爵阿奇博尔德·道格拉斯说道:"大家不用担心,我去。"这句话为第五代安格斯伯爵阿奇博尔德·道格拉斯赢得了"猫钟"的绰号。当贵族正在教堂商议的时候,罗伯特·科克伦居然亲自敲门,并以詹姆斯三世的名义要求进去。只见罗伯特·科克伦身着华丽的衣服,戴着粗大的金项链,挂着珠光宝气的号角,头顶镀金的头盔,这进一步激怒了贵族们。贵族们抓住罗伯特·科克伦,辱骂他误导詹姆斯三世及政府。与此同时,贵族们派一队武装人员到詹姆斯三世的营地去抓捕音乐家罗杰斯和詹姆斯三世的其他亲信,然后把这些人吊在劳德桥上。博思韦尔勋爵约翰·拉姆齐是唯一一个因詹姆斯三世的恳求而幸免于难的人。1482年,凯旋的贵族们把詹姆斯三世带回爱丁堡。不久之后,奥尔巴尼公爵亚历山大·斯图亚特回到苏格兰,要求释放其哥哥詹姆斯三世。短时间内,苏格兰贵族与奥尔巴尼公爵亚历山大·斯图尔特似乎和睦相处,而真正掌权的是奥尔巴尼公爵亚历山大·斯图亚特。但不久之后,奥尔巴尼公爵亚历山大·斯图亚特发现回到英格兰才是明智之举,于是通过把邓巴城堡交给英格兰人以显示其诚意。

詹姆斯三世没有从劳德桥事件中吸取教训,越来越不得人心。福斯河以

第五代安格斯伯爵阿奇博尔德·道格拉斯一把扯下罗伯特·科克伦的金项链

南的领主们成立联盟,组建一支庞大的军队。为了师出有名,证明他们的所作所为是正当的,这些领主把苏格兰王子詹姆斯·斯图亚特推为领袖,声称要废黜其父詹姆斯三世,立他为合法的国王。福斯河以北地区忠于詹姆斯三世。在福斯河以北地区,詹姆斯三世集结了一支十分强大的军队。两军在索奇伯恩相遇,史称索奇伯恩战役。然而詹姆斯三世太懦弱,一看到当天的形势对自己不利就转身逃跑了。在逃亡中,詹姆斯三世从马上摔下来,被掠到班诺克本的一座磨坊里。1488年,在班诺克本被不知名的人所杀。

1471年,圣安德鲁斯的一位主教被提拔为大主教。教皇西克斯图斯四世把大披肩送给主教罗伯特·格雷厄姆以显示其尊严。但这成为罗伯特·格雷厄姆痛苦的根源。罗伯特·格雷厄姆的副主教出于嫉妒,指控罗伯特·格雷厄姆犯有各种异端和罪行,罗伯特·格雷厄姆因此被废黜和降级,在禁闭中死去。

索奇伯恩战役

教皇西克斯图斯四世

　　索奇伯恩战役发生后，要做的第一件事就是查明詹姆斯三世的下落。确定詹姆斯三世的死讯以后，就着手调查詹姆斯三世的死因。国家事务被移交给当时的掌权者，并通过一项赦免法案，赦免所有与已故的詹姆斯三世一起参加索奇伯恩战役的人。贵族们乐于把索奇伯恩战役称之为晚期叛乱斗争。伦诺克斯伯爵约翰·斯图亚特和亚历山大·福布斯勋爵为报詹姆斯三世被杀之仇，发动两次徒劳无益的起义。三年后，为平息人民的呼声，找到真正的凶手，苏格兰政府悬赏一百马克寻找真正的凶手。

英格兰的亨利七世

就在此时，英格兰的亨利七世由于忙于国内事务，无暇向苏格兰开战。但英格兰的亨利七世与第五代安格斯伯爵阿奇博尔德·道格拉斯、博思韦尔勋爵约翰·拉姆齐和其他人密谋抓捕苏格兰国王詹姆斯四世。詹姆斯四世坚持认为珀金·沃贝克就是真的约克公爵什鲁斯伯里的理查德，并以爱德华四世之子的标准在宫廷接待了他，还把自己的亲戚凯瑟琳·戈登夫人嫁给了珀金·沃贝克。法兰西人和勃艮第人组建一支大军前来助詹姆斯四世一臂之力，其中一支军队甚至越过边境，却什么也没做，因为原计划在英格兰北部同时进行的起义没有发生。最后，詹姆斯四世厌倦了珀金·沃贝克，派一支护卫队把珀金·沃贝克送去了爱尔兰。1497年,詹姆斯四世再次与英格兰的亨利七世休战。1502年,詹姆斯四世与英格兰的亨利七世的长女玛格丽特·都铎结婚,进一步拉近了两国的关系。

詹姆斯四世经常访问金泰尔、西部群岛和因弗内斯,并且采取措施建造更多的城堡,还在那些已建好的城堡中设置驻军。如果王室足够强大可以执行这

玛格丽特·都铎

个计划，那么这个计划可能会成功地使这个国家保持平静。但事实并非如此，于是詹姆斯四世被迫重新采取原来的政策，即通过授权一方来对抗另一方，利用部族首领之间的矛盾达到毁灭他们的目的。戈登家族的首领亨特利伯爵亚历山大·戈登被任命为因弗内斯、罗斯和凯斯内斯的治安官，条件是亨特利伯爵亚历山大·戈登必须完成并维护因弗内斯的堡垒。戈登家族又一次获得更大的权力。维持西部秩序的任务则交给了坎贝尔家族的首领阿盖尔伯爵科林·坎贝尔。当时政府还企图把西部群岛分割成治安官辖区，并把低地的法律强加给高地人。詹姆斯四世还成立了一个委员会，以驱逐那些没有首领的部族，并通过一项法案，规定各部族的首领负责对各自部族的法律文书的执行。但心怀不

詹姆斯四世

满的部族首领与最后一位群岛领主阿昂哈斯·奥斯卡的私生子唐纳德·杜布结盟,反抗政府。詹姆斯四世和亨特利伯爵亚历山大·戈登花了三年时间才将其铲除,唐纳德·杜布被带到爱丁堡。1504年,西部群岛的领主身份被废除。

在詹姆斯四世统治时期,苏格兰首次以海军强国的身份出现。事实证明,这是与英格兰发生新冲突的根源。苏格兰的一位船长安德鲁·巴顿爵士带着反对葡萄牙人的私掠许可证,却被英格兰人指责劫持了英格兰的船,在休战期间就遭到霍华德家族的攻击。安德鲁·巴顿爵士在战斗中被杀,他的"狮子

安德鲁·巴顿爵士在战斗中被杀

号"战舰被俘获,成为英格兰海军的第二艘战舰。詹姆斯四世对英格兰国王亨利八世还有另一个不满之处,因为亨利八世拒绝把父亲英格兰的亨利七世留给他妹妹玛格丽特·都铎的珠宝给玛格丽特·都铎。因此,当英格兰向法兰西王国宣战时,苏格兰选择站在老盟友法兰西王国一边。苏格兰和法兰西之间的

亨利八世

第二代阿伦伯爵詹姆斯·汉密尔顿

联系越发紧密。法兰西王国的公民权授予苏格兰人。法兰西王国的王后布列塔尼的安妮选择詹姆斯四世作为她的骑士,这激发了詹姆斯四世的骑士精神。布列塔尼的安妮向詹姆斯四世求助。詹姆斯四世装备了一支由二十三艘军舰组成的舰队。其中一艘叫"大迈克尔"号,被视为造船业的杰作。这支舰队由第二代阿伦伯爵詹姆斯·汉密尔顿指挥,奉命驶向法兰西王国。但第二代阿伦伯爵詹姆斯·汉密尔顿并没有去法兰西王国,而是对卡里克弗格斯发起猛攻。至于那些战舰后来如何,人们就不清楚了。

虽然入侵英格兰这件事不受欢迎,但詹姆斯四世还是决定入侵英格兰。詹姆斯四世很快就召集一支庞大的军队,亲自率领军队穿越边境,在蒂尔河河畔安营扎寨。但由于不愿接受第五代安格斯伯爵阿奇博尔德·道格拉斯和其他更了解边境战争状况的人提出的建议,詹姆斯四世搞砸了整个事情。首先,詹姆斯四世没有把握战机,军队军心涣散,英格兰人却抓住时机集结,没有遇到丝毫抵抗就渡过了蒂尔河。然后,詹姆斯四世还放弃了山上的有利地形,选择在平原上与英军进行肉搏战。结果是苏格兰遭遇彻底的失败,詹姆斯四世也在最激烈的战斗中被杀。詹姆斯四世太急于展示自己的英勇,却没有做好统帅的角色。与詹姆斯四世一同战死的还有十二位伯爵和十三位贵族,苏格兰每一个贵族家庭都有人在1513年9月9日惨痛的弗洛登战役中战死。詹姆斯四世之死令举国哀悼,因为在詹姆斯四世统治期间国泰民安。詹姆斯四世很受贵族的欢迎,因为詹姆斯四世与贵族们一起自由分享詹姆斯三世留下的遗产。此外,由于严格维护正义,鼓励商业和农业,态度随和、友善,詹姆斯四世也受到平民的拥戴。詹姆斯四世中等身材,英俊潇洒,体态匀称。除了拉丁语和其他几种外语,詹姆斯四世还会说爱尔兰语,也就是盖尔语,这也是詹姆斯四世西方臣

弗洛登战役

约克大主教托马斯·罗瑟拉姆

民的母语。在詹姆斯四世统治期间,苏格兰比亚历山大三世统治时期更加繁荣,贸易蒸蒸日上,大量的羊毛、兽皮和鱼出口到其他国家。

1492年,在苏格兰庄园主会议的请求下,大披肩由罗马送到格拉斯哥主教罗伯特·布拉凯德手中。同时罗马教廷许可罗伯特·布拉凯德佩戴十字架和大主教徽章。这导致格拉斯哥大主教罗伯特·布拉凯德和约克大主教托马斯·罗瑟拉姆两位大主教之间产生了激烈冲突。两位大主教把争议提交给教皇,引起了一向谴责并禁止向罗马教皇提出任何此类请求的苏格兰庄园主会议极大的愤怒。约翰·雷斯比被烧死并没有阻止约翰·威克里夫的学说的传播,因为我们发现有三十人被罗伯特·布拉凯德指控为"罗拉德异端"。在詹姆斯四世统治时期，学术发展有两大进步：第一个是在阿伯丁，阿伯丁主教威廉姆·埃尔芬斯通按照巴黎大学的模式，建立了苏格兰第三所大学；第二个是印刷术的引进促进了知识在民间的传播，第一家出版社由沃尔特·查普曼在詹姆斯四世的赞助下创办。

弗洛登战败的消息使全国人民感到悲痛和恐惧。爱丁堡市民也在城市周围筑起城墙，但英军没有进攻而是撤退了，所以城墙的防御能力并没有得到检验。苏格兰庄园主会议在珀斯会面，因为苏格兰国王詹姆斯五世是一个年仅两岁的幼儿，所以玛格丽特·都铎被任命为摄政王。但一年之后，即1514年，玛格丽特·都铎嫁给了年轻的第六代安格斯伯爵阿奇博尔德·道格拉斯，于是苏

第六代安格斯伯爵阿奇博尔德·道格拉斯

奥尔巴尼公爵约翰·斯图亚特

格兰庄园主会议将摄政一职移交给了法兰西王国海军上将、奥尔巴尼公爵约翰·斯图亚特。奥尔巴尼公爵约翰·斯图亚特是詹姆斯三世弟弟亚历山大·斯图亚特的儿子。作为法兰西王国的盟友，苏格兰与英格兰达成和平协议，签订了一项条约。

奥尔巴尼公爵约翰·斯图亚特摄政时期的政府起初非常不受欢迎，因为奥尔巴尼公爵约翰·斯图亚特的法兰西王国追随者的数量激起了全国人民的嫉妒情绪。玛格丽特·都铎先是拒绝放弃詹姆斯五世，但因被围困在斯特灵城堡而不得不屈服。苏格兰这个国家被以第一代阿伦伯爵詹姆斯·汉密尔顿为首的汉密尔顿家族和以第六代安格斯伯爵阿奇博尔德·道格拉斯为首的道格拉斯家族两大家族的争斗弄得支离破碎。奥尔巴尼公爵约翰·斯图亚特在法兰西王国的帮助下镇压了汉密尔顿、道格拉斯这两大家族。第六代安格斯伯爵阿奇博尔德·道格拉斯被抓捕、押送至法兰西王国,玛格丽特·都铎逃到英格兰。不久后,第六代安格斯伯爵阿奇博尔德·道格拉斯也设法逃到英格兰与玛格丽特·都铎会合。第三代霍姆勋爵亚历山大·霍姆和弟弟第四代霍姆勋爵乔治·霍姆在爱丁堡被抓,仅经过一场形式上的审判就被砍了头。他们是弗洛登战役中少数几个幸存者,也是第六代安格斯伯爵阿奇博尔德·道格拉斯这一派系中最强大的。奥尔巴尼公爵约翰·斯图亚特只在苏格兰待了大约一年后便回到了法兰西王国。离开时,留下法兰西人、边境长官安东尼·德·拉巴斯蒂耶,并把要塞交给安东尼·德·拉巴斯蒂耶。苏格兰人比以前更加嫉妒和狂暴,安东尼·德·拉巴斯蒂耶成为苏格兰对外族民族仇恨的牺牲品。在一次边境突袭中,安东尼·德·拉巴斯蒂耶被霍姆家族的人打死,这是为第三代霍姆勋爵亚历山大·霍姆之死报仇。西部的凯尔特人重新主张独立,汉密尔顿家族和道格拉斯家族的争斗比以往任何时候都更加激烈。两大家族一直打到苏格兰首都爱丁堡的大街小巷。汉密尔顿家族制定了攻击道格拉斯家族的计划,囚禁了第六代安格斯伯爵阿奇博尔德·道格拉斯。邓凯尔德主教加文·道格拉斯担心第六代安格斯伯爵阿奇博尔德·道格拉斯可能会吃大亏,于是请求大主教詹姆斯·比顿阻止事情的发展。詹姆斯·比顿郑重声明,他以良心发誓,对此事一无所知。为了让加文·道格拉斯相信,詹姆斯·比顿把手放在胸口,这样就击中了穿着的胸甲。此时,加文·道格拉斯听到了盔甲的声音,于是对詹姆斯·比顿说:"我听到你的良心在哒哒作响。"意思是说,他知道詹姆斯·比顿在撒谎。在随后的争斗中,第六代安格斯伯爵阿奇博尔德·道格拉斯彻底击败了敌人第一代阿伦伯爵詹姆斯·汉密尔顿,这次争斗被称为"清除堤道"。之后,第六代安格斯伯爵阿奇博尔德·道格拉斯用武力控制了爱丁堡。就这样,五年过去了,表面上只回法兰西王国几个月的奥尔巴尼公爵约翰·斯图亚特一直没回苏格兰。为了使奥尔巴尼公爵约翰·斯图亚特回归,承担应有的职责,苏格兰庄园主会议不断地催促甚至恐吓奥尔巴尼公爵约翰·斯图亚特。

清除堤道

弗洛登战役已经过去九年。过去的这九年间,苏格兰和英格兰和平相处,苏格兰稍稍恢复了实力。因此,当亨利八世开始插手苏格兰事务,要求解除奥尔巴尼公爵约翰·斯图亚特的职务,断绝与法兰西王国的联系时,苏格兰庄园主会议拒绝了,并准备与英格兰开战。由于英格兰大部分的军事力量都在法兰西王国,英格兰北部的郡县防御相对较弱,现在正是对英格兰北部进行有效打击的时候。但奥尔巴尼公爵约翰·斯图亚特并没有这样做,而是和英格兰边境长官戴克勋爵托马斯·法因斯达成和解。奥尔巴尼公爵约翰·斯图亚特集结的大军毫无作为就解散了,但英格兰和苏格兰并没有停火。戴克勋爵托马斯·法因斯袭击了杰德堡,苏格兰人再次集结。这一次,由于奥尔巴尼公爵约翰·斯图亚特第二次回了法兰西王国,带回一些援军,使苏格兰军队的人数增加了。军队又一次在边境集结,但没有再前进,这使得苏格兰人对奥尔巴尼公爵约翰·斯图亚特和法兰西人都深恶痛绝。毫无成果的第二次远征后不久,1524年,奥尔巴尼公爵约翰·斯图亚特乘船前往法兰西王国,并带走了那些法兰西人。

奥尔巴尼公爵约翰·斯图亚特一离开,亨利八世就借助他狡猾的重臣托马斯·沃尔西,试图唆使苏格兰与法兰西王国决裂。詹姆斯五世之母玛格丽特·都铎是亲英派最大的靠山,圣安德鲁斯大主教兼大法官詹姆斯·比顿则是亲法派的领袖。托马斯·沃尔西试图以各种借口抓住詹姆斯·比顿,但詹姆斯·比顿太狡猾了,他把自己隔离在结实的圣安德鲁斯城堡里,在圣安德鲁斯城堡与法兰西王国保持联系。当时亲英派更强大,在亨利八世的建议下,十二岁的詹姆斯五世以自己的名义统治苏格兰,并于1524年8月成为议会的首脑。国王"亲政"这一步唯一的改变就是奥尔巴尼公爵约翰·斯图亚特的名义政府被废除,法兰西王国的影响力大大削弱。不过,亨利八世的干涉依然不受欢迎,而且随着法兰西国王弗朗索瓦一世在帕维亚被俘,民心又回到了老盟友法兰西王国身上。自詹姆斯五世"亲政"以来,第一代阿伦伯爵詹姆斯·汉密尔顿一直是政府名义上的首脑。到了1526年,詹姆斯五世已经十四岁,大家认为

法兰西国王弗朗索瓦一世在帕维亚被俘

他已足够成熟，可以自己选择监护人了。詹姆斯五世选了埃罗尔伯爵威廉·海、第四代阿盖尔伯爵阿奇博尔德·坎贝尔和第六代安格斯伯爵阿奇博尔德·道格拉斯，并与他们达成协议，由他们轮流监护，每人三个月。第六代安格斯伯爵阿奇博尔德·道格拉斯排在第一，但期满后拒绝放弃对詹姆斯五世的监护，并

詹姆斯五世

詹姆斯五世抵达斯特灵城堡

在两年内对詹姆斯五世和臣民实行暴政,成功地破解了所有营救詹姆斯五世的尝试。

1528年,有一天夜里,詹姆斯五世伪装成马夫,骑马从福克兰到斯特灵城堡,终于逃脱。现在詹姆斯五世终于安全地摆脱了道格拉斯家族的控制,开始着手彻底消灭道格拉斯家族。凡有道格拉斯这个姓的人,只要走到离詹姆斯五世不到六英里的地方,就是犯下叛国罪。詹姆斯五世还通过了一条没收道格拉斯家族财产的法律。第六代安格斯伯爵阿奇博尔德·道格拉斯本来有很多支持者,但所有那些希望从他的地盘上分一杯羹的贵族都加入了詹姆斯五世的阵营。对第六代安格斯伯爵阿奇博尔德·道格拉斯而言,这些贵族太强大了,最终第六代安格斯伯爵阿奇博尔德·道格拉斯被迫屈服,逃往英格兰避难。就这样,红道格拉斯家族被彻底推翻,就像资格较老的黑道格拉斯家族被推翻时一样。

詹姆斯五世通过对部分无法无天和狂暴不安的臣民执行即决审判开始了他的统治。当时边境居民几乎和高地人一样麻烦,边境居民居住在英格兰和苏

克尔家族的纹章

格兰之间有争议的土地上,"不偏不倚"地掠夺这两个国家。有些家族在这种大规模的掠夺中已形成某种垄断地位,如克尔家族、阿姆斯特朗家族和斯科特家族。他们已经习惯了凯尔特人的部族制度,每一个强盗首领在自己的防御堡塔内不仅依靠追随者的绝对服从,还依靠追随者的个人忠诚。约翰·阿姆斯特朗因其胆大妄为在强盗首领中最有名。正因为约翰·阿姆斯特朗的名声,詹姆斯五世付出了昂贵的代价。因为詹姆斯五世认为约翰·阿姆斯特朗是最臭名昭著的罪犯,会成为彰显正义力量最有力的榜样,于是把约翰·阿姆斯特朗像普通小偷一样抓起来绞死了。为了平息西部高地和群岛岛屿上的骚乱,政府尝试了新的办法。阿盖尔伯爵科林·坎贝尔被剥夺了代理官员的职位,今后政府将直接与部族首领打交道,收取税款和各种封建费用。在詹姆斯五世统治时期，有三人因阴谋罪和叛国罪被处死，他们或多或少都与被流放的第五代安格斯伯爵阿奇博尔德·道格拉斯有关。这三人分别是第五代安格斯伯爵阿奇博尔德·道格拉斯的妹妹格拉姆斯夫人珍妮特·道格拉斯、姐夫福布斯的主人和金卡维尔的帕特里克·汉密尔顿。金卡维尔的帕特里克·汉密尔顿是第一代阿伦伯爵詹姆斯·汉密尔顿的哥哥，被指控与第五代安格斯伯爵阿奇博尔德·道格拉斯勾结。

虽然议会公开讨论了教会改革的必要性，神职人员的不足之处也被流行诗人毫不留情地嘲笑，但詹姆斯五世和人民都不愿脱离罗马教廷，无法像亨利八世那样。但亨利八世非常希望外甥詹姆斯五世能够效仿自己，脱离罗马教廷。于是两人约定在约克会面。詹姆斯五世怀疑亨利八世的诚意，没有守约，导致亨利八世勃然大怒，再次提出对苏格兰的主权要求，并为此派军队入侵苏格兰。詹姆斯五世准备为此复仇，但当军队到达边境时，贵族们拒绝前进。一万人的队伍经过埃斯克。当贵族们正在为总指挥权争论不休的时候，遭到戴克勋爵托马斯·法因斯的突袭，队伍被打散。

与此同时，詹姆斯五世正在卡拉弗罗克城堡里等候消息。就在听说军队在索尔韦莫斯战役惨败的同时，詹姆斯五世得到另一个消息，他的女儿玛丽·斯图亚特出生了。因为詹姆斯五世的两个儿子都是幼时夭折，所以这个孩子是王位继承人。詹姆斯五世认为这个时候一个女孩的出生对苏格兰来说是个不祥之兆。詹姆斯五世喃喃自语："因女孩而来，由女孩而去。"意思是指斯图亚特氏的王位来自罗伯特一世的女儿玛乔丽·布鲁斯，也要由他詹姆斯五世的独女玛丽·斯图亚特送给他人。六天之后，1542年12月14日，詹姆斯五世因悲伤和失望而驾崩。詹姆斯五世长相英俊，但有一头红发，这使其赢得"红托德"或"红狐"的绰号。詹姆斯五世不受贵族的欢迎，却很受平民的爱戴。詹姆斯五世喜欢乔装打扮深入民间，这使他深受人们的喜爱，也使他经历了许多有趣的冒险。詹姆斯五世有过两次婚姻，第一任妻子是弗朗索瓦一世之女法兰西的马德莱娜，第二任妻子是吉斯公爵克劳德之女，隆格维尔公爵路易二世·多莱昂

吉斯的玛丽

的遗孀吉斯的玛丽。在性格和政策方面,詹姆斯五世有点像詹姆斯一世。和詹姆斯一世一样,詹姆斯五世努力限制贵族的权力,通过进行司法行政方面的改革,为苏格兰王室赢得了不少实权。詹姆斯五世通过建立高等民事法院,又称司法院,实现了苏格兰王室关于最高法院的设想。高等民事法院最初有十三名法官,后来变成十五名。其中一半是神职人员,他们既是法官又是陪审团。由于这个法院的法官是从议会中选出,高等民事法院还具有议会的权力,在所有民事案件中都是至高无上的,到此之后不能再上诉。詹姆斯五世不仅是一位文学赞助人,自己也是一位诗人,是为数不多的可以与出身贫寒的诗人相提并论的皇家诗人之一。据说《绿野上的基督教堂》和《流浪乞丐》这两首诗都出自詹姆斯五世之手，但没有确凿的证据。这两首诗都描述了农民生活的场景。如果确实是詹姆斯五世所写，那么对主题的选择和叙事的方式，就说明了詹姆斯五世是多么了解人民的生活状况。为了纪念詹姆斯五世对人民的恩惠，人们称詹姆斯五世为"平民之王和人民诗人"。

第二代阿伦伯爵詹姆斯·汉密尔顿，詹姆斯二世的后裔，下一位王位继承人，被选中作苏格兰女王玛丽的摄政王。按照苏格兰的习俗，未成年人应该由

苏格兰女王玛丽

近亲照顾。因此,年幼的女王由第二代阿伦伯爵詹姆斯·汉密尔顿的母亲阿伦伯爵夫人玛丽·斯图亚特照顾。索尔韦莫斯战役的失败和詹姆斯五世的驾崩,使人们几乎像在弗洛登战役之后一样垂头丧气,毫无防御能力。亨利八世决定把苏格兰女王玛丽嫁给其子威尔士亲王爱德华①,使苏格兰王国重新掌握在自己的手中。

威尔士亲王爱德华

---

① 即位后为爱德华六世。——译者注

为更好地实现这一计划，亨利八世把第六代安格斯伯爵阿奇博尔德·道格拉斯送回苏格兰，一起回去的还有卡西利斯伯爵吉尔伯特·肯尼迪、第四代伦凯恩伯爵威廉·坎宁安和其他几位贵族。他们都承诺会尽最大努力让苏格兰女王玛丽和要塞掌握在亨利八世手中。这些贵族被英格兰人称为"有保证的苏格兰人"。亨利八世肯定这些贵族会帮助他，但实际上，这些贵族要么不能，要么根本就不愿意给予亨利八世所希望的帮助。直到1543年7月，苏格兰才在伦敦起草了两项条约：一是与英格兰结盟，二是同意苏格兰女王玛丽嫁入英格兰。但苏格兰国内有非常强大的一派，坚决反对与英格兰的任何交易。再者，虽然这些条约是在一次苏格兰庄园主会议上获得批准的，但很明显下一次会议时就会被推翻。摄政王第二代阿伦伯爵詹姆斯·汉密尔顿试图撕毁协议，亨利八世勃然大怒，准备开战，并扣押了几艘因恶劣天气驶入英格兰港口的苏格兰的船。这就为苏格兰庄园主会议拒绝这些条约提供了充分理由。不久之后，"有保证的苏格兰人"改变立场，转而支持摄政王第二代阿伦伯爵詹姆斯·汉密尔顿。但亨利八世也得到了一个新支持者——伦诺克斯伯爵马修·斯图亚特。伦诺克斯伯爵马修·斯图亚特想娶第六代安格斯伯爵阿奇博尔德·道格拉斯之女，亨利八世的外甥女和受监护人玛格丽特·道格拉斯。为赢得亨利八世的好感，伦诺克斯伯爵马修·斯图亚特愿意全力以赴。

1544年5月1日，在爱丁堡，一名英格兰使者宣布英格兰向苏格兰宣战。赫特福德伯爵爱德华·西摩率领一支英格兰军队经海路在格兰隆登陆，奉命摧毁爱丁堡和尽可能多的其他城镇和村庄。赫特福德伯爵爱德华·西摩严格执行命令，洗劫并焚毁富有的贸易城镇利斯，纵火焚烧爱丁堡。尽管英格兰军队在法夫海岸并没有遇到抵抗，但还是抢劫了法夫的市民。之后，英格兰军队向南一直打到边境，烧杀抢掠，所到之处一片废墟。赫特福德伯爵爱德华·西摩遭遇的唯一抵抗是在边境附近。赫特福德伯爵爱德华·西摩派自己军队的一个师去梅尔罗斯挖安格斯家族的祖坟，在安克鲁姆被第六代安格斯伯爵阿奇博尔德·道格拉斯本人和一些边境领主打败。来自苏格兰的六百名边境居民，虽然

伦诺克斯伯爵马修·斯图亚特

赫特福德伯爵爱德华·西摩

玛格丽特·道格拉斯

曾在英格兰官员手下作战，但一听到安克鲁姆摩尔战役苏格兰胜利的消息，就掉转矛头，反戈相击。苏格兰其他地方的臣民都鼓起勇气，集结大批军队来到边境，却未有任何实际作战行动。

就在上一次英格兰洗劫的痕迹还没有消失、下一个收获季节即将来临的时候，赫特福德伯爵爱德华·西摩又带领一群乌合之众，重复前一年的野蛮行径。这次因半野蛮的爱尔兰人和外国雇佣兵的参与，侵略者气焰更加嚣张，袭击并掠夺了修道院。凯尔索、梅尔罗斯、德赖堡、罗克斯堡和科尔丁厄姆的废墟见证了这些强盗是如何"热情"地执行赫特福德伯爵爱德华·西摩的命令的。在侵略者经过后，城镇、庄园、教堂，以及两三百个村庄化为灰烬。所有这些不幸都是侵略者的肆无忌惮造成的，却没有为亨利八世赢得一寸新土地，一个新臣民。

两年过去了，苏格兰这个饱受摧残的国家又一次遭到宿敌英格兰的"拜访"。赫特福德伯爵爱德华·西摩已经是萨默塞特公爵，英格兰国王爱德华六

安克鲁姆摩尔战役

世未成年时期英格兰的护国公。两支军队,一支由萨默塞特公爵爱德华·西摩率领,另一支经由海路,在马瑟尔堡相遇,直逼苏格兰首都爱丁堡。苏格兰摄政王第二代阿伦伯爵詹姆斯·汉密尔顿集结大批军队抵抗,两军在埃斯克河两岸对峙。1547年9月10日,为迫使英格兰人进行战斗,苏格兰人愚蠢地放弃了他们的有利地形。在平基克鲁格战役中,苏格兰人再次惨败,遭到屠杀。战斗结束后,萨默塞特公爵爱德华·西摩率领大部分军队回到英格兰。由于大多数要塞掌握在英格兰人手中,苏格兰人认为最好把苏格兰女王玛丽送到法兰西王国,以免苏格兰女王玛丽受到伤害。法兰西王国派了六千人去帮助苏格兰赶走英格兰人,援助一直持续到1550年。九年残酷的战争之后出现了短暂的和平。如果我们考虑到时代的差异和文明的进步,马尔科姆三世和威廉·华莱士最猛烈的袭击可能都比萨默塞特公爵爱德华·西摩在这三次野蛮的掠夺中所造成的苦难要少得多。

亨利八世在英格兰推翻修道院,没收修道院的收入,以及在宗教事务上的其他改革,都得到苏格兰大多数人的认可。苏格兰人渴望在苏格兰开展同样的行动,因为教会滥用职权,迫害异己,正在快速失去对人民的控制。民众情绪的第一次爆发是谋杀枢机主教戴维·比顿。戴维·比顿是苏格兰政府中亲法派的领袖,宗教迫害的主要推动者。1546年,为报复乔治·威沙特鼓吹所谓的异端,乔治·威沙特被烧死。在戴维·比顿自己的圣安德鲁斯城堡,十六名威沙特的追随者谋杀了戴维·比顿。这些追随者用计进入圣安德鲁斯城堡,在那里坚守了十四个月,对抗摄政王第二代阿伦伯爵詹姆斯·汉密尔顿收复城堡。最后在法兰西王国的帮助下,这些人才被迫屈服,被送入法兰西王国监狱。约翰·诺克斯是追随者之一,十二年后成为新教改革中的著名使徒。在被谋杀的枢机主教戴维·比顿的房间里,第二代阿伦伯爵詹姆斯·汉密尔顿让自己雄心勃勃的弟弟约翰·汉密尔顿就任圣安德鲁斯大主教,然后摧毁圣安德鲁斯城堡。

1554年,由法兰西王国国王亲封的沙泰勒罗公爵、第二代阿伦伯爵詹姆

平基克鲁格战役

苏格兰骑兵在平基克鲁格战场发起冲锋

乔治·威沙特被烧死

乔治·威沙特的追随者谋杀戴维·比顿

斯·汉密尔顿回到法兰西王国，阿伦伯爵夫人玛丽·斯图亚特成为摄政王。苏格兰与法兰西王国的联盟因苏格兰女王玛丽与王太子弗朗索瓦的联姻而更加紧密。1559年，王太子弗朗索瓦成为法兰西的弗朗索瓦二世。由于两国联姻，弗朗索瓦二世获得苏格兰王权，苏格兰和法兰西王国在短时间内联合在同一国王统治下。基于此，法兰西人开始摆出一副高高在上的架势，苏格兰人无法忍受来自陌生人的傲慢。不久，法兰西人就变得和英格兰人一样不受欢迎了。摄政王阿伦伯爵夫人玛丽·斯图亚特把法兰西人安排在国家很重要的岗位上，尤其是让法兰西人看守苏格兰要塞，这让苏格兰人心生厌恶。当时还有另一种势力正发挥作用，那就是宗教改革的愿望。苏格兰人认为宗教改革给国民带来的变化会比罗伯特一世统治时期更大。

弗朗索瓦二世

由于苏格兰与法兰西王国结盟，两国之间联系紧密。这一时期与法兰西王国的交往对苏格兰社会发展的影响之大可以说是空前绝后。国民议会的成员在议会开会时，并不像英格兰那样划分为上议院和下议院，而是由男爵、神职人员和平民三个阶层的代表构成，按照法兰西王国的习惯，都聚集在议院里。所有与王室有直接关系的人都必须出席这些会议。但詹姆斯一世允许低级贵族派代表代替他们出席会议，从而免除低级贵族的这种责任。这对除低级贵族与其说是一种特权，不如说是一种令人讨厌的责任。这些代表与来自城市和自治市的代表组成议会中的第三级庄园主。最高法院，即由詹姆斯五世建立的高等民事法院，是以巴黎议会的模式建立的。15世纪，在圣安德鲁斯、格拉斯哥和阿伯丁建立了许多大学。其中，阿伯丁大学完全仿照巴黎大学建立。这一时

阿伯丁大学的盾形徽章

期无论是民居还是宗教建筑,在许多方面都像法兰西王国一样。梅尔罗斯修道院、福克兰宫和斯特灵宫,都是在詹姆斯一世到詹姆斯五世时期建造的。贵族的房子也是仿照法兰西王国风格建造,16世纪的民用建筑是遗留下来的最古老的建筑遗迹。低地苏格兰语中也出现了许多法语词汇,也就是洛锡安人说的语言。到这个时期,低地苏格兰语这种方言和英格兰宫廷里说的语言已经大不相同,说英格兰宫廷语言的人几乎听不懂低地苏格兰语语言。苏格兰的对外贸易在詹姆斯四世统治时期最繁荣。鱼、羊毛和兽皮是主要的出口商品。人们第一次提到煤是在13世纪末。16世纪,煤已经得到广泛使用。此外还有铅和铁矿,人们还发现了数量不多的黄金。詹姆斯四世利用这种天然的黄金铸造了一些漂亮的硬币。因为这些硬币上面印的国王的肖像是戴着帽子的,所以这些硬币被称为"帽子金币"。这一时期的人民几乎像农奴一样依赖他们的领主。这一时期,尽管贵族势力强大,却没有特权。比如,虽然贵族非常喜欢打猎,但苏格兰没有制订相应的森林法或狩猎法。任何违法乱纪的人,如果被绳之以法,不管地位有多高,都像平民一样,必须接受审判。

  在早期,人们能够接受到的所有教育都由教会提供。大修道院在几个城镇建立和维护学校,并向附属于几座大修道院的唱诗班提供教育经费。后来,市政当局建立文法学校,并在1496年通过一项法案,要求所有的"贵族和自由人"必须把他们的儿子送去学校,直到他们有足够的能力,掌握"完美的拉丁语",否则将面临二十英镑的罚款。阿伯丁大学首任校长赫克托·博伊斯用拉丁文写了一本书,号称是《苏格兰史》,但这本书的大部分内容纯粹是虚构的。福尔登的约翰用拉丁文写的《苏格兰编年史》由因奇科尔姆修道院院长沃尔特·鲍尔续写到15世纪中叶。15世纪中期,除两位国王诗人詹姆斯一世和詹姆斯五世之外,苏格兰还有其他著名诗人,如吟游诗人"盲哈里",把威廉·华莱士所有的流传故事汇集在一首以英雄的名字命名的诗里,就像一百年前约翰·巴伯为罗伯特·布鲁斯做的那样。方济各会修士威廉·邓巴写了一首叫《蓟与玫瑰》的诗来庆祝詹姆斯四世与玛格丽特·都铎的婚姻。《蓟与玫瑰》《金

吟游诗人盲哈里讲述威廉·华莱士的故事

色的白蚁》《七宗罪之舞》是威廉·邓巴最好的作品。加文·道格拉斯是绰号为"猫钟"的第五代安格斯伯爵阿奇博尔德·道格拉斯之子,后来成为邓凯尔德主教。在16世纪初,加文·道格拉斯也写了几首诗。其中最著名的是《哈特国王》《荣誉宫》和弗吉尔的《埃涅伊德》译本。之后的几年,戴维·林赛[①]针对教会的滥用职权、神职人员的恶习和宫廷中的愚蠢行为,创作了许多巧妙的讽刺作品。其中《德雷姆》《苏格兰庄园主会议的讽刺》《君主政体》是戴维·林赛最好的诗歌。

这一时期持续了一个多世纪,苏格兰在社会和政治方面都没有取得很大进展。这一时期五位国王,都是同名,依次登上王位,其中四位死于暴力冲突,而且在这四人当中,有两位是被奸臣所害。五位国王大多幼时登基,没有一个人寿终正寝。五位国王的统治主要是消灭无法无天和制造骚乱的贵族,而贵族

---

① 詹姆斯五世童年时的玩伴,也是对苏格兰的詹姆斯五世的英年早逝表示哀悼之人。——原注

在每一个即位者即位之后都变得更加强大和独立。在詹姆斯二世和詹姆斯五世统治时期，国王和贵族之间的斗争表现为斯图亚特家族和道格拉斯家族之间的斗争。詹姆斯二世和詹姆斯五世两位国王都是通过将权力交到其他贵族手中这样危险的手段才战胜敌人。这一时期苏格兰的外交政策非常简单，包括与法兰西王国保持密切的同盟关系，与英格兰之间冲突不断。但法兰西王国从来没有给过苏格兰任何实质性的帮助，而英格兰人因深受国内玫瑰战争的影响，所以无暇深入干涉苏格兰的独立。虽然在此期间有四位国王幼时登基，长期未能亲自执政，但没有人试图打破常规的继承顺序。部分原因在于人民对王室的忠诚，部分原因在于王室权力的薄弱。就因为国王没有实权，贵族认为王位不值得觊觎。詹姆斯四世统治时期最和平、最繁荣，但詹姆斯一世为人民谋得的福祉最多。

第6章

宗教改革时期

精彩看点

宗教改革——教会状况——第一盟约——宗教暴乱——与英格兰的条约——宗教改革法规——苏格兰女王玛丽回到苏格兰——分割教会土地——亨特利伯爵乔治·戈登倒台——苏格兰女王玛丽的第二次婚姻——谋杀戴维·里齐奥——逃往邓巴——谋杀达恩利勋爵亨利·斯图亚特——苏格兰女王玛丽的第三次婚姻——在卡伯里投降——苏格兰女王玛丽被囚——第一代莫里伯爵詹姆斯·斯图亚特摄政——玛丽·斯图亚特出逃——兰赛德战役——玛丽·斯图亚特和伊丽莎白一世会晤——各派之间的状况——伦诺克斯伯爵马修·斯图亚特摄政——占领邓巴顿城堡——斯特灵议会——约翰·厄斯金男爵摄政——"图尔坎"主教——约翰·诺克斯去世——占领爱丁堡——莫顿伯爵詹姆斯·道格拉斯摄政——莫顿伯爵詹姆斯·道格拉斯倒台——鲁思文突袭——高里伯爵威廉·鲁思文倒台——阿伦伯爵詹姆斯·斯图亚特倒台——玛丽·斯图亚特之死——詹姆斯六世的婚姻——废除主教制——"西班牙空白文件"事件——宗教暴动——高里阴谋事件——王位统一——这一时期的国家状况——本章小结

五百年前，英格兰人从"征服者"威廉手中逃离，在凯尔特人建立的苏格兰王国引发了一场伟大的社会革命，并在苏格兰王国找到了避难所。现在我们发现，另一场革命也源自一个非常相似的原因。但两次革命引起变化的方式不同，这是由两个世纪的特点决定的。11世纪，是宫廷的影响逐渐改变了人们。到了16世纪，人们是同宫廷的反对派做斗争，并最终战胜宫廷的反对派。英格兰的玛丽一世成为英格兰女王后，希望把英格兰教会置于罗马教皇的权力之下，这一想法甚至比其父亨利八世宗教改革之前更强烈。所有持有改革教义的人都被视为"宗教异端"而遭到迫害。这些所谓的"宗教异端"中有许多人越过边境，到苏格兰寻求庇护。这些"异教徒"在苏格兰受到善待，这在几年前两国交战时几乎是不可能的，但宗教同情战胜了民族仇恨。可以说亨利八世和萨默塞特公爵爱德华·西摩的残暴曾一度延缓了苏格兰的宗教改革，而英格兰的玛丽一世的宗教热情加速了苏格兰的宗教改革。尽管如此，传统民族情感的偏好仍然影响着这次宗教改革运动的性质，并促使苏格兰改革者重塑教会的管理体制和崇拜形式，那就是追随法兰西王国加尔文主义者的典范，而不是仿效英格兰教会只在教义方面进行改革。

　　苏格兰就像其他西方基督教国家一样，由于神职人员的不道德和反宗教行为失去了对民众的控制。神职人员贪财、滥权妄为，神职人员的财富和由学问赢得的国家职位——尽管这种情况比较少见——引起贵族们的嫉妒。为获得一些耕种良好的教会土地，苏格兰许多地主加入宗教改革运动。

于是，志在参与宗教改革的人悄无声息地成为苏格兰的一种力量，就像几个世纪以来苏格兰的习俗一样。1557年，志在参与宗教改革的人通过一个盟约而彼此团结在一起。在盟约中他们承诺相互支持，并尽最大努力传播新教义。这个盟约被称为第一盟约。第一盟约宣布脱离罗马教皇控制，禁止使用英格兰的《圣经》和爱德华六世的《祈祷书》。自此，在第一盟约上面签名的贵族们就自称为"主的圣会"。1558年，年迈的牧师沃尔特·米尔恩本来毫无过错，却因"异端罪"在圣安德鲁斯被烧死。这促使贵族们采取行动，要求摄政王吉斯的玛丽根据第一盟约原则对宗教进行改革。摄政王吉斯的玛丽虽然起初似乎倾向于同意他们的要求，但后来反对，并在枢密院传唤一些主张新教教义的牧

烧死沃尔特·米尔恩

约翰·诺克斯

师。由此导致一大批追随者与贵族一起聚集在珀斯。摄政王吉斯的玛丽顿时惊慌失措,恳求他们散去,并答应收回传唤。但事实上,吉斯的玛丽非但没有收回传唤,反倒驱逐那些不来的牧师。

吉斯的玛丽的这种违背诺言的行为激怒了"主的圣会"的追随者,引发骚乱。1559年5月2日,一群暴徒袭击并试图拆毁珀斯的教堂和修道院,随后在其他城镇也发生了类似的骚乱。约翰·诺克斯是这场运动的精神领袖。但约翰·诺克斯只希望摧毁教堂里的画像和装饰品,认为那些只是盲目的偶像崇拜,而不是信仰。当然我们也不应指责宗教改革者让苏格兰只剩下一座完整的大教堂,教堂和修道院被毁灭更多的是由于英格兰人的入侵,或由于宗教改革后期的管理不善。此次暴乱之后,"主的圣会"的会众在珀斯的力量加强了。但

第一代莫里伯爵詹姆斯·斯图亚特

许多男爵,其中包括第一代莫里伯爵詹姆斯·斯图亚特[①]站到了吉斯的玛丽一边。如果吉斯的玛丽早点兑现承诺,双方就可避免现在的冲突。但吉斯的玛丽带领一支法兰西王国军队来对抗"主的圣会"的会众,导致参加集会的会众当时公开造反。最后,双方达成一项协议,协议规定双方有争议的问题由苏格兰庄园主会议来解决,双方放下武器,法兰西王国驻军撤出珀斯。但吉斯的玛丽

---

① 詹姆斯五世的私生子。——原注

并没有遵守条约精神,尽管没有公然违背条约的字面意思,却令苏格兰本土部队驻扎珀斯,费用由法兰西王国支付。于是,会众们拿起武器,占领圣安德鲁斯和爱丁堡,并在那里召开会议,他们称之为议会。议会上,会众们尽管声称依然效忠苏格兰国王和王后,但还是废黜了吉斯的玛丽。由于过于软弱,这些会众未能维持既得利益。会众得知英格兰女王伊丽莎白一世继承了英格兰的玛丽一世的王位,就指望得到伊丽莎白一世的支持。

伊丽莎白一世不愿与公然反抗君主的人打交道。尽管苏格兰女王玛丽的冒犯已经给她提供了一个很好的理由,苏格兰女王玛丽把英格兰的盾徽放在

玛丽一世

伊丽莎白一世

苏格兰的盾牌上,仿佛自己是合法的女王,而伊丽莎白一世是篡位者。最后,1560年,在贝里克,伊丽莎白一世和苏格兰的起义军签订一项条约,苏格兰王位的下一位继承人沙泰勒罗公爵、阿伦伯爵詹姆斯·汉密尔顿为会众代表。根据这项条约,伊丽莎白一世承诺派军队阻止法兰西王国征服苏格兰。接下来,苏格兰与英格兰并肩对抗苏格兰的老盟友法兰西王国,这显得苏格兰不太正常。但1560年年底,由于法兰西王国内的动乱,法兰西人被召回。根据《爱丁堡条约》,大家一致同意,今后没有苏格兰庄园主会议的同意,苏格兰不得雇用外国人。苏格兰庄园主会议以国王和王后的名义承诺,他们承认伊丽莎白一世是英格兰合法的女王,从此不再对英格兰指手画脚。

《爱丁堡条约》缔结后不久,吉斯的玛丽去世。随后,1560年8月25日,苏格兰庄园主会议批准《日内瓦信仰告白》,决定放弃罗马天主教教皇的权威,并禁止举行甚至协助举行弥撒。如果第一次犯错会被没收财产,第二次会被驱逐,第三次会被处死。旧教会制度连同所有仪式被突然推翻。但这只是名义上的,实际上是一点一点消失的。

1561年8月,苏格兰女王玛丽回到苏格兰。当时法兰西国王弗朗索瓦二世已经驾崩,苏格兰女王玛丽成为寡妇,所以苏格兰人再也不用担心他们的国家

苏格兰女王玛丽乘船返回英格兰

会沦落为法兰西王国的一个省。苏格兰人对王权怀有近乎迷信的崇敬，这与其对王权权威的蔑视自相矛盾。苏格兰人张开双臂欢迎苏格兰女王玛丽归来，表现出善意。但这善意比古板的老师接受新学说时的欢欣还要不和谐和古怪。到目前为止，苏格兰人只把苏格兰女王玛丽看作是长长的凯尔特国王名单中的一员。苏格兰女王玛丽就是那个"苏格兰王位继承人"，是苏格兰人为之奋斗那么久、在英格兰遭遇苦难的那个"孩子"。苏格兰人还没有发现，苏格兰女王玛丽除了具有苏格兰血统，其余一切都已经是法兰西王国式的了。苏格兰女王玛丽才华横溢，聪明漂亮，又不露声色，让人捉摸不透。苏格兰女王玛丽对旧宗教的热情不亚于他们对新宗教的热情。苏格兰女王玛丽也是同样的感受，以一个陌生人的身份来到自己的人民中间，不得不处理以前统治时期未知的事情。以前，教会一直站在苏格兰女王玛丽一边反对贵族，现在教会和贵族联合起来对抗苏格兰女王玛丽，而苏格兰女王玛丽唯一的胜算就是利用这对盟友之间的矛盾。

苏格兰女王玛丽与贵族和教会之间不和的主要原因是教会的财产问题。改革派的牧师们想当然地认为既然改革已经成功，他们不仅可以拥有罗马教皇在所有公共和私人事务上的专断权，也可以获得教会的土地。但贵族们不同意这两项要求，因为贵族既不愿屈服于长老会的暴政，也不愿屈服于教皇的权威。神父希望禁止苏格兰女王玛丽和侍从在她的私人小礼拜堂里听弥撒，贵族们坚决反对，也拒绝把牧师们起草的指导新教的系列规则——《教会管理法规第一集》作为法律。至于土地，大部分已经落入普通信徒之手，这些人通常拥有以前持有这些土地的教会主要人物的头衔。枢密院拿出剩下的三分之一土地来支付牧师的津贴，希望其余的土地留在神职人员手中，神职人员一死就归国王所有。

圣安德鲁斯修道院的副院长第一代莫里伯爵詹姆斯·斯图亚特是新教徒的希望。但北方依然有数量众多、力量强大的天主教教徒。北方天主教教徒的首领是戈登家族首领——第四代亨特利伯爵乔治·戈登。第四代亨特利伯爵乔

苏格兰女王玛丽归来

治·戈登统治着北方大多数地区，他的话就是法律。在北方，议会的法令是无效的。人们认为第四代亨特利伯爵乔治·戈登的权力太大，对国家构成威胁。这就注定了第四代亨特利伯爵乔治·戈登的倒台。据说第一代莫里伯爵詹姆斯·斯图亚特和苏格兰女王玛丽动身北上要去讨伐第四代亨特利伯爵乔治·戈登，但由于第一代莫里伯爵詹姆斯·斯图亚特和苏格兰女王玛丽带领的兵力太强大，第四代亨特利伯爵乔治·戈登认为还是离他们远点为好。1562年，第四代亨特利伯爵乔治·戈登的因弗内斯城堡遭到围攻，城堡总督被绞死，追随者被击败。第四代亨特利伯爵乔治·戈登本人也在阿伯丁附近的科里奇被杀，尸体被带到爱丁堡，以叛国罪的惯例，给予没收财产的处罚。第四代亨特利伯爵乔治·戈登的儿子芬勒特的约翰·戈登爵士在阿伯丁被斩首。至此，戈登家族

因弗内斯城堡

莱斯特伯爵罗伯特·悉尼

的势力被摧毁。苏格兰女王玛丽在执政初期对罗马天主教教徒没有什么好感，但她仍然没有批准新教教规。

现在各方最感兴趣的问题是，苏格兰女王玛丽的再婚对象会是谁，许多外国王子被提及。伊丽莎白一世则提议她最喜欢的莱斯特伯爵罗伯特·悉尼。但苏格兰女王玛丽自己解决了这个问题，爱上了自己的表弟达恩利勋爵亨利·斯图亚特。达恩利勋爵亨利·斯图亚特是伦诺克斯伯爵马修·斯图亚特和玛格丽特·道格拉斯之子，是玛格丽特·都铎外孙，是被英格兰宫廷接受的、具有英格兰王室血统的第一人选。苏格兰女王玛丽召集了一个特别会议，宣布自己想要结婚的打算。然后把达恩利勋爵亨利·斯图亚特提升为罗斯伯爵，后来又封达恩利勋爵亨利·斯图亚特为奥尔巴尼公爵。1565年7月29日，苏格兰女王玛丽和达恩利勋爵亨利·斯图亚特按照罗马天主教的仪式举行了婚礼。但第一代莫里伯爵詹姆斯·斯图亚特拒绝接受这桩婚姻，和其他一些普通贵族拿起武器打进爱丁堡，城堡里的人朝他们开了枪。由于对招募新兵不抱希望，于是他们退守邓弗里斯，在那里发表声明，声称苏格兰的宗教正处于危险之中，苏格兰女王玛丽未经苏格兰庄园主会议的许可擅自宣布达恩利勋爵亨利·斯图亚特为苏格兰国王是不合法的。于是，达恩利勋爵亨利·斯图亚特和苏格兰女王玛丽

达恩利勋爵亨利·斯图亚特

召集封建势力，反击那些贵族。后来，那些贵族撤退到英格兰，他们的追随者也放下了武器。

苏格兰女王玛丽很快就厌倦了毫无价值的丈夫。在选择自己最喜欢的人这方面，苏格兰女王玛丽有着整个家族的所有弱点，即缺乏智慧。此时，苏格兰女王玛丽喜欢上一个意大利人，叫戴维·里齐奥。戴维·里齐奥本是苏格兰女王玛丽的秘书，因为擅长音乐而吸引了苏格兰女王玛丽。贵族们开始嫉妒这个外国人，决心将其除掉。但为避免承担策划谋杀产生的恶果，贵族们说服达恩利勋爵亨利·斯图亚特签署一份协议，让达恩利勋爵亨利·斯图亚特承诺不管他们做任何事情，他都会支持。与此同时，达恩利勋爵亨利·斯图亚特还签署了另一份保证书，以召回第一代莫里伯爵詹姆斯·斯图亚特和其他被驱逐的贵族。苏格兰女王玛丽召集了一个议会。苏格兰女王玛丽预计议会将宣布对那些被驱逐的贵族处以没收财产的处罚。为确保心愿得偿，苏格兰女王玛丽干涉了立法委员会的选择，把议会所有重要事务都交给立法委员会。1566年3月的一天晚上，当苏格兰女王玛丽在霍利鲁德宫吃晚饭时，阴谋者们封锁了大门，在帕特里克·鲁思文勋爵的带领下冲进房间，抓住了戴维·里齐奥。虽然戴维·里齐奥向苏格兰女王玛丽求救，但还是被拖到外面的房间杀掉了，尸体被扔下楼。直到第二天苏格兰女王玛丽才知道戴维·里齐奥的命运。在霍利鲁德宫被占领时，博斯韦尔伯爵詹姆斯·赫伯恩和第五代亨特利伯爵乔治·戈登都在里面，但他们设法逃了出来。彼时博斯韦尔伯爵詹姆斯·赫伯恩已经很受苏格兰女王玛丽的喜欢，第五代亨特利伯爵乔治·戈登当时也已恢复头衔，拿回了父亲被没收的财产。

起初，苏格兰女王玛丽没有表现出愤怒。苏格兰女王玛丽假装与达恩利勋爵亨利·斯图亚特和好，并答应赦免被驱逐的贵族。第二天，当被驱逐的贵族出现在苏格兰女王玛丽面前时，她还热情地接待了第一代莫里伯爵詹姆斯·斯图亚特。但贵族们很快发现他们对达恩利勋爵亨利·斯图亚特的指望是错误的，因为在第二天晚上，达恩利勋爵亨利·斯图亚特就和苏格兰女王玛丽

苏格兰女王玛丽与戴维·里齐奥

乔舍戴维·里芥奥

一起逃到邓巴。博斯韦尔伯爵詹姆斯·赫伯恩调来一支部队保护苏格兰女王玛丽，不到月底苏格兰女王玛丽又回到了爱丁堡。戴维·里齐奥的尸体被带到王宫礼拜堂，葬在已故的苏格兰国王中间。莫顿伯爵詹姆斯·道格拉斯、帕特里克·鲁思文勋爵等人被传讯，要求他们对戴维·里齐奥的谋杀案负责。但他们并没有出现，于是苏格兰女王玛丽宣布将他们驱逐。

莫顿伯爵詹姆斯·道格拉斯

博斯韦尔伯爵詹姆斯·赫伯恩

新宠臣很快取代戴维·里齐奥,得到苏格兰女王玛丽的青睐。新宠臣就是博斯韦尔伯爵詹姆斯·赫伯恩。他在邓巴为苏格兰女王玛丽提供了很多帮助。博斯韦尔伯爵詹姆斯·赫伯恩被赐予梅尔罗斯和哈丁顿修道院的土地,还被任命为海军大臣和边境长官。人们注意到在苏格兰女王玛丽的儿子、苏格兰王子的洗礼中发挥主要作用的是博斯韦尔伯爵詹姆斯·赫伯恩,而不是达恩利勋爵亨利·斯图亚特。达恩利勋爵亨利·斯图亚特遭到所有人的憎恶,妻子苏格兰女王玛丽讨厌他,因为他纵容阴谋杀害苏格兰女王玛丽心爱的人;同谋者讨厌他,因为他背信弃义。不久,达恩利勋爵亨利·斯图亚特染上天花,被带到格拉斯哥,由父亲伦诺克斯伯爵马修·斯图亚特照料。在格拉斯哥,达恩利勋爵亨利·斯图亚特逐渐好转时,苏格兰女王玛丽去看望他,并建议带他去克雷格

达恩利勋爵亨利·斯图亚特被炸身亡

米勒城堡，以便尽快康复。但后来计划改变，达恩利勋爵亨利·斯图亚特去了爱丁堡附近一个叫基尔科菲尔德的房子。1567年2月9日晚上，基尔科菲尔德这座房子被炸毁，苏格兰女王玛丽当时正在霍利鲁德参加舞会，达恩利勋爵亨利·斯图亚特和侍者的尸体在附近的田野里被发现，看起来像是在试图逃跑时被杀害的。人们普遍认为是博斯韦尔伯爵詹姆斯·赫伯恩杀了达恩利勋爵亨利·斯图亚特。大家怀疑博斯韦尔伯爵詹姆斯·赫伯恩这样做是为取悦苏格兰女王玛丽，并得到了苏格兰女王玛丽的许可。苏格兰女王玛丽的行为加深了人们的怀疑，因为苏格兰女王玛丽根本没想找出凶手，也没想惩罚凶手。达恩利勋爵亨利·斯图亚特的葬礼那天，苏格兰女王玛丽让博斯韦尔伯爵詹姆斯·赫伯恩统治利斯。这时，伦诺克斯伯爵马修·斯图亚特挺身而出，要求由苏格兰庄园主会议审判博斯韦尔伯爵詹姆斯·赫伯恩和其他涉嫌谋杀的人。这得到苏格兰女王玛丽的批准并确定了审判的日子。但当伦诺克斯伯爵马修·斯图亚特作为凶杀案原告出现时，除家人外，被禁止带任何人进来。而博斯韦尔伯爵詹姆斯·赫伯恩尽管有一大批追随者，但他认为谨慎起见还是不出现为好。由于没有人提出对博斯韦尔伯爵詹姆斯·赫伯恩不利的证据，博斯韦尔伯爵詹姆斯·赫伯恩被宣告无罪，并向仍然指控他的人发誓他没有谋杀达恩利勋爵亨利·斯图亚特。

现在，博斯韦尔伯爵詹姆斯·赫伯恩决定与苏格兰女王玛丽结婚。在议会休会之后，博斯韦尔伯爵詹姆斯·赫伯恩让许多贵族签署一份保证书，同意帮助自己达到目的。因为博斯韦尔伯爵詹姆斯·赫伯恩已经娶了第五代亨特利伯爵乔治·戈登的妹妹博斯韦尔伯爵夫人琼·戈登，要想与苏格兰女王玛丽结婚

博斯韦尔伯爵夫人琼·戈登

必须先解除与现任妻子的婚姻关系。但现在这种事情不像以前那么容易，因为旧教规已经和旧教会一起被废除，新教徒已经设立了自己的法庭来审理这些案件，而苏格兰女王玛丽最近恢复了旧法庭。要确保此事成功，博斯韦尔伯爵詹姆斯·赫伯恩的婚姻在这两个法庭上都要被解除才行。博斯韦尔伯爵詹姆斯·赫伯恩遇见从斯特灵看望儿子詹姆斯·斯图尔特回来的苏格兰女王玛丽，把苏格兰女王玛丽带到了邓巴。离婚那天，他们一起返回爱丁堡，博斯韦尔伯爵詹姆斯·赫伯恩被封为奥克尼公爵和设得兰公爵。1567年5月15日，曾是奥克尼主教、现在是新教牧师之一的亚当·博斯韦尔主持了他们的婚礼。

两周之后，苏格兰女王玛丽号召封建势力进攻边境地区，但贵族们没有响应。这时，苏格兰女王玛丽和博斯韦尔伯爵詹姆斯·赫伯恩对越来越多的不满迹象有了警觉，于是他们藏到博斯韦尔伯爵詹姆斯·赫伯恩坚固的博思威克城堡里。但苏格兰女王玛丽和博斯韦尔伯爵詹姆斯·赫伯恩刚到博思威克城堡，

博思威克城堡

王子詹姆斯·斯图亚特

莫顿伯爵詹姆斯·道格拉斯和第五代霍姆勋爵亚历山大·霍姆带领的军队就出现了在门口,苏格兰女王玛丽和博斯韦尔伯爵詹姆斯·赫伯恩只能转而逃往邓巴。贵族们随后进入爱丁堡,城堡的总督把城堡拱手相赠。贵族们依然声称以苏格兰女王玛丽的名义行事,只是想把苏格兰女王玛丽从博斯韦尔伯爵詹姆斯·赫伯恩那里解救出来。但贵族们控制了王子詹姆斯·斯图亚特[①],并采取措

---

① 继承苏格兰王位后为詹姆斯六世,继承英格兰和爱尔兰王位后为詹姆斯一世。——译者注

施继续管理政府。与此同时,博斯韦尔伯爵詹姆斯·赫伯恩召集其追随者,虽然与贵族们领导的人数不相上下,但在打仗练兵方面远远不如对手。1567年6月15日,贵族们率领的军队和博斯韦尔伯爵詹姆斯·赫伯恩召集的追随者在马瑟尔堡附近相遇,但双方没有交火,因为苏格兰女王玛丽已经向格兰奇的威廉·柯卡尔迪爵士投降。格兰奇的威廉·柯卡尔迪爵士派了一支骑兵,在卡伯里切断了苏格兰女王玛丽前往邓巴的退路。苏格兰女王玛丽投降的条件是允许博斯韦尔伯爵詹姆斯·赫伯恩毫发无损地回到邓巴。博斯韦尔伯爵詹姆斯·赫

苏格兰女王玛丽向格兰奇的威廉·柯卡尔迪爵士投降

伯恩先是逃到自己的奥克尼公爵领地，后来又逃到丹麦。1578年，博斯韦尔伯爵詹姆斯·赫伯恩在丹麦去世。

就在第三次婚姻的一个月后，苏格兰女王玛丽被带回爱丁堡，受到暴徒们的围攻。暴徒们公开指责苏格兰女王玛丽是个杀人犯，并押苏格兰女王玛丽游行。在苏格兰女王玛丽眼前有一面横幅，上面展示的是苏格兰女王玛丽的丈夫达恩利勋爵亨利·斯图亚特的尸体，年幼的儿子詹姆斯·斯图亚特坐在达恩利勋爵亨利·斯图亚特的膝盖上，仿佛在祈祷正义处置杀害他父亲的凶手。横幅上还绣了字："法官，请为我的父亲报仇。"苏格兰女王玛丽从爱丁堡被带到一座孤零零的城堡里。城堡建在利文湖中心的一个小岛上。几天后，人们发现了一个装有八封信的棺材。据说，这些信是博斯韦尔伯爵詹姆斯·赫伯恩逃跑时留下的，似乎是苏格兰女王玛丽写给生病时的达恩利勋爵亨利·斯图亚特的。如果这些信真的是苏格兰女王玛丽所写，就能很清楚地证明，苏格兰女王玛丽

利文湖城堡

和博斯韦尔伯爵詹姆斯·赫伯恩一起策划了对达恩利勋爵亨利·斯图亚特的谋杀。因为这些信从被发现的棺材里得来,所以被称为"棺材信"。合谋推翻苏格兰女王玛丽的男爵们后来的表现似乎认定这些信真的是苏格兰女王玛丽写的。帕特里克·林赛勋爵和罗伯特·梅尔维尔勋爵被送到利文湖中心的小岛去见苏格兰女王玛丽。在利文湖中心的小岛,苏格兰女王玛丽签字让位给詹姆斯·斯图亚特,并且希望第一代莫里伯爵詹姆斯·斯图亚特成为摄政王。从那

苏格兰女王玛丽退位

时起，玛丽·斯图亚特不再是苏格兰女王。玛丽·斯图亚特的美貌、才华和不幸赢得了人们的同情和许多优势。但正是玛丽·斯图亚特的愚蠢和罪恶使人们由爱生恨，人们对玛丽·斯图亚特的放弃是苏格兰历史上的一个典型事件，对苏格兰来说也是莫大的幸事。

年幼的国王詹姆斯六世即将被推上其母亲玛丽·斯图亚特的位置。詹姆斯六世在斯特灵加冕、受膏。詹姆斯六世的监护人莫顿伯爵詹姆斯·道格拉斯宣誓支持新教，或新教支持者所称的——苏格兰真正的教会，并铲除所有"异端"和类似的敌人。第一代莫里伯爵詹姆斯·斯图亚特被从法兰西王国召回，在达恩利勋爵亨利·斯图亚特被谋杀后不久第一代莫里伯爵詹姆斯·斯图亚特就去了法兰西。第一代莫里伯爵詹姆斯·斯图亚特并不想接受摄政王一职，表示要和玛丽·斯图亚特面谈之后才做决定。最后，第一代莫里伯爵詹姆斯·斯图亚特同意成为摄政王。如第一代莫里伯爵詹姆斯·斯图亚特所说，这是为了遵从玛丽·斯图亚特的意愿。当人们强烈要求向谋杀达恩利勋爵亨利·斯图亚特的凶手复仇时，四个曾帮助博斯韦尔伯爵詹姆斯·赫伯恩犯罪的人在爱丁堡被绞死，但没有采取任何措施来惩罚那些与博斯韦尔伯爵詹姆斯·赫伯恩合谋的贵族。

但有一大群以汉密尔顿家族为首的贵族反对新政府，他们在汉密尔顿宣布独立。在被囚禁一年后，即1568年，玛丽·斯图亚特逃了出来，加入汉密尔顿家族的行列，又拿起了放下的权杖。十八位议会贵族和许多地位较低的小贵族签署一份保证书，支持玛丽·斯图亚特。玛丽·斯图亚特在汉密尔顿的宫廷让人给第一代莫里伯爵詹姆斯·斯图亚特送信，命令第一代莫里伯爵詹姆斯·斯图亚特辞去摄政王一职。第一代莫里伯爵詹姆斯·斯图亚特当时在格拉斯哥，几乎毫无戒备。第一代莫里伯爵詹姆斯·斯图亚特不仅没有服从，还抓了前来宣布玛丽·斯图亚特命令的传令官，然后派人去斯特灵找大炮，并以詹姆斯六世的名义召集封建势力。

苏格兰王国最坚固的堡垒——邓巴顿城堡在玛丽·斯图亚特的掌控中。为

玛丽·斯图亚特逃离利文湖城堡

玛丽·斯图亚特登上逃离利文湖城堡的小船

了更安全，玛丽·斯图亚特决心前往此处。但要到邓巴顿城堡，必须从格拉斯哥附近经过，而第一代莫里伯爵詹姆斯·斯图亚特就在那里。在克莱德河南岸的兰赛德，詹姆斯六世的军队挡住了玛丽·斯图亚特的去路。詹姆斯六世的军队虽然没有玛丽·斯图亚特的军队强大，但有更好的领袖。1568年5月13日的兰赛德战役决定了苏格兰的命运。詹姆斯六世的军队第一次冲锋时，几乎没有伤亡，因为前线的长矛被敌人顶住了。但这导致詹姆斯六世的军队既不能后退，也不能前进，同时不能使后面的人彼此保持一臂的距离。就在此时，格兰奇的威廉·柯卡尔迪爵士带领骑兵向玛丽·斯图亚特的军队发起冲锋，扭转了战局。玛丽·斯图亚特的军队慌慌张张地逃走了，玛丽·斯图亚特本人则全速奔向边境，逃过索尔韦莫斯，径直向卡莱尔奔去，寻求伊丽莎白一世的庇护。但伊丽莎白一世并没有忘记玛丽·斯图亚特是如何举起双臂，把自己当作英格兰

兰赛德战场上的玛丽·斯图亚特

玛丽·斯图亚特逃往英格兰寻求伊丽莎白一世的庇护

真正的女王的。伊丽莎白一世知道,如果玛丽·斯图亚特获得自由,就会和那些英格兰的罗马天主教教徒合谋对付自己。于是,伊丽莎白一世把玛丽·斯图亚特关在博尔顿城堡,拒绝相见,直到玛丽·斯图亚特摆脱杀死丈夫的嫌疑为止。与此同时,伊丽莎白一世既不承认苏格兰政府,也不赞成拥立詹姆斯六世为苏格兰国王的贵族的行为。因为伊丽莎白一世认为不管国王的行为多么恶劣,都不应该由他的臣民评判和惩处。

为了让双方都有机会说出各自的要求，玛丽·斯图亚特和伊丽莎白一世同意举行一次会晤，第一代莫里伯爵詹姆斯·斯图亚特出席，双方各派代表参加。1568年10月，在约克举行会晤。会晤开始时，诺福克公爵托马斯·霍华德要求第一代莫里伯爵詹姆斯·斯图亚特以苏格兰国王的名义向英格兰女王致敬。对此，苏格兰国务大臣莱辛顿的威廉·梅特兰说，如果英格兰想再次放弃曾经由苏格兰控制的北部地区，苏格兰国王会很乐意向英格兰国王表示敬意。但就苏格兰而言，它和英格兰一样是自由的，甚至比英格兰更自由。莱辛顿的威

诺福克公爵托马斯·霍华德

莱辛顿的威廉·梅特兰

廉·梅特兰此言不露声色，意在表明苏格兰并没有要伊丽莎白一世在詹姆斯六世和玛丽·斯图亚特之间做出判断。伊丽莎白一世之所以有权干涉，只是因为她是最近的邻居。1568年10月月底前，会晤地点移至汉普顿宫，并在伊丽莎白一世的枢密院举行。领主们拿出"棺材信"作为对抗玛丽·斯图亚特的证据。玛丽·斯图亚特拒绝为自己辩护，而是将她的代表们召回。会晤就这样结束，之前的任何事情都没得到解决，因为伊丽莎白一世认为，没有什么能证明第一代莫里伯爵詹姆斯·斯图亚特不光彩，也没有什么能证明玛丽·斯图亚特不对。同时，伊丽莎白一世借给第一代莫里伯爵詹姆斯·斯图亚特五千英镑用于维持两国之间的和平与秩序，这等于间接承认了他的政府。

青年时期的詹姆斯六世

汉密尔顿家族和亨特利家族是玛丽·斯图亚特的主要支持者。汉密尔顿家族希望玛丽·斯图亚特坐上王位，因为汉密尔顿家族内有玛丽·斯图亚特的下一个继承人。如果玛丽·斯图亚特的儿子詹姆斯六世先她而逝，沙泰勒罗公爵詹姆斯·汉密尔顿就可以要求继任王位。况且汉密尔顿家族并非詹姆斯六世的继承人，自然反对让詹姆斯六世坐上王位。因为汉密尔顿家族担心，如果詹姆斯六世在当政时驾崩，王位将传给詹姆斯六世的继承人，即詹姆斯六世的叔叔查尔斯·斯图亚特。亨特利家族支持玛丽·斯图亚特则是出于对第一代莫里伯爵詹姆斯·斯图亚特的仇恨和对旧教会的热爱。当时天主教在亨特利家族在的地区仍然很强大。汉密尔顿家族和亨特利家族与第一代莫里伯爵詹姆斯·斯图亚特最终达成妥协，第一代莫里伯爵詹姆斯·斯图尔特承诺如果汉密尔顿家族和亨特利家族承诺服从詹姆斯六世，将赦免他们过去的所有罪行，并撤销没收的处罚。为确保一切顺利，在沙泰勒罗公爵詹姆斯·汉密尔顿去爱丁堡时，第一代莫里伯爵詹姆斯·斯图亚特把沙泰勒罗公爵詹姆斯·汉密尔顿留在了城堡里。但就在这时，罗马天主教教徒在英格兰北部起义。第一代莫里伯爵詹姆斯·斯图亚特向南行军，准备平息边界上的骚乱。在边界，第一代莫里伯爵詹姆斯·斯图亚特抓住并囚禁了英格兰罗马天主教的领袖诺森伯兰伯爵托马斯·珀西。罗马天主教教徒是来苏格兰边境寻求庇护的，其中许多人仍然依附于旧教会。

诺森伯兰伯爵托马斯·珀西

博斯韦尔豪格的约翰·汉密尔顿

汉密尔顿家族已经决定杀死第一代莫里伯爵詹姆斯·斯图亚特。虽然沙泰勒罗公爵詹姆斯·汉密尔顿被关在监狱里,但大主教约翰·汉姆尔顿是自由的,大主教约翰·汉姆尔顿不断挑起纷争。人们普遍认为是博斯韦尔豪格的约翰·汉密尔顿策划了谋杀第一代莫里伯爵詹姆斯·斯图亚特的阴谋。1570年2月23日,在从斯特灵到爱丁堡的途中,第一代莫里伯爵詹姆斯·斯图亚特被博斯韦尔豪格的詹姆斯·汉密尔顿杀害。这起谋杀是苏格兰在16世纪最后二十五年里使其蒙羞的第三次谋杀,对苏格兰来说是一场巨大的灾难。第一代莫里伯爵詹姆斯·斯图亚特统治贤明,打败了高地人和边境居民,用强有力的手腕维护了正义和秩序。第一代莫里伯爵詹姆斯·斯图亚特在任期间,苏格兰遭受了饥荒和瘟疫,按照惯例人们往往会将不幸归咎于统治者。尽管有饥荒和瘟疫这些灾难,人们却从未怪罪第一代莫里伯爵詹姆斯·斯图亚特。第一代莫里伯爵詹姆斯·斯图亚特一生都备受欢迎,死后以"杰出摄政王"被人们铭记。

第一代莫里伯爵詹姆斯·斯图亚特被杀,苏格兰政府没有领导人,国家陷入混乱。此时两支英格兰军队入侵苏格兰,以惩罚那些在英格兰发生骚乱时,给苏格兰领导者提供庇护的边疆人。其中一支军队向北一直打到克莱德河,荼毒了汉密尔顿的土地。迄今为止,支持玛丽·斯图亚特的一派主要是由贵族组成,只有少量的追随者。但英格兰人的这次进攻激起人们对英格兰由来已久的仇恨,促使大批民众与支持玛丽·斯图尔特的一派共同对抗英格兰。詹姆斯六世的祖父伦诺克斯伯爵马修·斯图亚特被选为新摄政王,这更加剧了国家的分裂。因为伦诺克斯伯爵马修·斯图亚特不仅是伊丽莎白一世的臣民,而且还是由伊丽莎白一世推荐的另一支入侵军队的联合领袖。现在,苏格兰这个国家第一次真正分裂了。接下来的战争是苏格兰历史上第一次真正意义上的内战。这不是阶级与阶级的斗争,也不是部族首领与部族首领之间的斗争,而是一场由于忠诚、民族荣誉和宗教等重大问题而分裂成两派的战争。第一代莫里伯爵詹姆斯·斯图亚特任命的爱丁堡城堡总督格兰奇的威廉·柯卡尔迪爵士宣布支持玛丽·斯图亚特。接着,被控参与谋杀国王、被囚禁在爱丁堡城堡的莱辛顿的威廉·梅特兰也宣布支持玛丽·斯图亚特。

邓巴顿城堡是苏格兰王国最坚固的,也是支持玛丽·斯图亚特一派的主要力量。邓巴顿城堡也体现着汉密尔顿家族和最令人憎恨和恐惧的大主教约翰·汉密尔顿的斗争精神。而这两者都在伦诺克斯伯爵马修·斯图亚特摄政期间倒台。乔丹希尔的托马斯·克劳福德是伦诺克斯伯爵马修·斯图亚特的一名侍从,他只带了几个人就巧妙地占领了城堡。1571年4月2日,在夜色的掩护下,

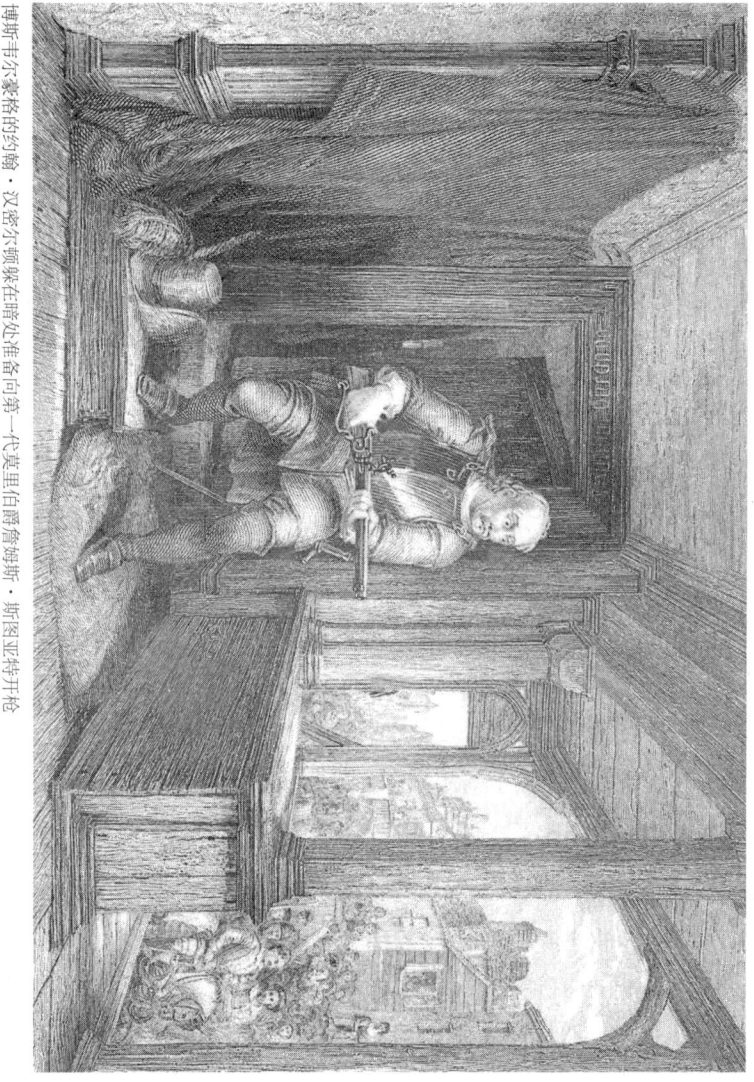

博斯韦尔兼格的约翰·汉密尔顿躲在暗处准备向第一代莫里伯爵詹姆斯·斯图亚特开枪

第一代莫里伯爵詹姆斯·斯图亚特被刺杀

乔丹希尔的托马斯·克劳福德爬上邓巴顿城堡陡峭的岩石。爬到最高点时，把枪口对准下面的守军，守军别无选择，只好投降。五天后，经过形式上的仓促审判，在斯特灵，主教约翰·诺克斯被以谋杀达恩利勋爵亨利·斯图亚特和第一代莫里伯爵詹姆斯·斯图亚特的罪名处以绞刑。

伦诺克斯伯爵马修·斯图亚特摄政期间，另一件值得注意的事件是自1567年以来首次举行了议会，议会地点设在斯特灵。当时，年幼的詹姆斯六世就住在斯特灵城堡，由约翰·厄斯金男爵负责照看，詹姆斯六世也出席了议会。1571年9月4日，伦诺克斯伯爵马修·斯图亚特和支持詹姆斯六世一派的领袖们

约翰·厄斯金男爵

聚集在斯特灵时,爱丁堡支持玛丽·斯图亚特的一派来了四百多人突袭他们。这四百来人横扫整个街道,俘虏了莫顿伯爵詹姆斯·道格拉斯和伦诺克斯伯爵马修·斯图亚特。虽然伦诺克斯伯爵马修·斯图亚特后来获救,但在混战中受了致命伤,几个小时后便死了。这时,人们想起了詹姆斯六世在一块布上发现一个洞,布盖在詹姆斯六世坐着的木板上。詹姆斯六世试着用手指戳进去,说:"这块布上有个洞。"这被看作是伦诺克斯伯爵马修·斯图亚特遭受暴力死亡的预言,也为詹姆斯六世赢得一生充满智慧和拥有敏锐洞察力的名声。

第二天,斯特灵总督、约翰·厄斯金男爵被选为摄政王。由于支持玛丽·斯图亚特的一方曾以女王的名义在议会大厦中举行了一场与斯特灵议会竞争的议会,所以很明显,必须尽一切努力把爱丁堡从支持玛丽·斯图亚特的一方手中夺走。于是,约翰·厄斯金男爵开始围攻爱丁堡,公开的战争爆发。西部、北部和边境支持玛丽·斯图亚特,东部低地地区支持詹姆斯六世。后者寻求英格兰的帮助无果,前者向法兰西王国求援也没成功。1572年8月1日,在经历了毫无意义的流血冲突之后,双方达成为期两个月的休战协议。

约翰·厄斯金男爵摄政时期主教制重新建立。至少已经确定,主教和大主教的头衔和尊严将像宗教改革之前那样保留,直到詹姆斯六世成年。但主教和大主教失去了以前的权威,必须服从苏格兰全国教会大会,现在苏格兰教会大会管理所有教会事务。人们很少会提到主教和大主教,甚至以嘲弄的方式称呼他们为"图尔坎"主教。"图尔坎"这个词的意思是一只假牛犊。这是苏格兰的一种习俗,当真正的小牛从母牛身边被带走以后,把假牛犊放在母牛面前,让它给小牛喂奶,由此收取牛奶。就在此时,巴黎所有新教教徒在圣巴塞洛缪节被屠杀的消息传来。这激起罗马天主教教徒的普遍恐慌,并产生了有利于长老会的反应,因为苏格兰人更希望像没有主教的法兰西王国新教教徒那样。这也使许多支持玛丽·斯图亚特的一派转而去支持詹姆斯六世。约翰·厄斯金男爵刚上任一年多就去世了,莫顿伯爵詹姆斯·道格拉斯后来指挥一切。1572年11月24日,莫顿伯爵詹姆斯·道格拉斯被选为摄政王。

法兰西军队在圣巴塞洛缪节屠杀新教教徒

新教教徒在圣巴塞缪洛节被法兰西军队屠杀

就在莫顿伯爵詹姆斯·道格拉斯当选摄政王的同一天,约翰·诺克斯去世。约翰·诺克斯担任苏格兰宗教改革领袖长达十三年,把毕生的精力和才华都用在了争取他相信的真理和健全的教义上。约翰·诺克斯的勇气是性格中最优秀的特征之一,这种勇气使他能够勇敢地对地位或权力最高的人讲真话。在这一点上,莫顿伯爵詹姆斯·道格拉斯的话足可以证明。当莫顿伯爵詹姆斯·道格拉斯看到约翰·诺克斯的尸体时,他说:"躺卧此地的这个人,在其有生之年,从未惧怕过任何人的权势。"约翰·诺克斯的宗教热情有时会转变为不容忍和迫害,成为反对罗马天主教教徒的武器。但在约翰·诺克斯所处的时代,人们还没有认识到,在宗教问题上最好是互不干涉。在那个时代,任何一个对别人的错误表现出宽容的人都会被视为伪君子或没有信仰的人。但约翰·诺克斯并不像其追随者那样反对主教和某种固定的祈祷方式。约翰·诺克斯起草了一本日常使用的祈祷书,叫作《公祷书》。《公祷书》几乎是从日内瓦教会书翻译而来。《公祷书》也是约翰·诺克斯在为英格兰新教教徒服务时所用。英格兰的新教徒在玛丽·都铎统治时期,曾在法兰克福避难。

随着新年的到来,战争又开始了。莫顿伯爵詹姆斯·道格拉斯现在驻守爱丁堡,并举行了一次苏格兰庄园主会议。爱丁堡城堡依然屹立不倒,直到伊丽莎白一世派出一支一千五百人的英军来攻打。爱丁堡城堡守军陷入困境,爱丁堡城堡守军才被迫投降。格兰奇的威廉·柯卡尔迪爵士向英格兰将军投降,并向伊丽莎白一世求助。但伊丽莎白一世要么不能,要么不愿保护他。因为格兰奇的威廉·柯卡尔迪爵士为玛丽·斯图亚特勇敢地保卫城堡被视为叛国,是反对詹姆斯六世政府,伊丽莎白一世以某种方式承认了这一点。于是,格兰奇的威廉·柯卡尔迪爵士被交给了死敌莫顿伯爵詹姆斯·道格拉斯。尽管许多朋友都尽力营救,但1573年8月3日,格兰奇的威廉·柯卡尔迪爵士还是在爱丁堡被绞死。格兰奇的威廉·柯卡尔迪爵士英勇、果敢、无私,对金钱和地位的蔑视,使其在贪得无厌的一代人中显得与众不同。在这一点上,和同伴莱辛顿的威廉·梅特兰形成鲜明对比。莱辛顿的威廉·梅特兰精明、自私、毫无原则,最后自食其果。

格兰奇的威廉·柯卡尔迪爵士

莫顿伯爵詹姆斯·道格拉斯已经清除了所有宿敌,但很快又树起更多的敌人。一方面是因为贪婪,另一方面是莫顿伯爵詹姆斯·道格拉斯要收回王室财产的坚定态度。莫顿伯爵詹姆斯·道格拉斯因为要求阿盖尔伯爵科林·坎贝尔归还一些王冠上的珠宝——这些珠宝是他和第二代莫里伯爵詹姆斯·斯图亚特的遗孀伊莎贝拉·斯图亚特结婚时得到的——所以冒犯了阿盖尔伯爵科林·坎贝尔。莫顿伯爵詹姆斯·道格拉斯还试图调和阿盖尔伯爵科林·坎贝尔和阿索尔伯爵沃尔特·斯图亚特之间的世仇,却因此与两人为敌。为拥有更大的权力,莫顿伯爵詹姆斯·道格拉斯渴望把詹姆斯六世控制在自己手中。但詹姆斯六世远在斯特灵,由斯特灵城堡总督约翰·厄斯金男爵照料,而在那里,莫顿伯爵詹姆斯·道格拉斯和其他贵族势力相当。为此,莫顿伯爵詹姆斯·道格拉斯试图说服当时已经十二岁的詹姆斯六世，使詹姆斯六世相信自己已经到了独自统治国家的年龄。阿盖尔伯爵科林·坎贝尔和阿索尔伯爵沃尔特·斯图亚特都在斯特灵城堡，发现了这个计划，设计拆穿了莫顿伯爵詹姆斯·道格拉斯。1578年3月4日，阿盖尔伯爵科林·坎贝尔和阿索尔伯爵沃尔特·斯图亚特突然发布公告，宣称詹姆斯六世将自己掌管政府，并根据议会的建议行事。随后出现一段非常混乱的时期。起初，莫顿伯爵詹姆斯·道格拉斯似乎很优雅地放弃了权力，但不久就大动肝火，闯入斯特灵城堡，驱散新议会，再次如他所愿掌控一切。

大约就在此时，已故伦诺克斯伯爵马修·斯图亚特的侄子——欧比尼公爵埃斯米·斯图亚特从法兰西王国回来，成为表弟詹姆斯六世最器重的人之一。欧比尼公爵埃斯米·斯图亚特受到奥希尔特里勋爵詹姆斯·斯图亚特[①]的鼓动，竭尽全力帮助詹姆斯六世对抗莫顿伯爵詹姆斯·道格拉斯。此时，詹姆斯六世已不再信任莫顿伯爵詹姆斯·道格拉斯。最后，奥希尔特里勋爵詹姆斯·斯图亚特在议会上指控莫顿伯爵詹姆斯·道格拉斯是谋杀达恩利勋爵亨利·斯图亚特的一方。在爱丁堡，莫顿伯爵詹姆斯·道格拉斯因此被判有罪并被斩首。莫顿伯爵詹姆斯·道格拉斯死后，欧比尼公爵埃斯米·斯图亚特和奥希尔特里勋爵詹姆斯·斯图亚特这两个最受国王器重的人，地位飞速上升。欧比尼公爵埃斯米·斯图亚特成为伦诺克斯公爵和邓巴顿城堡的守护者。为使欧比尼公爵埃斯米·斯图亚特具有指挥官的尊严，还设立了皇家保镖。母亲伊丽莎白·斯图亚特是汉密尔顿家族的人，奥希尔特里勋爵詹姆斯·斯图亚特于是被提升为阿伦伯爵。

某些老贵族对新贵欧比伯爵埃斯米·斯图亚特和奥希尔特里勋爵詹姆斯·斯图亚特的权力感到不快和惊慌。老贵族联合起来准备把欧比伯爵埃斯米·斯图亚特和奥希尔特里勋爵詹姆斯·斯图亚特赶下台，用自己的力量束

---

① 另一个詹姆斯六世最器重的人之一。——原注

欧比尼公爵埃斯米·斯图亚特

缚詹姆斯六世。老贵族把执行计划的时间选在詹姆斯六世到高地打猎的时候。高里伯爵威廉·鲁思文是联盟成员之一，是曾在谋杀戴维·里齐奥一案中扮演了重要角色的帕特里克·鲁思文勋爵之子。高里伯爵威廉·鲁思文邀请詹姆斯六世到鲁思文城堡去。1581年8月22日，詹姆斯六世到鲁思文城堡后发现自己被贵族们控制了。之后，贵族们让詹姆斯六世声明自己对贵族们的所作所为非常满意，没有受到任何限制。欧比尼伯爵埃斯米·斯图亚特则被命令离开苏格兰王国，在贫穷和痛苦中流浪到1581年年底。后来，欧比尼伯爵埃斯米·斯图亚特回到法兰西王国，不久在法兰西去世。但帕特里克·鲁思文勋爵掌权不到一年，又发生了新的变化。詹姆斯六世装扮成男仆，骑马逃到到圣安德鲁斯。那里的贵族不在帕特里克·鲁思文勋爵的联盟之内，圣安德鲁斯的贵族聚集在詹姆斯六世周围，力量如此之大，以至帕特里克·鲁思文勋爵的联盟不得不投降。

起初，詹姆斯六世表现得温和而明智，答应赦免所有参加鲁思文突袭的人。但当阿伦伯爵詹姆斯·斯图亚特恢复对詹姆斯六世的控制之后，詹姆斯六世转而宣布所有参加鲁思文突袭的人都是叛徒，必须服从他的恩典。此后，参加鲁思文突袭的大多数人逃到英格兰。但高里伯爵威廉·鲁思文臣服于詹姆斯六世，得到赦免。然而，阿伦伯爵詹姆斯·斯图亚特已经决定了高里伯爵威廉·鲁思文的倒台。高里伯爵威廉·鲁思文在苏格兰宫廷受到诸多侮辱和鄙视，于是决定离开这个国家。然而就在出海前，他听说那些老盟友策划了另一个阴谋。高里伯爵威廉·鲁思文于是推迟出发日期，以便参与其中。但事情还没做，就走漏了消息，高里伯爵威廉·鲁思文被抓，经过一次非常不公正的审判之后在斯特灵被斩首。其他同谋者遭到驱逐，再次逃往英格兰，财产也被没收。

阿伦伯爵詹姆斯·斯图亚特的胜利也没有持续很久。英格兰人弗朗西斯·罗素勋爵被杀引发边界争端。阿伦伯爵詹姆斯·斯图亚特被指控是这件事的主谋。阿伦伯爵詹姆斯·斯图亚特被迫离开苏格兰宫廷。那些被放逐的贵族认为这是返回苏格兰的大好机会，于是纷纷北上。1585年11月4日，被放逐的贵族们与边境上的汉密尔顿家族和马克斯韦尔家族一起来到斯特灵，觐见詹姆斯六世。詹姆斯六世被迫看上去很高兴见到他们，因为他们有八千个支持者。不久，议会召开，通过三件重要决议：高里伯爵威廉·鲁思文的后人恢复其父亲因叛国罪被剥夺的荣誉；阿伦伯爵詹姆斯·斯图亚特被剥夺所有的荣耀；与英格兰结成新的联盟。

被俘的玛丽·斯图亚特在爱丁堡投降之后，对苏格兰国家事务的影响就消失了。但在长期监禁期间，玛丽·斯图亚特曾多次策划破坏英格兰和平，谋杀伊丽莎白一世。因参与巴宾顿暗杀伊丽莎白一世的阴谋，玛丽·斯图亚特被判有罪，并被处死刑。1587年2月8日，在福瑟陵格，玛丽·斯图亚特被斩首。詹姆斯六世得知母亲玛丽·斯图亚特去世的消息，虽然流露出一些悲伤和愤怒，但没有采取任何措施来报仇，这件事似乎很快就被遗忘了。

玛丽·斯图亚特被押赴行刑台

鉴于詹姆斯六世已经成年，他的顾问们正在为他寻觅良缘。丹麦国王腓特烈二世最近索要苏格兰支付抵押给苏格兰的奥克尼和设得兰群岛的那笔钱，但苏格兰不愿意归还。人们认为这个难题可以通过选择与丹麦国王腓特烈二世的一个女儿联姻来解决，因为这些奥克尼和设得兰群岛很可能作为她的嫁妆给苏格兰。这个建议得到丹麦国王腓特烈二世的同意。丹麦国王腓特烈二世的女儿丹麦的安妮与詹姆斯六世订婚。马歇尔伯爵乔治·基思被派往哥本哈根，在婚礼上担当詹姆斯六世的代理人，并把新娘丹麦的安妮接回苏格兰。然而在回苏格兰的路上，婚礼队伍被暴风雨所困，被迫进入挪威港。让大家备感惊讶的是，这时詹姆斯六世突然决定亲自去接新娘。他们在厄普斯

丹麦国王腓特烈二世

丹麦的安妮

洛会合,但詹姆斯六世已没有勇气再继续长途远航,于是他们一起回到哥本哈根。直到冬天过去,第二年春天来临,即1590年5月1日,他们才回到苏格兰。

一直以来,政府和教会在主教问题上存在分歧。1581年,苏格兰全国教会大会宣布主教命令与《圣言论》相悖,并采用《教会管理法规第二集》作为教会管理准则。《教会管理法规第二集》由安德鲁·梅尔维尔起草。安德鲁·梅尔维尔接替约翰·诺克斯成为改革派教会的精神领袖。安德鲁·梅尔维尔是一位虔诚的长老会教徒。正因为他,苏格兰教会才采用长老会这种教会管理形式。鲁思文勋爵们曾是长老会或无主教派的拥护者。掌权期间,鲁思文勋爵们支持的牧师权力越来越大。从理论上讲,鲁思文勋爵们把教会置于民事权利之上,还教导说首席行政长官、国王,在所有信仰和宗教问题上都应该服从他们。鲁思文勋爵们还声称旧教会有权干涉人民的私事。每一位牧师都视自己为主教,管理自己的会众,不愿再让任何监督者来约束。但如果主教被撤职,三级庄园主会议中的神职人员也会被撤职①,因为神职人员的存在是贵族获取收入的借口。很显然,维护神职人员的利益涉及国王和贵族两者的利益。1588年,西班牙国王腓力二世为入侵英格兰组建了一支庞大的舰队,这在整个苏格兰引起极大的恐慌。人们担心腓力二世会征服英格兰,并将英格兰重新置于罗马天主教

西班牙国王腓力二世

---

① 神职人员在三级庄园主会议中仅次于国王。——原注

皇的统治之下，在这种情况下，苏格兰重新臣服于罗马天主教皇也不会很久。1581年签署的"维持新教"的第一盟约在全国各地得到更新和签署。人们对罗马主教的恐惧是如此之大，以至对所有主教都心存疑虑。1592年，通过一项法案，整个罗马天主教的规则被清除，长老会政体得以建立。此后，教会将由一系列法庭管理，这些法庭的成员都是长老。几个教区的牧师代表组成一个长老会，几个长老会聚在一起组成议会，而全国性的教会会议称为"大议会"。"大议会"的权力是至高无上的，由来自长老会的牧师和非宗教长老构成。长老会每年在爱丁堡举行一次会议，国王或其代表出席会议。

然而，仍然有许多人坚持旧教会，最主要的有北部的亨特利家族和边境上的马克斯韦尔家族。人们总是怀疑这两大家族图谋恢复旧教会。因为詹姆斯六世不能、也不会反对亨特利家族和马克斯韦尔家族，所以亨特利家族和马克斯韦尔家族认为詹姆斯六世应该会赞成他们的计划。1592年，从西海岸离开苏格兰时，纽伯尔勋爵安德鲁•克尔的弟弟乔治•克尔被查获带着八份可疑文件。这些文件被称为"西班牙空白文件"，只有第一代亨特利侯爵乔治•戈登、埃罗尔伯爵弗朗西斯•海和安格斯伯爵威廉•道格拉斯的签名，却没有其他文字。在严刑拷打之后，乔治•克尔声称这些空白文件将由两个耶稣会会士来填写。两个耶稣会会士被委任为贵族提供服务，这些贵族曾在给腓力二世的"西班牙空白文件"上签名，以帮助腓力二世重建旧宗教。这一发现让每个人都充满恐惧。安格斯伯爵威廉•道格拉斯被抓。第一代亨特利侯爵乔治•戈登撤退到北部自己的地盘时，他在高地的对手第七代阿盖尔伯爵阿奇博尔德•坎贝尔被派去全力对付他。两军在格伦利瓦特交战，离哈尔洛岛那一场久负盛名的战斗现场不远。1594年10月，虽然第一代亨特利侯爵乔治•戈登只有两千人，且主要在北部低地地区长大，但还是击败了第七代阿盖尔伯爵阿奇博尔德•坎贝尔的一群高地人。但支持罗马天主教的一方太弱了，无法乘胜追击。1597年，第一代亨特利侯爵乔治•戈登和埃罗尔伯爵弗朗西斯•海公开宣布放弃他们的旧信仰，加入已建立的长老会。

詹姆斯六世和教会不久之后也达成和解。詹姆斯六世传唤教会的一些牧师到议会解释他们在讲坛上的布道，而牧师们认为这种干涉是对其特权的攻击。人民支持牧师，结果引发一场暴动。这场暴动如此严重，以至苏格兰法庭人员不得不逃往林利斯戈。得知此事，詹姆斯六世扬言要把爱丁堡的法庭撤销。这种恐惧挫伤了民众的士气。法庭人员回来之后，对抗詹姆斯六世的牧师逃到英格兰。此后不久，苏格兰庄园主会议通过一项法令，宣称詹姆斯六世可以授予任何大臣主教或修道院院长的头衔，但仅限于在议会中给他一个席位，这个头衔并不意味着对同僚有支配权。

1600年8月5日早晨，当詹姆斯六世从福克兰宫出发去打猎时，高里伯爵威廉·鲁思文的弟弟亚历山大·鲁思文截住了他。亚历山大·鲁思文神秘兮兮地告诉詹姆斯六世，他发现一个人把一壶钱埋在地里，认为这件事很可疑，就把那个人抓了起来，请求詹姆斯六世去珀斯的高里伯爵威廉·鲁思文家看看。于是，詹姆斯六世带着约翰·厄斯金男爵、伦诺克斯伯爵马修·斯图亚特和其他二十位绅士去了珀斯。晚饭后，亚历山大·鲁思文把詹姆斯六世拉到一边，当随从们想见詹姆斯六世时，却被告知詹姆斯六世已回福克兰了。随从们正准备跟上詹姆斯六世时，有人听到炮塔里传来呼救声。随从们听出了詹姆斯六世的声音，很快就看到詹姆斯六世从窗户里伸出头在呼救。随从们费了很大劲，最终在一个小房间里找到了詹姆斯六世。詹姆斯六世正在和亚历山大·鲁思文搏斗，而一个穿着盔甲的人在旁边看着。亚历山大·鲁思文和高里伯爵威廉·鲁思文都在随后的混战中丧生。这引起镇上一阵骚动。这是因为高里伯爵威廉·鲁思文是教务长，很受市民的欢迎。詹姆斯六世和随从不得不从河边逃走。叛国者的命运是死路一条，连他们的名字也被禁止提起。但由于找不到合谋者，很难说他们阴谋涉及的范围或目的是什么。整个事件非常神秘，唯一的目击者就是詹姆斯六世本人和身穿盔甲的亨德森。一些牧师认为这件事非常可疑，甚至拒绝为詹姆斯六世的安全回归祷告。牧师认为整件事是詹姆斯六世自导自演的。八年后，有人在艾茅斯的一位公证人乔治·斯普罗特的手中发现一些信

亚历山大·鲁思文试图杀害詹姆斯六世

件，使这个谜团逐渐明朗。信是雷斯塔里克的罗伯特·洛根写的。信中透露雷斯塔里克的罗伯特·洛根和鲁思文家族之间的一项计划，要把某个囚犯带到法斯特城堡。信中没有写囚犯的名字，但很可能是詹姆斯六世。法斯特城堡属于洛根的一座堡垒，矗立在福斯入口处的一块岩石上。乔治·斯普罗特被判叛国罪，并被判处死刑，原因在于没有透露很久以前就知道的一切阴谋。

伊丽莎白一世驾崩时，苏格兰的詹姆斯六世是英格兰王位最近的继承人，他是英格兰的亨利七世的长女玛格丽特·都铎的后裔。但玛格丽特·都铎

伊丽莎白一世驾崩

詹姆斯六世登上英格兰王位

的王位继承权被亨利八世剥夺了。根据议会授权,亨利八世在遗嘱中将王位传给其妹妹玛丽·都铎的继承人。对英格兰枢密院来说,在政治方面,詹姆斯六世在伊丽莎白一世驾崩后继承王位操作非常方便,所以英格兰枢密院赶紧寄出邮件,召唤詹姆斯六世前来继任。尽管对其继承权尚存疑虑,但詹姆斯六世在第一届议会中得到人民的认可。1603年5月6日,詹姆斯六世进入伦敦。在此之前,詹姆斯六世的财富和权力几乎比欧洲任何一位王子都要少,但现在詹姆斯六世突然间成了最富有、最有权势的人之一。英格兰和苏格兰王位的统一是苏格兰历史上的第三次突破。在过去三百年里，为自由而进行的英勇斗争耗尽了苏格兰这个国家的全部精力。现在斗争结束了，苏格兰要与长期威胁其独立的强大邻国英格兰联合起来。苏格兰这个国家对世袭皇室的崇敬在七个未成年国王统治的压力下从未被打破。古老的凯尔特皇室的代表，现在成了更大、更富有的英格兰王国的国王。自"征服者"威廉以来，英格兰王国一直被一个又一个外国王朝统治。

在苏格兰，封建制度仍然没有动摇，大贵族们的权力都来源于封建制度。英格兰的宗教改革巩固了王位，而苏格兰的宗教改革只是把更多的财富和权力集中到贵族手中。到目前为止，人民还只是封建贵族的附庸，为得到贵族的保护而承受负担。不过，在苏格兰没有像法兰西王国和英格兰那样的农民战争，人民的生活还不算太糟。宗教改革第一次把人民作为一个独立的个体分离出来。人民现在的情况比以前糟糕得多。王权给贵族带来更大的压力，而贵族、外国宫廷里的奴隶、奉承者、国内的暴君，利用他们的封建权力压迫人民，人民又无望从他们不作为的国王那里得到补偿。

在这一章中，我们追溯了苏格兰宗教改革的进程，并注意到苏格兰宗教改革对国家产生的影响。虽然苏格兰的宗教改革不像神圣罗马帝国和英格兰那样进展得非常迅速，但与神圣罗马帝国和英格兰相比，苏格兰的宗教改革带来了更大的变化，也更彻底地推翻了旧教会。苏格兰的宗教改革首先赋予人民独立的民族生活。在唤醒人民独立行动之前，人民没有受到任何党派的影响，只是盲目地跟随领袖，为那些封建贵族的世仇而战，丝毫不顾他们为此战死的原因。宗教改革还打破了自独立战争以来就一直存在的与法兰西王国的联盟。这一时期的所有事件都与宗教的变化密切相关，内战、流血事件、暴力犯罪、党派纷争、背叛、错误和抢劫比以往任何时期都多。正是吉斯的玛丽的不守信用先促使改革者拿起武器捍卫自己的观点。改革者希望在自己女王的统治下享有问心无愧的自由。改革者指望吉斯的玛丽来满足他们的需求，于是怀着无比忠诚的感情欢迎吉斯的玛丽归来。但由于苏格兰女王玛丽在公共事务上采取狡诈和掩饰策略,以及私生活方面的丑闻,把人民对苏格兰女王玛丽的忠诚变成了厌恶和蔑视,最后苏格兰女王玛丽失去王位。在随后漫长的詹姆斯六世未成年时期,苏格兰这个国家因内战而满目疮痍,王权也因贵族无限的贪婪而衰退。当詹姆斯六世成年时,显示出自己完全不能胜任统治,团结教会和国家中不同敌对派系的任务,让自己被一个又一个毫无价值的宠臣左右。这一时期的教会事务也没有世俗事务稳定。1592年,长老会政体最终建立之前,教会政府的形式改变了四次。旧教会的土地被最没有价值的贵族所占有,而不是划分出来以支持新教会,这就导致牧师很难维持生计。在这种不幸的情况下,社会或知识发展的可能性几乎微乎其微。然而,在改革者中,有许多人以学识和才华横溢而闻名。其中最引人注目的是詹姆斯六世的导师乔治·布坎南。乔治·布

乔治·布坎南

坎南用优雅的拉丁语写了一部关于苏格兰神话般的历史及其他书籍。还有约翰·诺克斯写了一部关于宗教改革的历史书籍。此书以其有力、清晰和简洁的风格而著称。詹姆斯·梅尔维尔爵士也是一位很有成就的朝臣，在苏格兰女王玛丽和詹姆斯六世两位国王统治期间都颇有声望。在詹姆斯·梅尔维尔爵士非常有趣的回忆录中对这些动荡的时代做了精彩的描述。《归正会的祈祷书》也被翻译成盖尔语，于1567年出版，是第一本正式出版的凯尔特语版的书。

第7章

共主联邦时期

精彩看点

共主联邦的结果——恢复主教制——改造高地地区——《珀斯五项条款》——建立新斯科舍——詹姆斯一世驾崩——查理一世——查理一世的访问和加冕——《教规手册》——由祈祷文引发的骚乱——"桌子"委员会——《盟约》更新——汉密尔顿专员——格拉斯哥全国教会大会——北方战争——《贝里克条约》——全国教会大会和议会——进军英格兰——《里彭条约》——英格兰内战爆发——蒙特罗斯伯爵詹姆斯·格雷厄姆的战斗——对查理一世的处置——"辉格党"的突袭——信仰目录和《威斯敏斯特信条》——查理一世被处死——第一代汉密尔顿公爵詹姆斯·汉密尔顿和第二代亨特利侯爵乔治·戈登的命运——蒙特罗斯伯爵詹姆斯·格雷厄姆起义——查理二世来到苏格兰——奥利弗·克伦威尔征服苏格兰——查理二世加冕——伍斯特战役——与英格兰合并——第九代格伦凯恩伯爵威廉·坎宁安远征——斯图亚特王朝复辟——重建主教制——阿盖尔侯爵阿奇博尔德·坎贝尔和詹姆斯·格思里的命运——驱逐牧师——西部起义——迫害——赦免——谋杀大主教詹姆斯·夏普——《桑克尔声明》——德拉姆克洛格战役——博思韦尔桥战役——《宣誓法》——第九代阿盖尔伯爵阿奇博尔德·坎贝尔的抗议——詹姆斯七世和杀戮时代——第九代阿盖尔伯爵阿奇博尔德·坎贝尔暴动——《宽赦宣言》——詹姆斯七世被废黜——威廉二世和玛丽二世共治——骚乱——邓迪子爵约翰·格雷厄姆暴动——基利克兰基战役——托马斯·巴肯的攻击——对付高地部族首领——格伦科大屠杀——达里恩计划——威廉二世驾崩——《教育法》——安妮女王——对船长托马斯·格林的审判——合并——这一时期的文学和艺术——本章小结

共主联邦后，苏格兰和英格兰立即废除边界法，并决定联合后出生的任何一方的臣民在另一方都不应再被视为外国人，而是在任何一方都享有无可争议的继承权。在苏格兰，任命一名高级专员代表国王。有人提议建立议会联盟，但没有实行。

詹姆斯一世最大的愿望是使苏格兰教会与英格兰教会保持一致。为此，詹姆斯一世召集一些苏格兰牧师到英格兰，希望能说服他们同意自己的观点。苏格兰牧师的领袖安德鲁·梅尔维尔在枢密院主教面前直言不讳地反对主教制度，结果被送进伦敦塔，最后被流放。但詹姆斯一世依然坚持自己的观点。1606年，苏格兰庄园主会议通过了恢复主教职位的法案。没有主教的同意，教会政府的任何行为在将来都是不合法的。虽然苏格兰全国教会大会还继续存在，但权力将大大被削弱。随着苏格兰旧主教势力逐渐消亡，约翰·斯波蒂斯伍德、安德鲁·兰姆和加文·汉密尔顿被英格兰主教分别封为格拉斯哥、布里金和加洛韦的主教。为避免有关旧主教主要权力的争论，没有一位英格兰主教出席。这些主教日子过得非常艰难，因为主教教区的土地并没有像承诺的那样归还给他们，许多主教为了谋生而辛苦工作。1610年，两个高级专员法院建立，后来两者合二为一。因为这个法院在开庭法院的控制之下，所以不可能像英格兰高等法院那样专制。

詹姆斯一世统治初期，曾试图改善高地的状况。为此詹姆斯一世建立了三个新的自治市，并宣布所有无法书面出示所有权的部族首领的土地将被没收。然后将这些土地分给低地的殖民者，但低地的殖民者很快就自愿放弃在无法无天的高地邻居那里定居的所有尝试。麦格雷戈家族控制的地区紧靠低地边界，在高地部族中麦格雷戈家族最野蛮、最无法无天。第七代阿盖尔伯爵阿奇博尔德·坎贝尔奉命追捕麦格雷戈家族。在1604年的格伦弗鲁因战役中，麦格雷戈家族以大规模屠杀的方式击败了低地人。后来麦格雷戈家族的首领被绞死，名字也被禁止提及。这只是打破了一个部族的权力，其他部族仍然像以前

麦格雷戈家族的纹章

17 世纪初的詹姆斯一世

一样强大。为防止以后再发生类似事件,第七代阿盖尔伯爵阿奇博尔德·坎贝尔和第二代亨特利侯爵乔治·戈登全权负责高地改造一事。高地的部族首领必须满足三项条件才能继续占有土地:一是要为部族的良好秩序提供担保;二是答应以固定租金出租土地,而不额外勒索;三是同意送他们的孩子去低地上学。这些改进不仅加强了政府的权力,而且使部族更加难以采取联合行动。

詹姆斯一世继承英格兰王位后只对苏格兰进行了一次视察。当时，詹姆斯一世在自己的礼拜堂介绍宗教仪式服装，引起了众怒。这些祭衣或圣衣和其他饰品在英格兰司空见惯，却是苏格兰长老会教徒厌恶的。在珀斯举行的一次大议会上通过了《珀斯五项条款》。这使长老会教徒更加沮丧，因为《珀斯五项条款》清楚地表明詹姆斯一世有意把他们非常不喜欢的仪式强加给他们。《珀斯五项条款》允许私人管理圣礼，命令所有人都要在圣餐礼圣事前跪拜，带自己的孩子去主教那里确认，并把基督教会的五大节日作为假日来庆祝。

国家贫困，热爱冒险使苏格兰人自古以来就随时准备要到国外寻求财富。几乎在旧世界[①]的所有国家，苏格兰因善战和贸易国而著称，但在新世界还没有自己的殖民地。尽管这些移民被称为苏格兰人，但主要是来自低地地区的撒克逊人。詹姆斯一世统治初期，大量凯尔特人已经回到原来的斯科舍。在故土阿尔斯特，回到原斯科舍的这些凯尔特人从同族的凯尔特人手中夺回定居点，被当成入侵者。然而，当一些游荡者返回故土时，另一些人却在海外建立了一个新苏格兰。他们给除苏格兰低地和高地之外的第三块土地命名为新斯科舍，拉丁语意为"新苏格兰"。建立新斯科舍的皇家特许状被授予威廉·亚历山大爵士，即后来的斯特灵伯爵。威廉·亚历山大爵士策划了1621年的移民计划。这个新定居点被划分成一千个部分，每一个愿意在未开垦的国家里吃苦耐劳、抵抗邻近定居者入侵的冒险家，都被授予"准男爵"的头衔。同时，苏格兰也鼓励低地居民到爱尔兰北部去，占领被驱赶的爱尔兰部族首领们的土地。因为爱尔兰北部的土地更加肥沃，所以低地居民就欢天喜地接受了这一安排。两年内有一万多人去了北爱尔兰。

1625年3月27日，詹姆斯一世驾崩。在离开苏格兰的二十二年里，詹姆斯一世用比只统治苏格兰一个王国时更强硬的手段统治苏格兰。统治苏格兰时，詹姆斯一世完全听任大臣和贵族的摆布。现在，更强大的英格兰王国的财富

[①] 旧世界泛指亚非欧三大洲，对应新世界。——译者注

威廉·亚历山大爵士

和权力使詹姆斯一世可以随心所欲地应付较弱小的苏格兰王国,贵族们也急于在更富有的宫廷中寻求恩惠和地位,不愿冒着失去权力的危险来反对詹姆斯一世的意志。詹姆斯一世完全不同于其祖先。詹姆斯一世能力非凡,学识渊博,善于利用常识,偶尔还会耍小聪明。詹姆斯一世相貌不佳,举止粗鲁,缺乏自力更生的精神。这些都使詹姆斯一世受到嘲笑和蔑视。詹姆斯一世缺乏勇气,没有高尚的品格、高雅的品位、敏捷的思维。这也是其祖先的缺点和罪恶。然而,只有詹姆斯一世一个人逃脱了似乎是整个斯图亚特家族宿命的悲惨命运,并从整个斯图亚特家族中间脱颖而出,获得了近乎神话般的变化和财富的增长。

查理一世

　　查理一世继任,成为苏格兰和英格兰两个王国的国王。在王权方面,查理一世有比其父亲詹姆斯一世更好的想法。查理一世登基不到一年,很明显是要执行其父亲詹姆斯一世的计划,使苏格兰教会尽可能像英格兰教会一样。抵制查理一世的武断做法就成了苏格兰人的使命,也为英格兰人抵制查理一世树立了榜样。查理一世发布一份公告,召回所有在普通教徒手中的教会土地,无论是否获得国王的授权。土地持有者抗议这种不公,但最后达成妥协,同意放弃拥有的部分土地,条件是剩余部分的土地要得到补偿。

1633年,查理一世来到苏格兰,在荷里路德修道院举行盛大的加冕仪式。神职人员在这一场合的着装使人们大为恼火。查理一世命令牧师穿长白衣,主教们穿带袖子的短白衣,而不是以前的日内瓦斗篷,这使人们更加不满。查

荷里路德修道院内景

理一世在苏格兰时，召开了一次苏格兰庄园主会议。由于在选择立法委员会方面有新的安排，会上没有人向查理一世提出反对意见。立法委员会以前由各级庄园主的八名成员组成，由与他们同级的庄园主选出。但现在变成先选主教，主教再选贵族，最后贵族和主教一起选平民。这样所有被选上的人都是主教的盟友。有人写了一份请愿书，就立法委员会成员选举方式的改变进谏查理一世，但查理一世并不接受，还非常生气，认为这些人的进谏是一种政治上的冒犯，于是将修改请愿书的巴尔梅里诺勋爵约翰·埃尔芬斯通关进监狱。虽然后来巴尔梅里诺勋爵约翰·埃尔芬斯通被赦免，但这并没有使查理一世更受拥戴，因为人们认为查理一世赦免巴尔梅里诺奇勋爵约翰·埃尔芬斯通只是出于恐惧，而不是善意。在苏格兰访问期间，查理一世在爱丁堡建立了一个新的主教辖区，这个辖区以前是圣安德鲁斯教区的一部分。

由于采用新的法衣，主教人数的增加，任命大主教为议长引起人们的不满和怀疑。这些不满和怀疑随着《教规手册》的出现达到顶点。未经苏格兰庄园主会议认可，只在查理一世的授权下，要求苏格兰神职人员以《教规手册》代替《纪律手册》。不久之后，查理一世又试图改变苏格兰神职人员的崇拜形式。受坎特伯雷大主教威廉·劳德的影响，在爱德华六世《第一祈祷书》的基础上草拟了一篇祈祷文。查理一世命令苏格兰神职人员在教堂里读的祈祷文只能来自《教规手册》，而不是仍然普遍使用的《公祷书》。

查理一世强制使用《教规手册》，这使苏格兰全国人民非常气愤。人们认为把一本英格兰的宗教仪式手册强加给苏格兰人是一种臣服的标志。1637年7月16日，爱丁堡的主持牧师试图在圣吉尔斯教堂朗读来自《教规手册》的祈祷文时，引发了一场骚乱。人们把凳子和书扔向主持牧师、大主教和爱丁堡主教，他们好不容易才从暴徒手下逃脱。这种骚乱虽然在影响上略显苍白无力，却是全苏格兰人民共同情感的一种表现。对此查理一世非常生气，下令对参与暴乱者进行惩罚，并强制使用来自《教规手册》的祈祷文。无数来自各行各业反对来自《教规手册》祈祷文的请愿书涌入苏格兰枢密院，或者被送到伦敦的查理

坎特伯雷大主教威廉·劳德

一世那里。来自全国各地的请愿者则挤满爱丁堡等待着,希望得到好消息。但他们不仅没有等到查理一世的答复,查理一世还发布一项公告,命令他们全部返回自己的家园,并威胁说,如果骚乱继续下去,就把法院从爱丁堡搬到林利斯戈。查理一世在统治后期的确也是这么做的,但这没有任何效果。主教和苏格兰枢密院的其他成员遭到围攻,请愿者们一起向查理一世发出一份共同的请愿书,称为"大请愿"。

苏格兰枢密院发现自己难以对付不断增加而不是不断减少的请愿者,于是说服请愿者选出代表,以所有请愿者的名义行事。每个阶层——贵族、次等男爵、牧师和议员各选四人。要求其余人平平安安地各回各家。但这个被称为"桌子"的委员会给苏格兰枢密院带来的麻烦比那些不守规矩的暴徒带来的麻烦还多,这个被称为"桌子"的委员会进入苏格兰枢密院的会议厅,坚持在此辩论,并要求赶走主教。

然而,查理一世仍然不肯屈服,臣民也不再直接抗议。于是,查理一世又发布一项威胁性的公告。1638年,针对此公告,"桌子"委员会更新《盟约》,并增加一项针对主教的条款。上一次《盟约》更新时,只有知名人士在《盟约》上签名。但这次,全国各地的每一个人,无论贫富,都签署了《盟约》。全国各地的人都对此事感到极大的兴奋和热情,从那时起,受欢迎的一派就被称为苏格兰盟约派。

几个月后,第三代汉密尔顿侯爵詹姆斯·汉密尔顿[①]作为专员来到苏格兰,据说由他全权负责解决一切问题。盟约派要求废除高等法院、教规和礼拜仪式,并召集一个自由的全国教会大会和自由议会。但第三代汉密尔顿侯爵詹姆斯·汉密尔顿按照命令行事,一直用承诺拖延盟约派,直到查理一世准备好用武力镇压盟约派。但查理一世突然改变主意,答应盟约派的一切要求,并同意召集全国教会大会,由全国教会大会审判主教。

---

① 1643年后被封为第一代汉密尔顿公爵詹姆斯·汉密尔顿。——译者注

第三代汉密尔顿侯爵詹姆斯·汉密尔顿

1638年11月21日，在格拉斯哥大教堂举行全国教会大会。第三代汉密尔顿侯爵詹姆斯·汉密尔顿以皇家专员的身份主持召开此次大会。但几天后，开始抨击主教时，第三代汉密尔顿侯爵詹姆斯·汉密尔顿退出，并命令其他成员退出。但其他成员不听命令，继续审判、废黜主教，其中八人被逐出教会；抵制《教规手册》和《祈祷文》；1606年以来举行的所有全国教会大会通过的法律都被宣告无效。

在北方，亨特利侯爵乔治·戈登是查理一世的副官。北方还没有接受《盟约》，"桌子"委员会决定用武力强制执行。苏格兰现在到处都是刚从神圣罗马帝国回来的训练有素的士兵，他们通过三十年战争在神圣罗马帝国学会了打仗。由于盟约派手中有大量资金，很容易就组建了一支军队。盟约派的旗帜

格拉斯哥大教堂

蒙特罗斯伯爵詹姆斯·格雷厄姆

上写着"为了宗教,为了盟约,为了国家"的口号。军队的领导者是蒙特罗斯伯爵詹姆斯·格雷厄姆。蒙特罗斯伯爵詹姆斯·格雷厄姆是盟约派最热心的拥护者之一。亨特利侯爵乔治·戈登的主力城市——阿伯丁不敢反抗,因为士兵们占领了城镇,牧师们占领了讲坛,蒙特罗斯伯爵詹姆斯·格雷厄姆的军队把亨特利侯爵乔治·戈登带回爱丁堡。但在实战的第一次交锋中,保王党军队骑士队[①]占了上风,因为骑士队首先发起进攻,突袭并分散了聚集在塔里夫一个小

---

① 对手称其为保王党。——原注

亨特利侯爵乔治·戈登

村庄的北方盟约派军队。这次行动被称为"塔里夫小跑",是英格兰内战时期的第一次流血事件。虽然亨特利侯爵乔治·戈登已被带去爱丁堡,并未参战,但亨特利侯爵乔治·戈登的两个儿子——第一代阿伯因勋爵查尔斯·戈登和刘易斯·戈登,泄露了亨特利侯爵乔治·戈登的位置,引出了高地人,阿伯丁易手。在与英格兰预期的斗争开始之前,蒙特罗斯伯爵詹姆斯·格雷厄姆再次被派去征服北方。在迪伊桥上,蒙特罗斯伯爵詹姆斯·格雷厄姆打败保王党军队,又一次成功地进入阿伯丁。1639年6月,有风声传来,说查理一世与盟约派的其他军队已在边境达成和解。

蒙特罗斯伯爵詹姆斯·格雷厄姆正在北方与盟约派并肩战斗时,查理一世已经准备好用武力镇压反叛他的苏格兰臣民。1639年5月月初,一支舰队在第三代汉密尔顿侯爵詹姆斯·汉密尔顿的指挥下进入福斯河区域。但"桌子"委员会占据要塞,缴获了为查理一世准备的弹药,又招募了一支两万两千人的军队和一千两百匹战马,由在神圣罗马帝国战争中受过训练的老兵亚历山大·莱斯利率领南下,与查理一世率领的镇压苏格兰的英格兰军队相遇。两军在特威德河两岸对峙。苏格兰人巧妙地驻扎在邓斯一座俯瞰北路的小山上。不通过战争而翻过这座小山是不可能的,而战则几乎注定失败。见此情景,查理一世同意议和。1639年6月19日,双方签订《贝里克条约》。《贝里克条约》规定查理

亚历山大·莱斯利

一世和盟约派之间的争议应该由自由的教会大会解决，双方应该解散军队，被占领的要塞应该归还查理一世。

在爱丁堡召开的全国教会大会重复并认可了格拉斯哥教会大会通过的一切法令。1640年6月2日，苏格兰庄园主会议第一次在新议会大厦举行会议。苏格兰庄园主会议乘胜追击，不仅确认了全国教会大会通过的所有法令，还命令所有人签署《盟约》，否则将面临民事处罚。这是苏格兰庄园主会议第一次公然违抗查理一世的命令。迄今为止，苏格兰庄园主会议一直对查理一世王表示了最大的忠诚和服从。苏格兰庄园主会议曾三次被查理一世休会，查理一世也拒绝接见苏格兰庄园主会议派往伦敦的专员。现在尽管查理一世依旧反对，苏格兰庄园主会议还是再次会晤。就像过去困难时期一样，苏格兰庄园主会议请求法兰西王国的帮助。与法兰西王国的密谋败露之后，苏格兰庄园主会议的一名专员——苏格兰大法官、劳登伯爵约翰·坎贝尔被押往伦敦塔。英格兰议会

苏格兰人在《盟约》上签字

劳登伯爵约翰·坎贝尔

也被召集起来投票表决是否用武力镇压苏格兰人。但此时，英格兰人开始意识到苏格兰人的斗争是为宗教自由，要召集一支军队进军苏格兰也并不容易。而且军队即使召集起来，也会充满不满和反抗。

至于这时的苏格兰人，他们比以前更强大。1640年8月20日，苏格兰人越过特威德河，进入英格兰，在纽本打败一群英格兰人，然后穿过泰恩河，向纽卡斯尔挺进。在纽卡斯尔没有遇到抵抗，纽卡斯尔投降。随后，苏格兰人毫不费力地夺取了达勒姆、泰恩茅斯和希尔兹。与此同时，苏格兰传来消息，东部和西部两大要塞爱丁堡和邓巴顿再次落入苏格兰人手中。

苏格兰人再次向当时还在约克的查理一世发出请愿书，宣称只要满足他们的正当要求即可。查理一世把这件事交给他在约克召集的贵族会议解决。根据这些贵族的建议,查理一世一方决定与苏格兰人谈判。苏格兰军队中的八名专员来到里彭,双方签订《里彭条约》。在里彭开始的谈判直到将近一年之后才在伦敦结束。苏格兰军队的所有要求都得到满足,查理一世一方还承诺给苏格兰三十万英镑以支付这场战争的费用,因为苏格兰人说他们是被迫卷入这场战争的。军队随后解散,和平似乎恢复。查理一世再次来到苏格兰,召开了一次苏格兰庄园主会议,让议会成员各行其是。查理一世还确认了苏格兰庄园主议会每三年举行一次会议,并将下一次会议日期定在1644年6月。

然而,表面上的和平不过是暴风雨前的宁静。一年过去了,英格兰人以苏格兰人为榜样,抵制查理一世的非法强征;长期议会把大臣斯特拉福德伯爵托马斯·温特沃斯——查理一世专制统治的主要代理人——送上断头台,并

斯特拉福德伯爵托马斯·温特沃斯

斯特拉福德伯爵托马斯·温特沃斯被送上断头台

号召人民武装起来捍卫自己的权利和自由。英格兰内战真正开始时，议会和查理一世都渴望得到苏格兰人指挥的精锐部队的帮助。宗教观点起了决定作用。和苏格兰一样，英格兰议会也反对主教制度。英格兰人结成神圣联盟，签署《盟约》并命令每个人都签署，以此诱使苏格兰人加入。苏格兰人又重新集结军队，这次由利文伯爵亚历山大·莱斯利和其下属纽瓦克勋爵戴维·莱斯利指

纽瓦克勋爵戴维·莱斯利

挥。事实证明,纽瓦克勋爵戴维·莱斯利略胜一筹。1644年1月19日,苏格兰军队二进英格兰,部分士兵围攻纽卡斯尔,进军约克,部分士兵及时与英格兰议会军会合以分享马斯顿荒原战役的胜利果实。1644年10月19日,纽卡斯尔被完全征服。

与此同时,蒙特罗斯伯爵詹姆斯·格雷厄姆由支持盟约派转向支持查理一世,利用盟约派在英格兰力量的缺失,独自率领一支凯尔特人的军队为查理一世夺回北方。这是保王党第一次在常规战争中依靠高地人。人们一直认为高地人只会自相残杀。但现在，在一位知道如何驾驭高地人的将军的领导下，高地人创造了奇迹。那些被急忙召集起来应敌的低地人在蒂珀缪尔惨败。接着，蒙特罗斯伯爵詹姆斯·格雷厄姆占领珀斯，继续北上，又一次打败盟约派，再次占领阿伯丁，为查理一世占领自己曾两次为盟约派占据的城市。然后转而向西，荼毒了他最大的敌人第九代阿盖尔伯爵阿奇博尔德·坎贝尔的家乡，朝聚集在林尼湖岸边的敌方军队猛扑过去，将其打散。冬天，蒙特罗斯伯爵詹姆斯·格雷厄姆把军队驻扎在高地，春天一到，就攻占邓迪。蒙特罗斯伯爵詹姆斯·格雷厄姆两次在福斯河北部、一次在基尔塞斯南部击败盟约派。在极短的时间内，蒙特罗斯伯爵詹姆斯·格雷厄姆几乎为查理一世赢回整个国家。蒙特罗斯伯爵詹姆斯·格雷厄姆成功的秘诀在于快速行军和突然发起进攻，但这使其部队疲惫不堪。所以战斗一结束，高地人就像往常一样，成群结队地带着战利品回家了，蒙特罗斯伯爵詹姆斯·格雷厄姆的军队力量就此削弱。1645年9月12日，纽瓦克勋爵戴维·莱斯利被召回英格兰与蒙特罗斯伯爵詹姆斯·格雷厄姆交战。纽瓦克勋爵戴维·莱斯利从南方军队中带来部分骑兵对战蒙特罗斯伯爵詹姆斯·格雷厄姆削弱之后的军队。纽瓦克勋爵戴维·莱斯利在塞尔科克附近的菲利普霍赫取得彻底胜利。蒙特罗斯伯爵詹姆斯·格雷厄姆带着残部撤退。后来蒙特罗斯伯爵詹姆斯·格雷厄姆发现难以重新集结分散的部队。因此，反抗斗争只持续了不到一年。几个月后，在纽瓦克，在苏格兰军队的保护下，查理一世命令蒙特罗斯伯爵詹姆斯·格雷厄姆放下武器。蒙特罗斯伯爵詹姆斯·格雷厄姆照做，随后离开了英格兰。

当苏格兰军驻扎纽瓦克时，赢回国王权力几乎无望的查理一世想要秘密离开牛津。查理一世在牛津被议会军包围，到苏格兰军营寻求庇护。几天后，纽瓦克投降，苏格兰军和查理一世一起回到纽卡斯尔。查理一世在苏格兰军营一共待了八个月，其间虽然苏格兰军对查理一世表现出尊重和礼貌，但查理一世是苏格兰军的囚犯，苏格兰军正忙着和英格兰议会讨论查理一世投降的条件。如果查理一世成为长老会教徒并签署《盟约》，毫无疑问苏格兰军会保护他。

马斯顿荒原战役

在基尔策斯战场上议会军攻击保王派王派骑兵

在基尔塞斯战场上,议会军与保王派军队厮杀在一起

菲利普霍赫战役

但与保王党内著名神学家亚历山大·亨德森多次争论后，大家仍然不相信查理一世会成为长老会教徒并签署《盟约》。最后，苏格兰同意，如果英格兰支付四十万英镑的欠款，苏格兰军会离开英格兰。苏格兰人认为这是他们应得的。回到苏格兰以后，苏格兰人会将查理一世交给英格兰议会，任其发落。

几个月后，被囚禁在卡里斯布鲁克时，查理一世与苏格兰中间派秘密签约，大意是如果苏格兰中间派可以帮他赢回国王的权力，他会认可《盟约》，并在英格兰试行长老会。在这个问题上，当时掌管政府的苏格兰庄园主会议委员会召集了一支军队，由被封为汉密尔顿公爵的詹姆斯·汉密尔顿率领，前往

神学家亚历山大·亨德森

奥利弗·克伦威尔

英格兰。但这支军队在普雷斯顿被英格兰议会军的中将奥利弗·克伦威尔击败。第一代汉密尔顿公爵詹姆斯·汉密尔顿继续向尤托克西特进发。1648年8月25日,第一代汉密尔顿公爵詹姆斯·汉密尔顿与军队在尤托克西特放下武器投降。但苏格兰的极端一派对与查理一世签约的人非常愤怒,称他们为"契约派"。苏格兰的极端一派认为查理一世接受《盟约》只是一种伪装,第一代汉密尔顿公爵詹姆斯·汉密尔顿的远征是英格兰保王党的帮凶,此事的结果就是政府更迭。盟约派中的极端派首领第九代阿盖尔伯爵阿奇博尔德·坎贝尔集结其追随者——那些来自西部低地、刚刚开始对盟约产生热情的一群人，在埃格林顿伯爵亚历山大·蒙哥马利的带领下，向爱丁堡进发。这被称为"辉格党突袭"。该词源于"Whig"。"Whig"一词在西部地区用来表示驱马前进，是辉格党这个词的起源，后来逐渐成为一个政党的称呼。第九代阿盖尔伯爵阿奇博尔德·坎贝尔这一派与奥利弗·克伦威尔达成一致，成立新的苏格兰庄园主会议委员会。奥利弗·克伦威尔随后进军爱丁堡，要求盟约派中的极端派保证不允许任何契约派成员参与政府事务。根据当时通过的阶级法案，所有亵渎《盟约》者及《盟约》的敌对者同样不能再担任公职。

苏格兰希望看到教会和《盟约》在英格兰、苏格兰、爱尔兰都被接受。正是因为怀着这种希望，而大多数议会党人都是独立派，议会党人无意以长老专制来代替主教专制，苏格兰备感失望。1643年6月12日，威斯敏斯特神学会议召开，目的是解决宗教问题。会上，英格兰接受《盟约》。作为回报，苏格兰接受

威斯敏斯特神学会议

英格兰的信仰目录及英格兰起草的《威斯敏斯特信条》，取代苏格兰人的《纪律手册》和《公祷书》。尽管《盟约》名义上得到英格兰的认可，但实际上不同的英格兰教派得到的自由远远超过了严格的盟约派的认可。

1649年1月30日，查理一世在白厅被斩首。对于法院的审判，通过的判决，以及判决的执行，苏格兰都无话可说。因为苏格兰不知道在没有查理一世的情况下苏格兰王国是否存在，也不知道除世袭的国王以外是否还有别的国王，所以查理一世被斩的消息在爱丁堡一传开，其子查理二世就被宣布为英格兰、苏格兰和爱尔兰国王。

第一代汉密尔顿公爵詹姆斯·汉密尔顿被囚禁在英格兰，因为拥有英格兰剑桥伯爵的头衔而作为英格兰臣民在英格兰接受审判。第一代汉密尔顿公爵詹姆斯·汉密尔顿因入侵英格兰而被控叛国罪，并被斩首。在苏格兰，第二代亨特利侯爵乔治·戈登也遭遇同样的命运，因为查理一世与盟约派作战而被控叛国罪。

与此同时，蒙特罗斯伯爵詹姆斯·格雷厄姆在北方又为查理一世揭竿而起。1650年年初，蒙特罗斯伯爵詹姆斯·格雷厄姆带着在欧洲大陆召集的一小群外国人登陆奥克尼，从那里进入苏格兰。但蒙特罗斯伯爵詹姆斯·格雷厄姆的追随者被盟约派的一支部队打散，蒙特罗斯伯爵詹姆斯·格雷厄姆在高地上游荡一段时间后，最终被俘，被带到爱丁堡，未经审判就被绞死。蒙特罗斯伯爵詹姆斯·格雷厄姆因叛国罪被处死。这是五年前蒙特罗斯伯爵詹姆斯·格雷厄姆第一次为查理一世拿起武器时就被判处的刑罚。

正当苏格兰庄园主会议的人都在跟保王党的领导者们打交道时，盟约派却在忙着欢迎查理二世的归来。盟约派视查理二世为合法的国王。如果查理二世签署《盟约》并承诺服从教会大会，盟约派愿意效忠于查理二世。1650年7月，查理二世做出承诺，并在登陆之前，签署《盟约》。但查理二世带来的朝臣，不管是保王党人还是契约派代表，几乎全部被打发了。

这些行动的消息一传到伦敦，奥利弗·克伦威尔立即就被派往北方，带领

查理一世临刑前与儿女告别

查理一世被送上断头台

大军前去阻止。这次入侵重新点燃人们对英格兰的仇恨,大批新招募的士兵聚集在盟约派的旗帜周围。召集起来的这支军队由训练有素但不为宗教之名而战的士兵,以及那些对战斗一无所知的圣徒组成。但圣徒怀疑士兵对宗教不够热心,把士兵当作罪人赶出军队。因此,最好的士兵都被淘汰了,留下的人由利文伯爵亚历山大·莱斯利指挥。查理二世没有被允许随军出征。军队在福斯湾以南的山丘上占据有利地形,奥利弗·克伦威尔曾一度试图引他们出战,但没有成功。最后导致利文伯爵亚历山大·莱斯利判断失误,被迫到平原迎敌。1650年9月3日,战斗在邓巴附近进行,苏格兰人被彻底打败。

查理二世

邓巴战场上的议会军

当时查理二世在邓弗姆林受到严密的监视，简直像坐牢一样。在邓弗姆林的生活令查理二世如此厌恶，以至查理二世决定逃跑，查理二世希望加入北方部族首领的行列。但北方部族首领制定的计划并不完美。正如查理二世料想的，查理二世发现没人来接自己，于是又被以前的守护者追上并带回邓弗姆林。按照古代习俗，在斯昆由阿盖尔侯爵阿奇博尔德·坎贝尔为查理二世加冕。

正当奥利弗·克伦威尔在苏格兰忙碌时，苏格兰军进入英格兰，并带走了查理二世。奥利弗·克伦威尔匆忙追赶，在伍斯特与苏格兰军相遇。1651年9月3日，邓巴战役胜利一年后，奥利弗·克伦威尔又在伍斯特打败苏格兰军。伍斯特战役是英格兰内战中的最后一场战役。战争从苏格兰人开始，也从苏格兰人结束。查理二世在危险和贫困中游荡一段时间之后，逃往欧洲大陆。与此同

阿盖尔侯爵阿奇博尔德·坎贝尔为查理二世加冕

伍斯特战役

游荡期间，查理二世乔装打扮成农夫躲避议会军的追捕

游荡期间,一位前保王党军官拜见查理二世

时，乔治·蒙克将军率领一支五千人的军队留在苏格兰，使苏格兰臣服。保存在斯特灵城堡的苏格兰国家档案被送往伦敦塔。苏格兰国王的礼服、王冠、宝剑和权杖，这些被誉为"苏格兰荣誉"的东西，都被带到苏格兰最坚固的堡垒之一——邓诺特城堡。邓诺特城堡耸立在海面一块突出的岩石上。邓诺特城堡守军进行了英勇的抵抗，但最后不得不屈服。不过，在邓诺特城堡里面并没有找到"苏格兰荣誉"。据说"苏格兰荣誉"已被教区牧师詹姆斯·格兰杰的妻子克里斯蒂安·弗莱彻偷偷带出邓诺特城堡。克里斯蒂安·弗莱彻骑马穿过营地，把王冠藏在一捆绒布里，挂在膝上，手里拿着权杖，权杖上缠着麻纱，当

乔治·蒙克将军

邓诺特城堡

作她的卷线杆。克里斯蒂安·弗莱彻和丈夫詹姆斯·格兰杰把"苏格兰荣誉"埋在教堂的地板下。他们把这个秘密保守得如此严密,以至没有人知道发生了什么。

奥利弗·克伦威尔现在是英格兰、苏格兰和爱尔兰的护国公。他开始实施爱德华一世关于建立英格兰和苏格兰立法联盟的想法。1654年,立法联盟得到议会的批准。后来决定在英格兰议会中由三十名议员代表苏格兰,两国间建立自由贸易。教会政府也发生了巨大变化,教会大会被关闭,教会法庭的权力被废除。苏格兰被划分为五个区,从这些区选出一定数量的牧师负责向不同教区提供牧师。为改善人民的生活状况,取消所有封建会费,用固定的货币租金代替迄今为止对土地的一切服务费用和管制费用。通过驻防要塞来维持高地的秩序。

由此建立起来的和平与秩序只有一次被打破,是为了支持斯图亚特一族。苏格兰大法官、第九代格伦凯恩伯爵威廉·坎宁安受查理二世委托,在高地发起一次起义。第九代格伦凯恩伯爵威廉·坎宁安聚集了五千多人。但在从高地下来之前,在加里湖被乔治·蒙克将军率领的分遣队驱散。

1658年9月3日,奥利弗·克伦威尔去世。奥利弗·克伦威尔征服了苏格兰,并使苏格兰繁荣昌盛。奥利弗·克伦威尔去世后,其子理查德·克伦威尔继任

第九代格伦凯恩伯爵威廉·坎宁安

理查德·克伦威尔

护国公。但理查德·克伦威尔不够强大，不能像其父亲奥利弗·克伦威尔那样维持秩序。随后是一段混乱不堪的时期，最后查理二世被召回，斯图亚特王朝复辟。斯图亚特王朝复辟主要是乔治·蒙克将军的功劳。在护国公时期，乔治·蒙克将军是苏格兰军队的指挥官。奥利弗·克伦威尔死后不久，是乔治·蒙克将军召集各地区代表开会。我们并不确定代表们是否知道乔治·蒙克将军要恢复查理二世统治的意图，但代表们资助了一大笔钱。1659年11月，乔治·蒙克将军率领军队前往伦敦。大约六个月后，查理二世顺利返回英格兰。在查理二世已经加冕的苏格兰，人们欢欣鼓舞地庆祝查理二世的归来，希望查理二世能履行自己签署的《盟约》。但不久之后，苏格兰人发现自己大错特错。就在英

奥利弗·克伦威尔去世

查理二世返回伦敦

格兰第一次议会中，通过一项法案，剥夺苏格兰同英格兰自由贸易的特权，这是奥利弗·克伦威尔执政时期苏格兰享有的。这就是英格兰的《航海法案》。根据《航海法案》，除英格兰的船外，禁止其他任何船向英格兰或英格兰的殖民地进出口货物。

约翰·米德尔顿，本来是名雇佣兵，曾在伍斯特战役中被俘，后来积极参加第九代格伦凯恩伯爵威廉·坎宁安的远征，现在被封为米德尔顿伯爵，被派往苏格兰当专员。苏格兰庄园主会议召开时，通过《废除法案》。根据《废除法案》，废除1633年以来通过的所有法案，查理一世赋予的所有特权几乎都被

约翰·米德尔顿

詹姆斯·夏普参加非法集会，密谋镇压长老会持不同政见者

取消。因此，查理二世和人民之间的争端已恢复到英格兰内战开始之前所处的状态。1660年，苏格兰庄园主会议重建主教制，《盟约》也遭到刽子手公开焚烧。由于只有一位老主教还活着，所以在英格兰封了三位新主教。詹姆斯·夏普本来是主教，到伦敦为《盟约》和长老会事业辩护。回到苏格兰时却成了大主教，此后詹姆斯·夏普的首要任务就是迫害他放弃的《盟约》和长老会事业。

　　苏格兰政府被委托给枢密院，其权威得到一个常设警卫机构的支持，这是前国王们经常要求却从未得手的一支军队。在两届议会休会期间，苏格兰议会的最高权力也委托给枢密院。《免罪法》得到保证一定会通过，但在通过之前，有几个人被处死。其中两人尤为特别，一个是由于力量过于强大威胁到了国王的阿盖尔侯爵阿奇博尔德·坎贝尔。有人使诈致阿盖尔侯爵阿奇博尔德·坎贝尔在伦敦被抓，其实阿盖尔侯爵阿奇博尔德·坎贝尔到伦敦是来向查

阿盖尔侯爵阿奇博尔德·坎贝尔

理二世献殷勤的。1661年5月27日,阿盖尔侯爵阿奇博尔德·坎贝尔被押往爱丁堡,因叛国罪受审,然后被判有罪并被斩首。但最令人遗憾的受害者是著名的神职人员詹姆斯·格思里。詹姆斯·格思里是盟约派中极端派的领袖。盟约派中极端派又被称为"抗辩派"。抗辩派准备了一份抗辩词,想在查理二世回来后直接呈上,祈祷在苏格兰除抗辩派的崇拜之外,不再接受任何形式的崇拜。这份抗辩词由詹姆斯·格思里起草,但从来没有提交给查理二世,而那些策划者被关进监狱。现在詹姆斯·格思里因向国外散布煽动叛乱言论和叛国罪而受到审判。詹姆斯·格思里拒绝任何法律辩护,并公开声明自己做的一切都是正

詹姆斯·格思里

当的。詹姆斯·格思里被判有罪并被斩首。因为詹姆斯·格思里的信仰,盟约派视詹姆斯·格思里为殉道者,詹姆斯·格思里的遗言被特别尊崇地珍藏起来。

直到1662年,承诺的《免罪法》才得以通过。但这并不是人们期待的、自由的赦免,有七八百人被处以重罚。同年,通过一项法案,要求所有担任公职的人员签署一项《盟约》是非法誓言的声明。最后还通过一项法律,要求1639年以来所有生活在教区的牧师都必须迁出,除非这些牧师同意接受新主教的核对和调查。那些拒绝接受主教核对的牧师,须在法案通过之日起一个月内,带家人迁出教区。考虑到本次参会议员通过的这一不合理的法令,这届议会被称为"醉酒的议会"。此法案提交后不久,三百五十名牧师辞职。大多数教区居民都跟着他们离开了,教堂里空无一人,而人们则蜂拥而去参加以前牧师的露天仪式。为防止这种情况发生,又通过另一项法案,对所有在主日不去教区教堂的人处以罚款。还通过一项名为《英里法》的法案，该法案禁止不信国教或不参加英格兰国教礼拜仪式的牧师进入原教区方圆二十英里内，或者出现在任何皇家自治市的三英里之内。恢复高等教会法院，并得到授权对所有圣公会——现在已建立的——教会的异议者提起诉讼，无论异议者是罗马天主教教徒还是长老会教徒。这种暴政迫使人民起义，第三次宗教战争开始。第一次宗教战争，人民拿起武器是为教义而战；第二次宗教战争的起因是对一种祈祷方式的争论；第三次宗教战争是由于强制实行国民厌恶的教会政府形式。詹姆斯六世统治时期的长老会有祈祷文，现在圣公会的教会无祷文，在公众祈祷方面没有任何改变。虽然这次争端的起因似乎没有前两次那么重要，但一方对宗教的执着和对另一方的迫害比前两次更强烈。前两次宗教战争，爱丁堡和东部低地地区反应最强烈，现在，宗教热情燃烧得最猛烈、持续时间最长的却是西部地区。

　　尽管受到惩罚并被罚款，教堂仍然空无一人。人们长途跋涉，聚集在他们"被驱逐"的牧师周围。总之，在那些龙骑兵最不可能驱散他们的山坡上，人们聚在一起，听他们喜爱的牧师讲道。可是，按照良心敬拜上帝带来的危险是如此之大，以至他们周围的山顶上都有哨兵站岗，一旦危险来临立即发出警告。人们把火枪堆放在一起，以便随时拿起来用。这种集会被称为"非国教教派的秘密集会"。为追集会的人，成群结队的士兵在全国四处搜寻。在西南地区，军队由詹姆斯·特纳爵士指挥。正是詹姆斯·特纳爵士的严密搜查驱使人们进行真正的反抗。起义爆发的直接原因是一个老人从一群虐待他的士兵手中被救出。混战中，一名士兵受伤。此事发生在埃尔郡的奶牛场。不久，大批农民聚集起来保护他们的秘密集会。他们在邓弗里斯抓住了詹姆斯·特纳爵士。当人数增加到将近三千时，他们向爱丁堡进发，希望东部郡县能够加入他们，并肩作战，以彰显东部地区昔日的风采。托马斯·达尔齐尔将军因曾为俄罗斯沙皇对抗土耳其人和鞑靼人而声名显赫，被派去阻拦起义军。但起义军避过托马斯·达尔齐尔将军继续前进。托马斯·达尔齐尔将军不得不跟在后面，一

詹姆斯·特纳爵士

托马斯·达尔齐尔将军

直追到彭特兰山。起义军占据有利地形，托马斯·达尔齐尔将军的人只能通过反复进攻来驱散起义军。但埃尔的人变得太快，起义军现在转而对付西部地区那些野蛮的辉格党人，几乎像对付龙骑兵那样。

然而，这次起义并没有带来实质性的好处，因为1666年彭特兰战败后，暴政比以前更加残酷。随后的审判因为无耻和不断使用酷刑而臭名昭著。酷刑用的刑具是"拇指钉①"和"靴子②"。两者都会带来巨大疼痛，但不会致死。二十个人在不同的地方被绞死。处以的罚款和罚没的财产则作为奖励给予士兵和律师，因为他们竭尽所能从起义者身上获得罚款和罚没。这时，一种叫《法律洞穴》的约定产生了。《法律洞穴》是一种契约，一个地区的所有主要人物要发誓用这种契约共同防止地位低于他们的人破坏秩序。

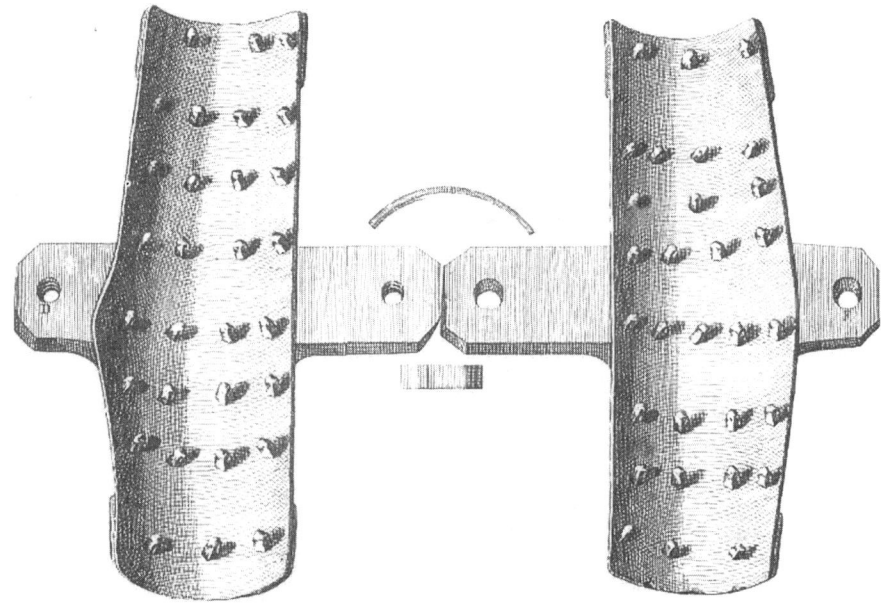

刑具"靴子"

---

① 一种刑具，钉在拇指关节上的。——原注
② 受害者的腿被楔块锤碎的圆柱体。——原注

但这些措施使原本快要平息的暴乱愈演愈烈,于是政府尝试采用更加宽容的新制度。政府发布一项赦免,根据这项赦免,那些被驱逐的牧师如果可以证明自从被驱逐之后,他们安分守己,没有举行非国教教派的秘密集会,就被允许回到原来的教区,前提是没有其他人被安排在他们的位置上。有些牧师利用这次赦免回到教区,但大多数牧师没有。大多数牧师觉得那些接受赦免的同行和主教制一样坏。这一表面上的让步,更多的是通过新的要求来平衡的。互相来往被谴责为刑事犯罪,即与那些以任何方式违反非国教教派秘密集会有关联的人,都被视为犯罪。1669年,劳德戴尔公爵约翰·梅特兰接替约翰·米德尔顿伯爵担任苏格兰专员。劳德戴尔公爵约翰·梅特兰打败了低地地区一支凯尔特人的军队,随意掠夺凯尔特人,把丰富的战利品带回自己的家乡。

劳德戴尔公爵约翰·梅特兰

圣安德鲁斯大主教詹姆斯·夏普被视为所有迫害的始作俑者,人们对詹姆斯·夏普痛恨不已。詹姆斯·夏普在爱丁堡上马车时被枪击,但没有被击中。后来,詹姆斯·夏普认出那个企图暗杀他的人是詹姆斯·米切尔。詹姆斯·米切尔作为刺客受到审判。得到被赦免的承诺后,詹姆斯·米切尔坦白是他开的枪。但詹姆斯·米切尔非但没有得到承诺的赦免,还被送进监狱,遭受酷刑,最后于1678年被处死。就在第二年,即1679年,对詹姆斯·夏普的再次暗杀获得成功。詹姆斯·夏普带着女儿伊莎贝拉·夏普乘坐马车穿过圣安德鲁斯附近的马格斯荒原时,落入一伙人的手中。这伙人本来埋伏在那里在等一个叫卡

詹姆斯·夏普与女儿伊莎贝拉·夏普被劫持

詹姆斯·夏普被砍死

迈克尔的人。卡迈克尔是治安官的替补,是个特别招人恨的坏蛋。当听说詹姆斯·夏普的马车即将到来时,这伙人认为这是天意,是上帝把詹姆斯·夏普交到他们手里。1679年5月3日,他们向马车开枪,却没有打中,詹姆斯·夏普躲在女儿伊莎贝拉·夏普身后。但詹姆斯·夏普被他们拖出来,被野蛮地砍死在荒原上。人们早就相信詹姆斯·夏普与魔鬼勾结,他们一杀了詹姆斯·夏普,就开始搜查詹姆斯·夏普所有的东西。最后,他们打开詹姆斯·夏普的鼻烟壶,这时一只蜜蜂飞了出来。他们一致认为,这一定是詹姆斯·夏普亲近的幽灵。政府竭尽全力追捕凶手,发现其中有戴维·哈克斯顿和伯利的约翰·巴尔弗勋爵。但戴维·哈克斯顿和伯利的约翰·巴尔弗勋爵都逃到了西部地区。

盟约派中最正直的派别现在提出一项叫《桑克尔声明》的抗议。该派

唐纳德·卡吉尔

的领导人是唐纳德·卡吉尔和理查德·卡梅伦，此后这个派别被称为卡梅伦派[1]。他们公开声明的意图在于把这个国家从暴政的煎熬中解放出来。卡梅伦派认为查理二世因背信弃义而丧失民心，于是将查理二世与其弟弟约克公爵詹姆斯·斯图亚特[2]逐出教会。约克公爵詹姆斯·斯图亚特是苏格兰专员，比约翰·米德尔顿伯爵和劳德戴尔伯爵约翰·梅特兰还要残忍。发布《桑克尔声明》的人认为杀死查理二世或约克公爵詹姆斯·斯图亚特，抑或杀死他们两人

---

[1] 改革派长老会的会员。——原注
[2] 继承英格兰和爱尔兰王位后称为詹姆斯二世，继承苏格兰王位后称为詹姆斯七世。——译者注

是完全正当的。查理二世与弟弟约克公爵詹姆斯·斯图尔特为了共同对付盟约派，相互支持而团结在一起。詹姆斯·夏普死时，戴维·哈克斯顿也在场，他是卡梅伦派中的主要人物。在戴维·哈克斯顿的带领下，卡梅伦派在艾尔郡的艾尔兹莫斯躲避追捕他们的士兵。但卡梅伦派还是遭到攻击，尽管英勇作战，还是被打败了。

拉纳克和艾尔之间的丘陵地带是盟约派最喜欢的地方。盟约派在这里举行大型的非国教教派的秘密集会。盟约派成员都是带着武器来。其中规模最

约克公爵詹姆斯·斯图亚特

邓迪子爵约翰·格雷厄姆

大的一次非国教教派的秘密集会在劳登山附近的德拉姆克洛格举行,当时遭到邓迪子爵约翰·格雷厄姆手下一队龙骑兵的袭击。这次冲突被称为"德拉姆克洛格战役"。但邓迪子爵约翰·格雷厄姆对此非常规的战斗方式并不习惯,结果战败。盟约派成员欣喜若狂,以为此次战斗的胜利是上帝伸出援助之手。于是盟约派大批集结,向格拉斯哥进发。但盟约派既没有摧毁城市,也没有伤害市民,只把那些为信仰而死的教徒尸体从城门上取下来埋葬了。

为平息这场叛乱,查理二世派其私生子巴克鲁公爵克兼蒙茅斯公爵詹姆斯·斯科特,率领一万五千人前去镇压。盟约派虽然热情高涨,但资源有限,领导者也没有军事才干。因此，一支训练有素的军队很容易就能打败盟约派。在博思韦尔大桥上，盟约派遭到大屠杀，一千两百人沦为胜利者的阶下囚。其中七人被处死，有些人在保证将来安分守己的情况下被释放，其余的人被运往种植园。理查德·卡梅伦也卷入了这场纷争。戴维·哈克斯顿和唐纳德·卡吉尔被带到爱丁堡受审，被判有罪，随后被处死。

约克公爵詹姆斯·斯图亚特担任苏格兰专员期间，通过一项法案——《宣誓法》，规定所有担任公职的人，无论在政府还是自治市就职，都应进行宣誓，维护新教信仰，这是詹姆斯六世在第一届议会上通过的。同时宣布国王为教会和国家的最高统治者，世袭继承是不可改变的。现在众所周知，查理二世的弟弟、王位继承人约克公爵詹姆斯·斯图亚特是罗马天主教教徒。很明显，《宣誓法》并不能保证新教信仰的安全。因为如果约克公爵詹姆斯·斯图亚特当上国王，他很可能按照自己的意愿改变教会。

第九代阿盖尔伯爵阿奇博尔德·坎贝尔因恢复了其父亲阿盖尔侯爵阿奇博尔德·坎贝尔的侯爵地位，成为苏格兰王国里最有权势的部族首领。第九代阿盖尔伯爵阿奇博尔德·坎贝尔因对《盟约》的忠诚而牺牲。但在此之前，第九代阿盖尔伯爵阿奇博尔德·坎贝尔本人一直支持政府，甚至表示他领地的高地人也愿意支持政府。然而当时，第九代阿盖尔伯爵阿奇博尔德·坎贝尔有造反的迹象，他提出抗议，他宣誓的前提是誓言本身与现实是一致的，新教信仰是没有风险的。为此，第九代阿盖尔伯爵阿奇博尔德·坎贝尔被指控离间国王和人民。根据詹姆斯六世在位时通过的一项极不公正的法律，这一罪行被定为叛国。根据这项法律，第九代阿盖尔伯爵阿奇博尔德·坎贝尔被判处死刑，但他逃到了荷兰。在荷兰，第九代阿盖尔伯爵阿奇博尔德·坎贝尔成为苏格兰同胞的中心。这些苏格兰人也是因为政治观点而离开自己的国家。在这次对第九代阿盖尔伯爵阿奇博尔德·坎贝尔不公正的攻击之后，没有人能确保自己的自由，于是有人提出移民卡罗利纳的计划。与该计划有关的是一个叫罗伯特·弗格森的人。罗伯特·弗格森因为参与了一场英格兰人

德拉姆克洛格战役

盟约派在博思韦尔大桥上遭到大屠杀

谋杀查理二世的"黑麦屋阴谋",导致所有和他打过交道的人都被怀疑参与其中,并被传唤到枢密院问话。深受爱戴和尊敬的杰维斯伍德的贝利,因被控共谋罪而受审,并被判有罪,最后被处死。杰维斯伍德的贝利之死大大增加了民众的不满情绪。

　　查理二世驾崩,詹姆斯七世继位,但人民的处境非但没有变好,反倒更糟。卡梅伦派又发起另一项反抗,称为《辩护宣言》,却遭到《废除誓言》法案的对抗。《废除誓言》赋予士兵有权立即处死任何不遵守《废除誓言》的人。也就是说,《废除誓言》法案要求卡梅伦派发誓憎恨并放弃叛国的《辩护宣言》。接下来是残酷的屠杀,邓迪子爵约翰·格雷厄姆是主要的施暴者。许多

杰维斯伍德的贝利

约翰·布朗被打死在妻子面前

令人心碎的故事讲述了这些可怜教徒的苦难，教徒对宗教的狂热导致他们坚持拒绝宣誓。其中有个故事讲的是约翰·布朗。约翰·布朗被称为"基督徒卡里尔"，是教徒中很有声望的人。约翰·布朗几乎毫无征兆地就被邓迪子爵约翰·格雷厄姆开枪打死在自己的妻子面前。还有一次，玛格丽特·麦克劳恰兰和玛格丽特·威尔逊两位女性，一个年长，一个年轻，被绑在索尔韦岸边的木桩上，据说她们可能会被汹涌的潮水淹死。这些故事和其他类似的传说，见证了一方的残暴和另一方的坚毅。詹姆斯七世统治早期，通过一项法案，规定参加非国教教派的秘密集会者被定为死罪。

父亲查理二世去世时，蒙茅斯公爵詹姆斯·斯科特在荷兰，许多来自英格兰和苏格兰的避难者和他在一起，蒙茅斯公爵詹姆斯·斯科特很受欢迎。避难者中有人密谋，要把蒙茅斯公爵詹姆斯·斯科特推上王位，代替其叔叔、被人憎恨的詹姆斯七世。为此，避难者筹划了一次暴动，英格兰、苏格兰两个王国

第九代阿盖尔伯爵阿奇博尔德·坎贝尔

要同时进行。第九代阿盖尔伯爵阿奇博尔德·坎贝尔负责苏格兰，但他受到其他人组成的委员会的干涉。政府得知他们即将暴动，煽动所有已知对第九代阿盖尔伯爵阿奇博尔德·坎贝尔怀有敌意的部族起来对付他。1685年5月月初，第九代阿盖尔伯爵阿奇博尔德·坎贝尔在金泰尔登陆，拿出烈焰十字架[①]，召集他的部族一千八百人。但委员会的争吵和嫉妒推翻了第九代阿盖尔伯爵阿奇博尔德·坎贝尔所有的计划。按照委员会的建议，第九代阿盖尔伯爵阿奇博尔德·坎贝尔向低地进军，但低地几乎没有人愿意加入。第九代阿盖尔伯爵阿奇

---

① 指四端烧焦或染血的木十字架。旧时苏格兰高地部族聚众出战的信号。——译者注

博尔德·坎贝尔存放武器和弹药的堡垒被詹姆斯七世的士兵占领。第九代阿盖尔伯爵阿奇博尔德·坎贝尔手下的士兵也在挨饿,且大批逃亡,最后在向格拉斯哥进军时因错误警报而被驱散,第九代阿盖尔伯爵阿奇博尔德·坎贝尔本人也在试图逃跑时被捕。以前对第九代阿盖尔伯爵阿奇博尔德·坎贝尔的判决依然有效,那是因离间国王和人民而做出的判决。这一判决没有经过任何进一步的审判就被执行。蒙特罗斯伯爵詹姆斯·格雷厄姆受到的种种侮辱又在第九代阿盖尔伯爵阿奇博尔德·坎贝尔身上重现。第九代阿盖尔伯爵阿奇博尔德·坎贝尔死后,政府对其族人进行了报复。因弗拉里周围的土地荒废,大量族人被流放到种植园,其中许多人被残忍地肢解。在入侵的第一声警报响起时,为宗教信仰而遭关押的大批犯人,不分男女老少,全被送到建在金卡丁沿岸一座坚固的城堡里。犯人就挤在一个地牢里,许多人在此丧生,大多数幸存者也被送往种植园。

议会一直盲目地跟随詹姆斯七世。但现在议会决定不再如此,因为议会担心詹姆斯七世意在恢复罗马天主教的信仰。苏格兰专员昆斯伯里公爵威廉·道格拉斯被剥夺职位,由皈依罗马天主教的珀斯伯爵詹姆斯·德拉蒙德接替。接下来,詹姆斯七世试图通过一项法案,废除对罗马天主教教徒的所有惩罚,而对盟约派的惩罚则继续有效。就连主教们也反对这项法案,詹姆斯七世发现除了一视同仁地对待所有教派别无办法。詹姆斯七世颁布了几次大赦,但只有1688年最后一次颁布的大赦最完整。1688年大赦范围扩大为宽赦所有人,甚至包括贵格会。之前,贵格会和盟约派教徒一样受到轻视和迫害。

不过,詹姆斯七世的政策改变来得太晚。詹姆斯七世对英格兰教会自由的攻击遭到七名主教的抵制。不久,英格兰臣民决心不再忍受詹姆斯七世的暴政,邀请詹姆斯七世的外甥及女婿奥兰治亲王威廉[①]来帮助他们。奥兰治亲王威廉来到之后,大家一致同意邀请奥兰治亲王威廉登上王位,取代逊位的

---

① 英格兰称为威廉三世,苏格兰称为威廉二世。——原注

第九代阿盖尔伯爵阿奇博尔德·坎贝尔被执行死刑

蒙特罗斯伯爵詹姆斯·格雷厄姆被执行死刑

昆斯伯里公爵威廉·道格拉斯

珀斯伯爵詹姆斯·德拉蒙德

奥兰治亲王威廉

詹姆斯七世。1689年1月7日，奥兰治亲王威廉进入伦敦的消息传到爱丁堡，由第四代汉密尔顿公爵詹姆斯·汉密尔顿率领的代表团前去请求奥兰治亲王威廉召集一次苏格兰庄园主会议，并在会议召开之前，亲自接管苏格兰政府。

苏格兰庄园主会议召开，辉格党人占多数。辉格党人通过一项决议，称詹姆斯七世因治国无方而丧失王位，遭到废黜。按照英格兰制定的、同样的条件，王位传给奥兰治亲王威廉及其妻子、詹姆斯七世的女儿玛丽·斯图亚特①。后来苏格兰庄园主会议演变成议会，一直持续到威廉三世和玛丽二世统

第四代汉密尔顿公爵詹姆斯·汉密尔顿

---

① 即位后为玛丽二世。——译者注

玛丽二世

治结束。议会成员列队走到爱丁堡克罗斯,在爱丁堡克罗斯宣读选票。宣布奥兰治亲王威廉和玛丽·斯图亚特成为威廉二世和玛丽二世,要求教区的牧师公开为国王和王后祈祷,违者将被驱逐。在权利主张方面,苏格兰人与英格兰人大致相同,又增加一项特别条款,宣布主教制是一种无法忍受的负担,是长期以来人民所厌恶的,应当废除。三名专员携带《政府文书》前往伦敦。阿盖尔

阿盖尔公爵阿奇博尔德·坎贝尔主持威廉二世和玛丽二世的加冕礼

公爵阿奇博尔德·坎贝尔主持了加冕宣誓。威廉二世在接受王位时声称不会成为支持任何教派的迫害者。

詹姆斯七世垮台之后是圣公会的垮台,圣公会受到大多数人的憎恨。1688年的圣诞节,人们私自展开报复行动,西部低地地区的助理牧师或教区牧师遭到普遍攻击。约有二百名助理牧师和其家人遭到各种各样的侮辱和虐待,并被立即赶出居所。威廉二世不赞成这种过分的行为,但无法制止,因为在特威德河以北没有一个兵团。威廉二世发布一项公告,命令所有人放下武器,但几乎没有人理会,骚乱继续。如果主教们宣誓,威廉二世很可能会保护他们。但主教们仍然忠于旧主詹姆斯七世,要与詹姆斯七世共存亡。有一段时间,一切都是混乱的。在一些教区,助理牧师一如既往地担任神职,而在另一些教区,长老会的神职人员则在帐篷里举行礼拜,或者非法占据讲坛。直到1690年6月,长老会才根据法律得以重建。查理二世统治时期遭到驱赶的牧师中,有六十人还活着,他们有权视察所有教区,把所有他们认为能力不足、道德败坏或信仰不健全的助理牧师都赶出去。那些被赶出去的助理牧师的住处都宣布空置。这种对待教会的方式冒犯了主教和长老会极端派,他们不赞成国王干涉教会事务。主教和长老会极端派都继续把威廉二世和玛丽二世视为篡位者。

第一次大会召开时,辉格党和雅各比派①都担心主教和长老会极端派与威廉二世和玛丽二世之间会爆发冲突。城市的地窖里藏着大量盟约派成员,盟约派成员从西部来爱丁堡威吓雅各比派。而乔治·戈登公爵则为詹姆斯七世守着城堡。如果乔治·戈登公爵愿意,他早就把枪口对准爱丁堡这座城市了。但雅各比派发现自己属于少数派,所以决定离开爱丁堡,在斯特灵举行一次与盟约派竞争的大会。雅各比派都一致同意阿索尔公爵约翰·默里带领一支高地部队来保护他们。但这个计划没有协调好。在其他人还没有准备好时,邓迪子爵约翰·格雷厄姆就匆匆出发了。好在及时发出警报,邓迪子爵约翰·格雷厄姆带领的人安全撤退。邓迪子爵约翰·格雷厄姆撤退到高地的家中,一段时间之内都在那里按兵不动。几个月后,詹姆斯七世写给邓迪子爵约翰·格雷厄姆的信落入政府手中,于是政府发出对邓迪子爵约翰·格雷厄姆的逮捕令。因此,邓迪子爵约翰·格雷厄姆行动起来,召集各部族拥立詹姆斯七世。许多人与邓迪子爵约翰·格雷厄姆并肩战斗,与其说他们是出于对詹姆斯七世的爱,倒不如说是出于对阿盖尔公爵阿奇博尔德·坎贝尔的恨。休·麦凯将军带领三个兵团北上奉命攻打邓迪子爵约翰·格雷厄姆,但休·麦凯将军不习惯高地人的战斗方式,浪费了几个星期的时间到处追赶与他进行游击战的敌人。邓迪子爵约翰·格雷厄姆没有正规军,但正如蒙特罗斯伯爵詹姆斯·格雷厄姆之前做的那样,邓迪子爵约翰·格雷厄姆向世人表明凯尔特人只要有一个好领袖就可以培

---

① 詹姆斯七世党人。——原注

养出好士兵。由于邓迪子爵约翰·格雷厄姆和蒙特罗斯伯爵詹姆斯·格雷厄姆都是低地人,不会引起部族首领们的嫉妒,更适合担任凯尔特军队的最高统帅。在这支队伍中,每个部族都组成一个团,由共同的部族情谊维系在一起,所有人都注定要为他们的部族首领而战。因此,只要这些氏族之间不发生争斗,一切都进展顺利。邓迪子爵约翰·格雷厄姆写信向在爱尔兰的詹姆斯七世求助。但詹姆斯七世只派了由一个叫卡农的军官率领的三百名装备简陋的步兵。辉格党人的希望寄托在阿盖尔公爵阿奇博尔德·坎贝尔和西部的盟约派身上,但两人都没有实现人们的所有期望。阿盖尔公爵阿奇博尔德·坎贝尔是不能,因为近来其领地已经荒废了;盟约派是不肯,因为盟约派中很多人认为为一个没有签署《盟约》的国王而战是有罪的。然而,盟约派中有些人有不同的想法,于是这些人自己组成一个团,由安格斯伯爵詹姆斯·道格拉斯指挥,这个团叫"苏格兰步兵团"。

战争再次爆发。赢得阿索尔侯爵约翰·默里追随者的支持是双方的头等目标。为不受伤害,阿索尔侯爵约翰·默里本人去了英格兰,而阿索尔侯爵约翰·默里留下效力的人中,有些是效忠詹姆斯七世的,有些是效忠威廉二世和玛丽二世。保卫属于阿索尔侯爵约翰·默里的布莱尔城堡对双方都很重要。两军在布莱尔城堡附近、基利克兰基一个通往高地的山口相遇。凯尔特人在基利克兰基战役中取得辉煌胜利。各个部族的人手持利剑,怒发冲冠地冲下山口,击杀面前的仇敌。1689年7月27日,休·麦凯将军被迫带着能召集的被打散的几百人,逃到斯特灵。但战争的胜利是邓迪子爵约翰·格雷厄姆的战死换来的。因此,在没有领袖的情况下,胜利者想得更多的是掠夺,而不是乘胜追击敌人。雅各比派也没有人能接替邓迪子爵约翰·格雷厄姆的位置,巩固取得的有利形势。随着招募的新兵到来,人数虽然增加了,却只加剧了混乱。

一个月后,雅各比派袭击了驻扎在邓凯尔德的苏格兰步兵团。第一次进攻就占领了城镇,但城镇的士兵在教堂和阿索尔侯爵约翰·默里的房子里,积极自卫,最后高地人被击退。雅各比派与爱尔兰人互相指责,把战争的失败归咎

基利克兰基战役

于对方。战争结束后,各个部族分散,卡农带着爱尔兰人撤退到马尔。第二年,即1690年春天,各个部族再次聚集,由托马斯·巴肯率领。托马斯·巴肯由詹姆斯七世委派,受命担任苏格兰总司令。但托马斯·巴肯他们在斯佩河遭到蒂维厄特子爵托马斯·利文斯通的突袭,军队被驱散。蒂维厄特子爵托马斯·利文斯通为詹姆斯七世坚守因弗内斯。因弗内斯这一行动结束了苏格兰的内战,因为乔治·戈登公爵早就放弃了爱丁堡城堡。为维持西部部族的秩序,休·麦凯将军在因弗内斯西部修建了一座堡垒,取名"威廉堡",以纪念威廉二世。巴斯上的城堡位于福斯湾的一块岩石上,是詹姆斯七世坚守的最后一个地方,但由于守军缺乏食物,最终不得不投降。

蒂维厄特子爵托马斯·利文斯通

休·麦凯将军

部族首领们并没有向威廉二世宣誓，显然部族首领们在等待新领袖出现领导下一次行动。政府为争取这些部族首领的支持，给了布雷多尔本和霍兰伯爵约翰·坎贝尔大笔钱财。但布雷多尔本和霍兰伯爵约翰·坎贝被指控欺骗部族和威廉二世，私自保留部分钱财，而且从来没有说清楚这笔钱的具体用途。与此同时，政府宣布一道敕令，所有在1691年12月31日之前或当天向威廉二世和玛丽二世宣誓的叛乱者都将获得赦免。而那些没有借此机会向威廉二世和玛丽二世宣誓的人，之后都将被视为国家的敌人和叛徒，并且政府为实施这一威胁做好了战争的准备。

到了规定的那一天，除住在格伦科的麦克唐纳家族一个部落的首领格伦科的麦克伦以外，所有的家族都已向威廉二世和玛丽二世宣誓。格伦科是阿盖尔西北角一个荒凉的山谷。在最后一天，也就是1691年12月31日，格伦科的麦克伦才和主要部族成员前往威廉堡宣誓，但发现威廉堡没有一个人有权主持宣誓仪式，最近的地方长官在因弗雷里。由于地面上覆盖着厚厚的积雪，格伦科的麦克伦一行走了几天才到达威廉堡。地方治安官考虑到格伦科的麦克伦的友好态度和路上遭遇的耽搁，在1692年1月6日主持了宣誓仪式，并把整个事件的经过报告给了爱丁堡的枢密院。然而不幸的是，布雷多尔本和霍兰伯爵约翰·坎贝尔是格伦科的麦克伦的死敌，他和斯泰尔伯爵詹姆斯·达尔林普尔决

斯泰尔伯爵詹姆斯·达尔林普尔

定除掉格伦科的麦克伦。布雷多尔本和霍兰伯爵约翰·坎贝尔和斯泰尔伯爵詹姆斯·达尔林普尔起草了一份铲除整个麦克唐纳家族的命令呈给威廉二世。威廉二世签字之后，他们以冷血、毫无道义的方式执行命令。一群士兵在格伦莱昂的坎贝尔的指挥下出现在格伦科。这群士兵自言作为朋友而来，受到友好的欢迎，并在两周内得到麦克唐纳家族的热情款待。然而1692年2月13日凌晨，背叛和杀戮于无声中展开，格伦莱昂的坎贝尔一行几乎杀死了格伦科里所有的居民，无论老幼。然后烧毁房屋，赶走牲畜，掠夺一切，致使那些死里逃生的人冻饿而死。威廉二世签署该命令时，是否知情不得而知，没有惩罚那些以他的名义进行格伦科大屠杀的人却是事实。尽管四年以后，这件事闹得沸沸扬扬，威廉二世也的确委托枢密院去调查此事，但并没有让斯泰尔伯爵詹姆斯·达尔林普尔接受审判，即使他被明确地指为有罪。

　　就在此时，苏格兰民众的注意力全都被吸引到在达里恩的地峡建立新殖民地的计划上。苏格兰人满脑子都是达里恩计划，无暇顾及其他。达里恩计划由威廉·帕特森提出。威廉·帕特森也是英格兰银行的创始人。威廉·帕特森认为自己找到了一条通往印度群岛的捷径，而克里斯托弗·哥伦布和那个时代其他航海家们寻找的东西都是徒劳无功的。威廉·帕特森计划在连接南北美洲的地峡上建立一个殖民地，使之成为东方货物运往欧洲的必经之路，从而缩短漫长的海上航程。威廉·帕特森描绘了无数财富带来的光辉图景，而只有那些有远见、愿意加入这项事业的人才能获得这些财富。威廉·帕特森的公司获得一份特许状，在与亚洲、非洲和美洲的贸易中享有三十一年的垄断权，除糖和烟草外，所有货物均可免税进口。从来没有哪个计划如此受欢迎，每个人都急于分一杯羹。苏格兰有一半的财富都投到这个计划中，穷人和富人都被威廉·帕特森关于土地肥沃、气候适宜的谎言欺骗，都急于赶往这个新殖民地。想去的人从汉堡和阿姆斯特丹购得船。1698年7月25日，一千二百名移民乘船启航，安全抵达达里恩湾。一千二百名移民在达里恩湾建立定居点，命名为新喀里多尼亚，还建造城镇和要塞，分别命名为新爱丁堡和圣安德鲁斯。但要建立

格伦科大屠杀

移民登船前往新喀里多尼亚

这样一个有希望成功的贸易市场,他们需要得到欧洲贸易大国的善意和帮助。然而相反的是,英格兰和荷兰强烈反对达里恩计划,认为达里恩计划是对英格兰和荷兰贸易权的干涉。东印度公司认为把东方的货物运到苏格兰是对其特权的侵犯。西班牙也声称达里恩是西班牙的,并扣押一艘苏格兰的商船。而北美英格兰殖民地的总督拒绝让这些苏格兰移民获得补给。除了来自外界的困难,这里的气候也极其恶劣。疾病迅速减少了苏格兰移民的数量,最后部分幸存者高兴地逃离了几乎确定的死亡,离开新定居点,扬帆前往纽约。与此同时,有关这次冒险成功的报道却在苏格兰国内传开。1699年8月,又有一千三百名移民,在不知道前人命运的情况下启航。这一千三百名移民发现殖民地被遗弃,殖民者也已离开,自己的处境并不比第一批定居者好多少,几个月后这一千三百名移民就被西班牙人赶了出去。苏格兰人对达里恩计划的失败深感屈辱和愤怒,把殖民者的所有灾难都归咎于威廉二世,因为威廉二世既没有提

东印度公司纹章

供帮助，也没有阻止西班牙的干涉。特许状是苏格兰政府颁发的，当时威廉二世人在荷兰，对此并不知情。虽然威廉二世无法记起此事，但如果对一项可能破坏东印度贸易公司贸易的计划表示支持，并且这个计划一旦成功，对英格兰臣民将是不公平的。此事使苏格兰和英格兰交恶。很明显，如果苏格兰和英格兰之间没有更紧密的结合，裂痕就会随之出现。

1702年3月8日，就在英格兰议会审议建立联合王国的计划时，威廉二世驾崩。自1694年玛丽二世驾崩后，威廉二世一直独自统治。现在苏格兰和英格兰两个王国的王位都传给了詹姆斯七世的小女儿安妮·斯图亚特①。

威廉二世和玛丽二世统治时期，苏格兰国民教育体系得以重塑，使苏格兰成为一个兼具智慧和知识渊博的民族。1696年通过《教育法》，要求每个教区提供一所合适的校舍，并出资给一名符合资格的校长，为教区儿童提供教育。

詹姆斯七世比其外甥威廉二世早几个月在法兰西王国去世。詹姆斯七世的儿子詹姆斯·弗朗西斯·爱德华·斯图亚特在法兰西王国被宣布为詹姆斯八世。这迫使辉格党急于在苏格兰通过类似英格兰《王位继承法》的法案。根据英格兰《王位继承法》，英格兰议会决定，如果安妮女王死后无继承人，王位应传给最近的詹姆斯六世的外孙女汉诺威的索菲娅及其新教徒后裔。但由于后来与英格兰的分歧，苏格兰庄园主的自尊心受到伤害，感到愤怒，于是通过《王位继承法》法案。《王位继承法》明确规定同一个人不应该继承两国的王位，除非安妮女王在位期间采取措施确保苏格兰民族的荣誉和独立不受英格兰的影响。任何时候向英格兰宣战的权利都属于苏格兰议会。

就在此时发生的一件事使苏格兰和英格兰两国交恶更严重。一艘英格兰商船"伍斯特"号因恶劣的天气被逼进福斯湾。苏格兰人扣押了"伍斯特"号，因为前一段时间东印度公司曾扣留了一艘苏格兰的商船。从一些船员的谈话中可以推测，"伍斯特"号上的人杀害了一艘失踪的"达里恩湾号"的船长和船

---

① 即位后称安妮女王。——译者注

詹姆斯·弗朗西斯·爱德华·斯图亚特

汉诺威的索菲娅

安妮女王

员。根据这项指控，"伍斯特号"的船长托马斯·格林、大副和船员被带到海军部高等法院受审。根据一名黑人奴隶的证言，他们被判有罪，船长托马斯·格林、大副和一名船员被绞死。但后来人们发现船长托马斯·格林他们并没有犯下被指控的罪行，因为这艘失踪的船已经在马达加斯加岛靠岸，船长德拉蒙德当时就在那里。无论苏格兰人蒙受怎样的冤屈，此次非法行为之后，英格兰人都有非常恰当的理由来控诉他们。

非常明显，如果苏格兰和英格兰两个国家要和平共处，就必须把它们的议会和商业利益合二为一。双方都派委员来考虑实现合并的最佳方式。英格兰财政部大臣悉尼·戈多尔芬伯爵和苏格兰皇家专员昆斯伯里公爵詹姆斯·道格拉

悉尼·戈多尔芬伯爵

昆斯伯里公爵詹姆斯·道格拉斯

斯是合并的主要推动者。委员们起草了《合并条约》,并得到两国议会的批准。根据《合并条约》的条款,苏格兰、英格兰两国的王位由汉诺威的索菲娅的新教继承人继承。当时两国建立的国家教会都由新教控制,确保了王位的安全。苏格兰将从贵族议员中选出十六名上议院议员,从下议院中选出四十五名平民议员,进入威斯敏斯特议会,从此被称为大不列颠议会。双方进一步商定,两国军队共用一枚印章,为两国服务,两国应享受同样的消费税和关税,并应享有同样的贸易特权。大不列颠全岛都要使用同样的货币和度量衡。苏格兰法院、高等法院和最高民事法院将保持不变，只是原来由最高民事法院处理的上诉，现在要交给上议院。迄今为止，在所有民事案件中，苏格兰最高民事法院都是至高无上的。除《合并条约》里的二十五个正式条款以外，还通过了一项特别法案，以确保苏格兰教会一直享有的自由，并宣布长老教会是苏格兰唯一的教会政府。1707年10月23日，合并后的大不列颠第一届议会召开会议。

在此之前，苏格兰和英格兰两个王国的立法机构曾分别在爱德华一世和奥利弗·克伦威尔的统治下两次合并。但那两次合并，每一次都是征服的结果，持续的时间不长。而这次合并注定会更加持久，使苏格兰和英格兰更加繁荣。对苏格兰来说，这是一个全新状态的开始。到目前为止，为争取民族独立生活的斗争使苏格兰没有时间从事国内的发展。苏格兰和英格兰合并时，苏格兰既没有制造业，也没有航运和商业。随着苏格兰不再是一个独立的国家，一种新的社会生活开始，唤醒了苏格兰的工业和企业精神，这种精神使苏格兰的人民在贸易、制造业和农业方面取得了今天的成就。但合并也最后一次打击了苏格兰贵族的权力。无论如何，苏格兰贵族都不能与英格兰王国的贵族平起平坐。在这段时间，平民百姓饱受歧视和压迫，但合并使他们获得了更多的尊严和独立，使他们得以分享他们用武力为自己赢得的自由和特权。但对苏格兰的繁荣来说，更重要的是取消了所有对苏格兰贸易的限制，现在苏格兰和英格兰贸易上的地位是一样的。在王位合并之后的半个世纪，苏格兰享受着与英格兰及其殖民地的自由贸易。但这一切很快就被复辟之后的斯图亚特王朝通过的《航海法案》终结。《航海法案》禁止任何外国货物进入英格兰，但英格兰的商船除外。正如苏格兰人抱怨的那样，这正是他们不断发展的商业遭到破坏的原因。

在王位和议会合并期间，文学和艺术几乎没有什么发展。很大程度上是因为就在其他所有国家都开始用自己的语言代替拉丁语写作的时候，苏格兰宫廷却迁移到伦敦。在迁到伦敦的苏格兰宫廷里，苏格兰低地的通用语言诺森伯兰英语被视为一种地方方言而遭人鄙视。受过教育的人如果希望别人读其作品，就不会用这种方言写作。这一时期,这个国家的杰出人才被征召到宗教斗争中,宗教斗争占据了所有人的思想,造就了许多口才出众、学识渊博的神学家。这一时期的文学,就像战争、暴政和迫害一样,主要带有宗教色彩。各教派的领袖中,有许多学识渊博、才华横溢的人,他们或以著述,或以口才著称。在长老会教徒中,著名的有约翰·诺克斯的女婿约翰·韦尔奇、亚历山大·亨德森、抗辩派的殉道者詹姆斯·格思里,以及因善于辩论被称为"保王党之锤"的乔治·吉莱斯皮。圣公会也有一些值得夸耀的学术神学家,如约翰·福布斯和帕特里克·福布斯,以及格拉斯哥大主教罗伯特·莱顿。这一时期的诗人很少,没

乔治·吉莱斯皮

霍桑登的威廉·德拉蒙德

有能与早期的诗人相媲美的。霍桑登的威廉·德拉蒙德是其中的佼佼者，但因模仿当时盛行于英格兰的方言和风格掩盖了其本身的天分。许多优美的歌谣和歌曲都是在这个时期创作的，苏格兰人或许有理由为此感到自豪。歌谣和歌曲作者却不为人知。苏格兰的音乐家们也不为人知，或者说被人遗忘了。苏格兰的音乐家们用狂野而甜美的曲调演唱着这些歌曲，用悲怆的旋律演绎着使民族音乐如此独特优美的乐曲。最早收藏这些曲调的一份手稿似乎可以追溯到16世纪。乔治·詹姆森是苏格兰最早的著名画家，我们认为那个时代栩栩如生的英雄人物肖像画出自乔治·詹姆森之手。乔治·詹姆森出生在阿伯丁，1620年作为肖像画家定居在家乡。但盟约派的精神是反对艺术的。虽然盟约派激发了英雄事迹，但没有关于盟约派的歌谣。这一时期的建筑甚至比诗歌还要糟糕，因为昔日的教堂被拆毁，新建的教堂都极其丑陋，缺少品味。默奇斯顿的约翰·内皮尔是一位热心的改革家，著有《天启的解释》一书。在科学界，默奇斯顿的约翰·内皮尔以发明对数而闻名。对数是一种巧妙而简单的方法，可以简化复杂的数值计算。

英格兰和苏格兰王位合并，结束了两国在边境上不断发生的小规模冲突，结束了几个世纪来使两国互相仇视的破坏性入侵。因此，在从共主联邦到议会合并的一个世纪里，苏格兰本应取得巨大的社会进步。但无休止的党派斗争阻止了社会进步，使18世纪的苏格兰蒙羞，也使这个时期成为整个苏格兰民族

默奇斯顿的约翰·内皮尔

历史上对人民最具灾难性和压迫性的时期之一。詹姆斯六世认为大臣们的严格约束和不断干涉是令人厌烦的,他也没有重视贵族们蠢蠢欲动、想要独立的心思。因此,詹姆斯六世很高兴能从大臣和贵族这两个麻烦中脱身,接受好运的召唤,到更富裕的王国。童年的严酷训练使詹姆斯六世对长老会政体恨之入骨,一旦有了权力,就改变教会政府,并引进各种人们厌恶的宗教仪式。其子查理一世更过分,试图用英格兰的祈祷文代替苏格兰的祈祷文,迫使人民举起反抗大旗,战争由此开始。查理一世试图把父亲继承下来的英格兰王国的风俗强加给他继承的苏格兰王国,结果失去两国的支持。从奥利弗·克伦威尔征服苏格兰到他去世,苏格兰曾有过短暂的繁荣。在下一任斯图亚特王朝,也就是苏格兰一直效忠的查理二世的领导下,苏格兰政府被委托给一个委员会,但这个委员会实施冷血的暴政,人民对此无能为力。这种恐怖统治只会使人们的宗教偏见更加根深蒂固。当暴君詹姆斯七世被废黜时,民众自然把仇恨的情绪狠狠地投射到圣公会神职人员身上,但民众个人对在宗教狂热掩盖下犯下的罪行毫无责任。威廉二世统治时期,长老会政体得以重建,圣公会的神职人员也因严酷的法律和党派感情上的不宽容而遭受许多苦难。然而,这与查理二世和詹姆斯七世不光彩统治下的血腥迫害相比,简直是小巫见大巫。

第8章
合并后时期

精彩看点

对合并不满——王朝更迭——詹姆斯党人叛乱——政府的措施——英格兰北部起义——谢里夫米尔战役——詹姆斯·弗朗西斯·爱德华·斯图亚特的到来——审判和惩罚——麦芽税引发的骚乱——波蒂厄斯暴乱——1745年起义——占领爱丁堡——普雷斯顿潘斯战役——福尔柯克穆尔战役——卡洛登战役——查尔斯·爱德华·斯图亚特流亡——1745年起义之后的惩罚——废除奴隶制——攻击罗马天主教教徒——对煽动性犯罪的审判——《改革法案》——宗教教派——苏格兰教会的分裂——社会进步——文学和艺术——本章小结

尽管与英格兰合并对苏格兰来说是好事一桩，但人们很久之后才发现其中的好处。合并再次引起苏格兰人已长久存在的猜忌，苏格兰人认为他们一直心心念念的独立正在被剥夺，于是很多地方发生骚乱。虽然得到忠贞勋章、王冠不会被带出苏格兰王国的保证后，人们平静下来，但在很长一段时间内，合并非常不受欢迎，此后发生的诸多不幸皆源于此。当时主要在高地地区仍有一大群人依附于詹姆斯·弗朗西斯·爱德华·斯图亚特，人称圣乔治骑士，辉格党人称之为"老僭王[①]"。詹姆斯党在英格兰只是一个空洞的词，用来表达对现状的不满。但在苏格兰意义很大，那是一种对古代君主忠诚和爱戴的传统情感。因此，很多人已经做好准备，在需要的时候为国王的代表詹姆斯·弗朗西斯·爱德华·斯图亚特献出土地，或者必要时可以献出生命。安妮女王也是斯图亚特家族的一员，大家都希望安妮女王的弟弟能继承王位。但只要安妮女王还活着，就没有任何爆发战争的理由。

安妮女王驾崩后，根据《王位继承法》，汉诺威的索菲娅的儿子乔治·路易[②]顺理成章继承王位。但不久之后，乔治一世和其神圣罗马帝国亲信很不受欢迎。这给詹姆斯党带来希望。如果詹姆斯党为詹姆斯·弗朗西斯·爱德

---

① 老王位觊觎者。——原注
② 即位后为乔治一世。——译者注

华·斯图亚特举起起义大旗,那么苏格兰和英格兰两个王国所有不满之人都会加入,试图让詹姆斯·弗朗西斯·爱德华·斯图亚特回到祖先的宝座。

这种尝试要能成功,必须具备三个条件:第一,苏格兰和英格兰两个王国要同时行动;第二,要得到法兰西王国的援助;第三,他们为之而战的王子詹姆斯·弗朗西斯·爱德华·斯图亚特要同他们一起,亲自带领他们。然而在这次不幸的叛乱中三者皆无。虽然六周后乔治一世才从汉诺威来到英格兰,但詹姆

乔治一世

路易十五

斯·弗朗西斯·爱德华·斯图亚特在姐姐安妮女王驾崩后并没有亲自去争取王位。在此期间，1714年8月29日，在普隆比耶尔，詹姆斯·弗朗西斯·爱德华·斯图亚特发表一份宣言，宣称自己有权继承王位并解释说，姐姐安妮女王活着时，他一直保持沉默，因为他从不怀疑安妮女王有意让他继承王位。然而一年已经过去了，詹姆斯·弗朗西斯·爱德华·斯图亚特都没有实质性的行动。就在起义计划全部完成时，詹姆斯·弗朗西斯·爱德华·斯图亚特最好的朋友、法兰西王国的路易十四驾崩，其年幼的曾孙法兰西的路易十五继位。奥尔良公爵腓力二世成为摄政王，倾向于与英格兰政府交好。事实上，奥尔良公爵腓力二世摄政时期是英法两国之间少有的、真正友好的时期之一。奥尔良公爵菲利普二世下令把停泊在勒阿弗尔的船上的武器卸下来，存放在皇家弹药库。这些武器本来是为詹姆斯·弗朗西斯·爱德华·斯图亚特准备的。这些船是支援苏格兰起义军的。1715年9月6日，约翰·厄斯金男爵在苏格兰克朗河和迪伊河的交界处为詹姆斯·弗朗西斯·爱德华·斯图亚特升起战旗。约翰·厄斯金男爵一开始是辉格党成员，但由于经常改变立场，人们给他起了个绰号叫"墙头草"约翰。在就职时，约翰·厄斯金男爵曾经写信给乔治一世以表忠诚。但后来由于政府

奥尔良公爵腓力二世

约翰·厄斯金男爵

部门的变化,约翰·厄斯金男爵失去苏格兰事务大臣一职。看到重新得回苏格兰事务大臣这一职务无望,约翰·厄斯金男爵转而成为狂热的詹姆斯党人,也是詹姆斯党在苏格兰的领袖。就在动身为詹姆斯·弗朗西斯·爱德华·斯图亚特到高地地区召集起义的前一天,约翰·厄斯金男爵被乔治一世召见。北上之前,约翰·厄斯金男爵给詹姆斯党的主要人物写信,邀请他们参加狩猎比赛。参加这次比赛的有乔治·戈登公爵的长子——亨特利侯爵亚历山大·戈登,阿索尔公爵约翰·默里的长子——塔利巴丁侯爵威廉·默里,索塞斯克伯爵詹姆斯·卡内基,麦克唐纳家族的首领格伦加里·麦克唐纳及其他人。他们都以詹姆斯·弗朗西斯·爱德华·斯图亚特将军的身份发誓要对彼此忠诚,对约翰·厄斯金男爵忠诚，然后回各自地区召集追随者。虽然升起战旗时只有六十人，但北方部族已在月底前起义。阿伯丁、布里金和邓迪宣布归顺詹姆斯·弗朗西斯·爱德华·斯图亚特，很快几乎整个泰河以北的地区都落入起义军手中。起义军制定了攻占爱丁堡的计划，但因计划泄露而失败。

当时整个大不列颠岛的兵力不过八九千人，其中在苏格兰的兵力不超过一千五百人。因为当时预计英格兰西南各郡县的暴动要比北方叛乱危险得多，所以也无法派更多士兵前往北方。阿盖尔公爵约翰·坎贝尔被任命为苏格兰军

阿盖尔公爵约翰·坎贝尔

队的最高统帅。阿盖尔公爵约翰·坎贝尔的家族是斯图亚特家族的死敌，在苏格兰国土上几乎拥有国王般的权力，这使阿盖尔公爵约翰·坎贝尔最有可能与斯图亚特家族相抗衡。萨瑟兰伯爵约翰·戈登支持政府，也被派往北方召集追随者。议会还暂时终止《人身保护法》，悬赏十万镑捉拿"老僭王"一派，无论生死。乔治一世还被授权可以逮捕所有嫌疑人。许多嫌疑人被传唤到爱丁堡。乔治一世要他们保证不会与政府为敌，但没有一个人来。事实上，有些人恰恰是因这一传唤才拿起武器为詹姆斯·弗朗西斯·爱德华·斯图亚特而战，其中几个有名的詹姆斯党人被关在爱丁堡城堡。

政府采取的积极措施镇压了英格兰西部蓄谋已久的暴动，却加快了北部起义的步伐。逮捕诺森伯兰议员托马斯·福斯特和德温特沃特伯爵詹姆斯·拉德克利夫的命令传来。两人一听到消息，立即拿起武器，很快就召集了三百骑兵。大约同一时间，肯穆尔子爵威廉·戈登在莫弗特宣布为詹姆斯·弗朗西斯·爱德华·斯图亚特而战，尼斯代尔伯爵威廉·马克斯韦尔、温顿伯爵乔治·西顿、康沃斯伯爵罗伯特·达尔泽尔与其他几位知名人士纷纷加入。肯穆尔子爵威廉·戈登带领大约二百骑兵与托马斯·福斯特的军队一起向凯尔索进军，并在凯尔索等待麦金托什准将的到来。麦金托什准将正领约一千四百人的分遣队南下，绕过三艘英格兰军舰，将约翰·厄斯金男爵的军队安全护送到福斯湾。这支大约有两千多人的联军沿边境前行。经过多次争论和犹豫之后，领导者最终决定进入兰开夏郡，他们希望兰开夏郡的罗马天主教徒能够起义与自己并肩作战。在彭里斯，卡莱尔主教威廉·尼科尔森和朗斯代尔子爵亨利·劳瑟召集起来的地方民兵逃跑后留下许多马匹。取得这次胜利后，起义军继续前进，边走边称颂詹姆斯·弗朗西斯·爱德华·斯图亚特，并且开始征税。1715年11月9日，起义军到达普雷斯顿。在普雷斯顿，一群武装不善、不守纪律的新兵加入。当乔治一世的军队出现时，托马斯·福斯特并没有努力保卫普雷斯顿这座城市。1715年11月12日，在惊慌失措中托马斯·福斯特被俘，托马斯·福斯特与其多达一千四百人的追随者一起投降。

托马斯·福斯特

德温特沃特伯爵詹姆斯·拉德克利夫

肯穆尔子爵威廉·戈登

尼斯代尔伯爵威廉·马克斯韦尔

与此同时，在苏格兰为詹姆斯·弗朗西斯·爱德华·斯图亚特张罗事务的约翰·厄斯金男爵情况几乎同样糟糕。1715年9月28日，约翰·厄斯金男爵率领五千大军进入珀斯。1715年10月2日，一支拥有八十匹马的队伍缴获一艘载有三百件武器的船。这艘船原本是为北方的萨瑟兰伯爵约翰·戈登准备的，因天气恶劣而前往法夫海岸的本泰兰寻求庇护。然而，当约翰·厄斯金男爵的追随者因这一成功欢欣鼓舞时，约翰·厄斯金男爵却没有撤退，而是留在珀斯。1715年9月中旬，前去攻打约翰·厄斯金男爵的阿盖尔公爵约翰·坎贝尔抵达苏格兰，进军斯特灵。当时阿盖尔公爵约翰·坎贝尔的手下只有一千五百人，但在与约翰·厄斯金男爵试图交战之前，爱尔兰援军加入使军队人数多了不止一倍。直到1715年11月10日，约翰·厄斯金男爵才离开珀斯，向南行军一直到阿多赫。阿盖尔公爵约翰·坎贝尔则带领军队向邓布兰进发。1715年11月13日，星期日，在谢里夫米尔两军遭遇，展开一场战斗。谢里夫米尔是奥希尔山麓斜坡上的一处沼泽。但谢里夫米尔战役的结果令人匪夷所思。两支军队都打败了对方的左翼，然后从战场上撤退，起义军约翰·厄斯金男爵退到阿多克，阿盖尔公爵约

谢里夫米尔战役

翰·坎贝尔退到邓布兰。双方损失差不多同样数量的人，但双方都宣称取得胜利。第二天，阿盖尔公爵约翰·坎贝尔占领战场。谢里夫米尔战役结束后，阿盖尔公爵约翰·坎贝尔回到斯特灵，约翰·厄斯金男爵回到珀斯。在珀斯，各部族纷纷开始离开约翰·厄斯金男爵，像往常一样带着战利品回家。同时，阿盖尔公爵约翰·坎贝尔的军队增加了六千名士兵。

　　直到追随者在一个国家被俘，在另一个国家失去斗志，詹姆斯·弗朗西斯·爱德华·斯图亚特才终于现身。1715年12月22日，詹姆斯·弗朗西斯·爱德华·斯图亚特在彼得黑德登陆，随行的只有六人。约翰·厄斯金男爵迎接他之后，他们一同前往斯昆。他们在斯昆发表了六项声明，并把加冕日期定在1716年1月23日。詹姆斯·弗朗西斯·爱德华·斯图亚特登陆的消息在某种程度上使追随者振奋，但詹姆斯·弗朗西斯·爱德华·斯图亚特和追随者双方见面后都很失望。詹姆斯·弗朗西斯·爱德华·斯图亚特认为追随者人数太少，追随者们则认为詹姆斯·弗朗西斯·爱德华·斯图亚特又笨又蠢。不久之后，一艘为起义军运送黄金的法兰西船搁浅，黄金也丢失了。最后，阿盖尔公爵约翰·坎贝尔开始进攻从珀斯撤退的詹姆斯·弗朗西斯·爱德华·斯图亚特，而詹姆斯·弗朗西斯·爱德华·斯图亚特的撤退引起各部族的反感。詹姆斯·弗朗西斯·爱德华·斯图亚特先从珀斯退到邓迪，又从邓迪退到蒙特罗斯。就在詹姆斯·弗朗西斯·爱德华·斯图亚特离开珀斯十二小时后，阿盖尔公爵约翰·坎贝尔进入珀斯。但在追捕叛军过程中阿盖尔公爵约翰·坎贝尔表现得十分松懈，以至人们对其忠诚产生了怀疑。1716年2月4日，詹姆斯·弗朗西斯·爱德华·斯图亚特与约翰·厄斯金男爵，以及其他几个贵族乘船秘密前往法兰西王国。走时詹姆斯·弗朗西斯·爱德华·斯图亚特给阿盖尔公爵约翰·坎贝尔留下一封信，信中说他带的所有钱财都是为珀斯附近村里的穷人谋福利，而这些村子却都按阿盖尔公爵约翰·坎贝尔的命令烧毁了。詹姆斯·弗朗西斯·爱德华·斯图亚特的追随者发现他们的领导者抛弃了他们，感到既悲伤又失望，于是回了自己的家乡。大多数军官逃到奥克尼，然后又从那里逃到欧洲大陆。

詹姆斯·弗朗西斯·爱德华·斯图亚特在彼得黑德登陆

詹姆斯·弗朗西斯·爱德华·斯图亚特进入邓迪

几乎没有囚犯被囚禁在苏格兰。在普雷斯顿被抓的人当中,半薪军官作为逃兵被立即枪杀,普通士兵被囚禁在切斯特和利物浦,士兵的头领则双手被捆在背后,由马牵着,押到伦敦。六名贵族,即尼斯代尔伯爵威廉·马克斯韦尔,温顿伯爵乔治·西顿,康沃斯伯爵罗伯特·达尔泽尔,肯穆尔子爵威廉·戈登,威廉·威德林顿男爵和奈恩勋爵威廉·默里,都因被控叛国罪而被上议院传讯。除了温顿伯爵乔治·西顿,其他人都已认罪,表示愿意接受国王的恩典。但他们都被判处死刑,这一判决只在德温特沃特执行。肯穆尔子爵威廉·戈登、奈恩勋爵威廉·默里和康沃斯伯爵罗伯特·达尔泽尔被判缓刑,尼斯代尔伯爵威廉·马克斯韦尔在被判处的执行死刑日期的前一天晚上在妻子的帮助下逃走,温顿伯爵乔治·西顿虽然被判有罪,但逃脱了。托马斯·福斯特、布里格迪尔·麦金托什和其他几个人也同样幸运地逃脱了。但地位较低的人,二十二人在兰开夏被处以绞刑,四人在伦敦被处以绞刑。1717年议会通过《大赦令》,释放了康沃斯伯爵罗伯特·达尔泽尔、威廉·威德林顿男爵、奈恩勋爵威廉·默里和所有仍在狱中的人,但没有归还他们因叛国而被没收的领地。第二年,即1718年,詹姆斯党又策划了一个阴谋。西班牙和瑞典都参与其中,西班牙承诺会提供资金援助,而瑞典国王卡尔十二世承诺会率领一万两千名士兵入侵苏格兰。但后来被发现了,涉嫌参与的人被捕,从而阻止了此次阴谋。

1713年,有人提议苏格兰增收和英格兰一样的麦芽税。但这一措施遭到苏格兰议员的强烈反对,几乎威胁要退出联合王国。最后,在1724年决定对每桶啤酒征收三便士的税,而不再征收麦芽税。尽管这次议员们同意征收新税,人民却不同意,于是格拉斯哥爆发了一场严重的骚乱。由布谢尔上尉指挥,从爱丁堡派出两队步兵去平息骚乱。布谢尔上尉命令部下开火,造成九人死亡,多人受伤,但这只徒增了骚乱者的愤怒。布谢尔上尉险些被暴徒撕碎,但侥幸逃脱,不得不到邓巴顿城堡寻求庇护。直到指挥官乔治·韦德调集一支强大到足以使暴徒望而生畏的军队,并把俘虏的治安官押解到爱丁堡,骚乱才平息下来。治安官们在爱丁堡接受审判,然后被宣判为无罪。为避免纳税,爱丁堡的

瑞典国王卡尔十二世

乔治·韦德

啤酒酿造者签订一项契约，声称如果不解除关税，就不再酿造啤酒。因为怀疑担任苏格兰事务大臣的罗克斯伯勒公爵约翰·克尔煽动了不满情绪，造成这些混乱，罗克斯伯勒公爵约翰·克尔被撤职。最后，艾莱伯爵阿奇博尔德·坎贝尔被派往爱丁堡，成功平息了骚乱。布谢尔上尉因谋杀罪而受审并被判有罪，但后来得到赦免并晋升。

十二年后，即1736年，爱丁堡的波蒂厄斯暴乱再次打破了和平。一个叫安德鲁·威尔逊的走私犯，因参与一名海关官员被杀的纷争而被判死刑，但他以

罗克斯伯勒公爵约翰·克尔

参加暴乱的爱丁堡市民

巧妙的方式使一个同伙逃脱,获得了人民的同情。当安德鲁·威尔逊在干草市场被绞死时,有人向城市警卫队投掷石块。此时,城市警卫队队长约翰·波蒂厄斯命令手下开火,人群中几个无辜的人被打死或打伤。约翰·波蒂厄斯受到审判,以谋杀罪被判死刑。但从伦敦传来缓刑令。人们由此想起布谢尔上尉的案子,决心自己主持正义。就在原定执行死刑的前一天晚上,当约翰·波蒂厄斯和其朋友们举行宴会庆祝他脱险时,参加暴乱的人聚在一起。为防止出现意外,参加暴乱的人缴获了城市警卫队的武器,亲自把守城门,以防有任何消息传给驻扎在郊区的军队。然后,人们向托尔布斯前进。托尔布斯以前是议会大厦,但现在用作监狱。托尔布斯的大门非常结实,怎么也打不开,最后人们放火焚烧,狱卒才把钥匙扔出来。参加暴乱的人打开监狱大门,放走其他因犯,然后径直走到约翰·波蒂厄斯的牢房,把他从藏身的烟囱里拖出来,带到公开处决犯人的干草市场。在干草市场,人们用一根绳子把约翰·波蒂厄斯吊在染

吊死约翰·波蒂厄斯

厂的一根杆子上,绳子是在路上花了一个基尼①从一个商人的货摊上买来的。然后参加暴乱的人散去,没有吵闹,也没有进一步的暴力。尽管政府要求所有教区的牧师一年之内的每个月都要在讲道坛上宣读一份宣言,号召教众举报参与骚乱的暴民,但这些首要分子从未被找到。政府还提出一项法案,打算通过

---

① 英国旧时金币名。——原注

取消特许状、拆毁城门来羞辱爱丁堡这座城市。但这一措施并没有执行。唯一的惩罚是,宣布爱丁堡市长亚历山大·威尔逊今后不能担任公职,并对爱丁堡处以两千英镑的罚款以补偿约翰·波蒂厄斯的遗孀。

1719年,詹姆斯党企图再次叛乱,这次得到西班牙支持。此时,西班牙国王腓力五世在枢机主教朱利奥·阿尔贝罗尼的辅佐下,再次积极参与欧洲事务。英格兰加入反对西班牙的四国同盟。因此,西班牙准备帮助詹姆斯党推翻英格兰政府。塔利巴丁侯爵威廉·默里带领三百名西班牙士兵在刘易斯登陆。

西班牙国王腓力五世

格伦希尔战役

尽管已经集结了大约两千苏格兰高地人,但还是在格伦希尔被政府军队打败,原本送给詹姆斯党的物资和武器也在途中丢失。苏格兰高地人逃回山里,西班牙人投降,起义失败。但这些高地部族仍然没有被征服,随时准备再次起义。自1715年以来,乔治·韦德一直担任指挥官,在许多以前没有道路的地方修建通畅的道路,并通过了一项解除高地人武装的法案。但这项法案弊大于利。忠于政府的高地部族解除了武装,只会让他们无法抵抗叛军,因为叛军藏起武器,随时准备时机来临时使用。此时,英格兰卷入一场大陆战争,大部分军队都已离开英格兰王国。这对詹姆斯党来说似乎是再努力一次的有利时机。法兰西王国也承诺为詹姆斯党提供帮助。1744年年初,在敦刻尔克,集结了一支由莫里斯·德萨克斯①元帅指挥的一千五百人组成的军队,军队搭乘法兰西的运输船准备入侵英格兰。但舰队被一场风暴驱散,法兰西王国不愿再提供任何

---

① 莫里斯·德萨克斯元帅是法兰西军队中最具军事才能的将军之一。——原注

帮助。第二年，即1745年，"老僭王"之子查尔斯·爱德华·斯图亚特，人称"小僭王"，本来是这次远征的领队，决定自己冒险。1745年7月25日，在没钱、没武器，只有七个随从的情况下，查尔斯·爱德华·斯图亚特在因弗内斯西海岸的莫伊达特登陆，号召詹姆斯党各派集合起来追随他。各派领导者在洛希尔的唐纳德·卡梅伦的带领下，指出查尔斯·爱德华·斯图亚特的这种冒险行为极其愚蠢，但查尔斯·爱德华·斯图亚特坚持己见。于是，忠诚代替了理智，各派首

查尔斯·爱德华·斯图亚特

领承担使命,召集同族的人。1745年8月19日,在格伦菲兰,詹姆斯党人举起起义大旗,向大约一百名形形色色但热情高涨的追随者宣布任命查尔斯·爱德华·斯图亚特为摄政王。在与查尔斯·爱德华·斯图尔特会合的路上,詹姆斯党中已经有一小部分人迫使两个连的政府军缴械投降。他们预先尝到了胜利的滋味。这两个连的政府军正要去解救威廉堡守军,在途中被詹姆斯党人拦截。随之而来的是一系列意想不到的非凡成功。约翰·科普爵士带领政府能够召集的所有军队去对抗叛军。但由于约翰·科普爵士处理不当,不但没有把叛

约翰·科普爵士

詹姆斯·加德纳上校

军引到战场上,还让像滚雪球一样不断增加的高地军队顺利通过。当约翰·科普爵士向北行军时,高地人的军队在低地地区未遇到任何反抗就挺进珀斯,向爱丁堡进发,在爱丁堡宣布效忠詹姆斯七世。

得知高地人已经渡过福斯河,爱丁堡市民极度恐慌。詹姆斯·加德纳上校率领一小群志愿军和一个龙骑兵团向爱丁堡外出发,一直走到柯尔特桥,与叛军交锋。但当高地军一个侦察小分队打响第一枪时,詹姆斯·加德纳上校及其手下就转身飞奔回爱丁堡。这种可耻的逃亡被称为"科尔特布里格的逃跑"。查尔斯·爱德华·斯图亚特劝他们投降,束手无策的地方治安官不知如何是好,试图通过反复传递信息来拖延时间。次日,即1745年9月17日清晨,洛希尔领主卡梅伦·唐纳德率领一支卡梅伦家族的五百人的军队突袭,进入爱丁堡的一个城门。然后擒住守门警卫,打开城门,爱丁堡落入叛军手中。当天中午,掌礼官和纹章院的官员不得不在克罗斯宣布詹姆斯·弗朗西斯·爱德华·斯图亚特为詹姆斯八世,并宣读《王室宣言》,任命摄政委员会。同一天,查尔斯·爱德华·斯图亚特进入爱丁堡市,入住霍利鲁德宫。当晚,全城的詹姆斯党都聚集在舞会上庆祝查尔斯·爱德华·斯图亚特的到来。

查尔斯·爱德华·斯图亚特进入爱丁堡市

叛军在普雷斯顿潘斯战场上前进

与此同时，约翰·科普爵士率军由海路前来平定叛军，他们在邓巴登陆。查尔斯·爱德华·斯图亚特从爱丁堡出发迎战约翰·科普爵士。1745年9月20日，在普雷斯顿潘斯①附近的一个村子里，高地人的军队打败政府军，带着钱和大炮返回爱丁堡。在普雷斯顿潘斯战役中，詹姆斯·加德纳上校在自己庄园的围墙附近被杀。查尔斯·爱德华·斯图亚特在爱丁堡逗留期间，宫廷设在霍利鲁德宫。直到1745年11月1日，查尔斯·爱德华·斯图亚特率领一支五六千人的军队开始向英格兰进军。卡莱尔向查尔斯·爱德华·斯图亚特投降，于是查尔斯·爱德华·斯图尔留下守军保卫城堡，一路畅通无阻穿过普雷斯顿和曼彻斯特，1745年12月4日到达德比。此时，查尔斯·爱德华·斯图亚特的军队离伦敦只有两天路程，比乔治二世之子坎伯兰公爵威廉率领前来镇压他的军队还要近。伦敦出现恐慌，市民们猜想随时都会看到狂野的高地人进入并破坏伦敦。然而，人们根本没必要担心，因为此时叛军首领之间充满了猜忌和不

---

① 这么命名是因为那里制造的锅用来结晶海盐。——原注

睦。查尔斯·爱德华·斯图亚特在德比召开了一次战争会议，手下军官各抒己见。由于军官们不同意立即进军伦敦，查尔斯·爱德华·斯图亚特不得不违心地下令撤退，并带领那些垂头丧气的追随者尽快返回。坎伯兰公爵威廉紧随其后，在彭里斯附近的克利夫顿荒原上，两军发生一场小规模战斗，叛军占了上风。但叛军没有冒险停留，而是急忙北上，途经邓弗里斯和格拉斯哥时进行了募捐。

查尔斯·爱德华·斯图亚特到达斯特灵时，军队得到增援，人数增加到八九千，于是准备围攻斯特灵城堡。亨利·霍利中将从爱丁堡被派来以几乎同样的兵力剿灭叛军。1746年1月17日，两军在福尔柯克荒原相遇。就像约翰·科普爵士在普雷斯顿潘战役中的遭遇一样，在福尔柯克穆尔战役中亨利·霍利将军败得一塌糊涂，狼狈不堪。但查尔斯·爱德华·斯图亚特没有乘胜追击，摧毁皇家军队，而是在战场上消极应对，并允许其追随者劫掠被杀者。第二

战场上的查尔斯·爱德华·斯图亚特

坎伯兰公爵威廉

天,即1746年1月18日,查尔斯·爱德华·斯图亚特继续包围斯特灵。坎伯兰公爵威廉被派往北方,如愿全权负责镇压叛乱。1746年1月30日,坎伯兰公爵威廉抵达爱丁堡。1746年1月31日,坎伯兰公爵威廉率领一支军队出发,追捕叛军。查尔斯·爱德华·斯图亚特从斯特灵撤退,急忙北上,进入因弗内斯,占领乔治港和奥古斯塔斯港,在乔治港和奥古斯塔斯港获得了军队急需的食物、枪支和火药。

与此同时,乔治二世的军队包围了查尔斯·爱德华·斯图尔特的军队。叛军被困在贫瘠的山区,陷入绝境。从法兰西王国运来的物资还没到叛军手里就

卡洛登战役

被切断,好几天除了一点生燕麦片没有任何食物。很明显,这场战斗不可避免,叛军必将失败。卡洛登荒原就是在英格兰土地上最后一场战役——卡洛登战役的战场。由于饥饿,再加上长途跋涉和夜间进攻的失败,叛军疲惫不堪,很快屈服。1746年4月16日,叛军被坎伯兰公爵威廉纪律严明、人数几乎是他们两倍的军队击溃。来自法兰西王国的援军逃向因弗内斯,在因弗内斯缴械投降。叛军损失一千人,占总数的五分之一;战胜方坎伯兰公爵威廉率领的军队只损失三百一十人。大约有一千二百名逃犯聚集在鲁斯文。但查尔斯·爱德华·斯图亚特请求逃犯散去,逃犯只能各自逃亡,自求多福。然而胜利者的后继措施对有关各方来说都是可耻的。胜利者毫不留情,伤者或被残忍地屠杀,或被烧死在爬去避难的房子里。军事戒严令盛行了三个月,土地被荒废,房屋被烧毁,牲畜被抢走,人民自生自灭。直到1746年7月,这位在苏格兰被称为"屠夫"的坎伯兰公爵威廉才回到伦敦。在伦敦,坎伯兰公爵威廉被誉为祖国的救世主,并获得每年两万五千英镑的退休金。

查尔斯·爱德华·斯图亚特有勇无谋的野心给那些单纯的追随者带来了这一切痛苦。处境危险的查尔斯·爱德华·斯图亚特流亡了五个月。五个月内，查尔斯·爱德华·斯图亚特的人头被高价悬赏。高地人虽穷，却没有一个人出卖查尔斯·爱德华·斯图亚特来赢取赏金。有一次，查尔斯·爱德华·斯图亚特被士兵跟踪，一位叫弗洛拉·麦克唐纳的年轻女士救了他。弗洛拉·麦克唐纳以其女仆贝蒂·伯克的名义为查尔斯·爱德华·斯图亚特办理了通行证。查

查尔斯·爱德华·斯图亚特与弗洛拉·麦克唐纳

尔斯·爱德华·斯图亚特乔装打扮逃到斯凯，之后回到苏格兰内陆，和七个强盗住在一个山洞里。强盗把查尔斯·爱德华·斯图亚特藏起来，尽可能满足他的需要，还常常乔装打扮到最近的镇上去打听消息。有一天，强盗给查尔斯·爱德华·斯图亚特带回一便士的姜饼。姜饼是一种苏格兰美食。离开强盗以后，查尔斯·爱德华·斯图亚特与两个追随者——克卢尼的尤恩·麦克弗森和洛希尔的唐纳德·卡梅伦，一起待在一个偏僻的藏身之处，这个藏身之处被称为"笼子"，位于本奥尔德山侧。直到1746年9月20日，两艘法兰西王国的船在海岸出现，查尔斯·爱德华·斯图亚特登上其中一艘船，在洛赫南纳格登陆。十四个月前，即1745年7月，查尔斯·爱德华·斯图亚特也是在此登陆。就这样，查尔斯·爱德华·斯图亚特逃到欧洲大陆，然而对苏格兰这个因他遭受诸多苦难的国家，查尔斯·爱德华·斯图亚特永生难忘。《亚琛条约》[①]签订之

签订《亚琛条约》

---

① 1748年签订的《亚琛条约》又称《亚琛和约》。——译者注

枢机主教约克公爵亨利·本尼迪克特·斯图亚特

后,查尔斯·爱德华·斯图亚特被迫离开法兰西王国,一直过着居无定所、放荡不羁、郁郁不得志的生活。1788年,查尔斯·爱德华·斯图亚特在罗马去世。1807年,查尔斯·爱德华·斯图亚特的弟弟——斯图亚特家族最后一个男性后裔——枢机主教约克公爵亨利·本尼迪克特·斯图亚特去世,斯图亚特家族自此再无后人。

这次叛乱之后的情况比1715年的叛乱之后严重得多。因为担心他们在自己的国家苏格兰会受到过分的偏袒,所以苏格兰囚犯被带到英格兰受审。布劳顿的约翰·默里曾是查尔斯·爱德华·斯图亚特的秘书,后来成为告密者。从1740年开始,1745年起义的秘密就是通过布劳顿的约翰·默里被揭露出来的。

德温特沃特伯爵詹姆斯·拉德克利夫的弟弟查尔斯·拉德克利夫在1716年已经被判斩首，但后来被带上一艘运送补给给叛军的法兰西船逃离。这次，之前的死刑判决依然有效。克罗马蒂伯爵乔治·麦肯齐、基尔马诺克伯爵威廉·博伊德和巴尔梅里诺勋爵阿瑟·埃尔芬斯通被带到上议院受审。克罗马蒂伯爵乔治·麦肯齐和基尔马诺克伯爵威廉·博伊德认罪，巴尔梅里诺勋爵阿瑟·埃尔芬斯通试图通过对起诉书中的一个漏洞进行狡辩来挽救自己的性命，但被否决，三人都被判处死刑。其中克罗马蒂伯爵乔治·麦肯齐得到赦免，基尔马诺克伯爵威廉·博伊德和巴尔梅里诺勋爵阿瑟·埃尔芬斯通则被斩首。将近一年后，即1746年，洛瓦特勋爵西蒙·弗雷泽被带到法庭受审，主要依据约翰·默里

巴尔梅里诺勋爵阿瑟·埃尔芬斯通

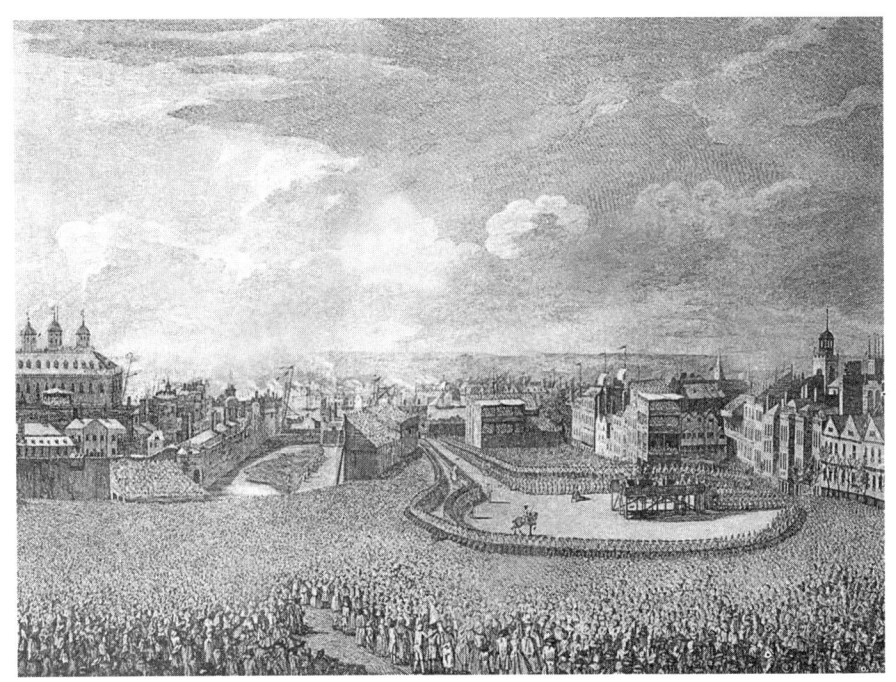

基尔马诺克伯爵威廉·博伊德和巴尔梅里诺勋爵阿瑟·埃尔芬斯通被斩首

的证据,洛瓦特勋爵西蒙·弗雷泽被判有罪,并被斩首。自始至终洛瓦特勋爵西蒙·弗雷泽都扮演着双重角色,尽管他小心翼翼地不亲自加入,但还是参与了叛军的所有计划。下层阶级中约有八十人被判处死刑,许多人被送往种植园。最后一位因詹姆斯党受牵连的是洛希尔的唐纳德·卡梅伦的弟弟洛希尔的阿奇博尔德·卡梅伦医生。1745年起义之后,洛希尔的阿奇博尔德·卡梅伦本来已经逃走,1753年回到英格兰时却被当作叛国贼抓捕。尽管洛希尔的阿奇博尔德·卡梅伦声称自己从未拿起武器反抗乔治一世,在叛军中也只是一名外科医生而不是士兵,最终还是被处死。1747年终于通过一项赦免法案,但有八十人被排除在外。虽然大家都预知这场师出无名、带来灾难的叛乱定会结束,但它短暂的、意料之外的成功表明,有必要采取强有力的措施打破旧的高地部族制度。于是通过一项法案,解除高地部族武装,禁止穿高地服饰,同时废除可继承的司法上的管辖权。圣公会因为对斯图亚特家族的忠诚众所周知,所以

卡洛登的邓肯·福布斯

受到严重打击。教堂被毁,禁止神职人员提供服务。最高法院院长卡洛登的邓肯·福布斯虽然坚定地支持政府,但在整个叛乱中彰显的人道和正义使其名垂史册。起义爆发之前,卡洛登的邓肯·福布斯比任何人都更努力地避免起义爆发。起义被镇压之后,他尽其所能减轻政府刑罚的严酷和减轻叛乱分子的痛苦。然而卡洛登的邓肯·福布斯做的一切并没有达到预想的结果。这使教会和政府丧失了信誉。

1756年,黑人奴隶制的合法性首次在苏格兰受到质疑。二十年后,即1776年,人们一致认为黑人奴隶制不应该继续存在。一些当地居民的状况也并不乐观。矿工和盐工在工作中就像农奴一样被买卖。这种可耻的奴役行为并不是古代农奴制的遗存，而只是出于风俗习惯。风俗习惯的力量如此强大，以至议会不敢贸然一举消灭。最后决定所有在某一日期之后出生的矿工和盐工都应该是自由的，正在工作的矿工和盐工在一个特定的服务期限之后也应该是自由的。1799年，政府出台法律确立了他们的自由。

1778年，英格兰废除针对罗马天主教教徒的刑法。总检察官梅尔维尔子爵亨利·邓达斯为苏格兰提出类似的措施。因此，爱丁堡和格拉斯哥爆发骚乱。在爱丁堡，参加暴乱的人破坏罗马天主教教堂和几所被怀疑是罗马天主教教徒的房子。在格拉斯哥，参加暴乱的人摧毁属于罗马天主教教徒的一家工厂。狂热分子在全国各地引起极大骚动，他们以新教协会的名义团结在一起。

梅尔维尔子爵亨利·邓达斯

罗马天主教教徒的财产和人身受到暴力对待,罗马天主教教徒自己请求废除这项法案。直到1793年,才有人提出一项法案,并在没有反对的情况下通过,以免除苏格兰罗马天主教教徒因其宗教观点而遭受的惩罚。

法兰西王国大革命的过激行为导致英格兰反对所有自由派观点。英格兰认为自由派观点可能会在英格兰引发类似革命,由此导致诸多司法程序的不公正和对人民的压迫。有人被控以轻微或完全无根据的煽动叛乱罪,有人因证据不足而被判有罪并受到惩罚。苏格兰司法程序也更加不公正,民众恐慌甚至超过英格兰。1793年,律师托马斯·缪尔和牧师托马斯·费舍·帕尔默只因讨论议

托马斯·缪尔

布拉克斯菲尔德勋爵罗伯特·麦奎因

会改革而分别被判处十四年和七年流放刑,尽管他们并没有其他罪行。其他人遭受同样的命运。虽然人民同情他们,这些案件被提交到下议院,但他们并没有得到平反。法院陪审法官布拉克斯菲尔德勋爵罗伯特·麦奎因,因对囚犯使用语言暴力和非法判决而臭名昭著。

将近四十年过去了,直到1832年,人们才意识到这些人遭受的苦难,意识到进行改革的必要性。终于在1832年《改革法案》通过时,改革得以实行。《改革法案》重塑了整个代表制的形式。此前,郡的选举权并不在于占有土地,而是在于有权优先占有土地。这种权利可以买卖,而且与该郡的财产或居民完全无关。在大多数情况下,只有少数选民①会成为议员。现在,选举权已扩大到郡

---

① 一个郡只有一个选民。——原注

内所有拥有财产的人，包括年收入在十镑以上的房主和年付十镑以上租金的租赁人。自治市的情况更糟。只有皇家自治市才有代表，代表被分成小组，每组只选出一名议员。这个议员由每个自治市的市议会选出的代表选举产生，所以选举实际上由市政委员会操控。根据《改革法案》，爱丁堡和格拉斯哥分别向议会派出两名议员，接下来的五个重要城镇各派出一名议员，同时对较小的自治市进行了一些改革。自治市的议员由居住在该自治市的住户选出，包括每年支付十英镑租金的住户。市镇议员人数从四十五人增加到五十三人。

1690年，长老会政体根据法律重建时，圣公会在某种程度上取代了盟约派。但圣公会不承认威廉二世和玛丽二世是合法的君主。因此，圣公会被视为危险和顽固的异教派别，就像卡梅伦派在詹姆斯七世统治时期被认为是异教派一样。于是圣公会被赶出教堂，禁止拥有私人聚会场所。在安妮女王统治时期，政府通过《宽容法案》来保护那些在宗教仪式中使用英格兰祷告文并为女王祈祷的人。1715年叛乱之后，又通过新的法律来对付圣公会；苏格兰主教的命令是否有效也受到质疑；所有未获许可的神职人员的宗教活动都被禁止。1745年叛乱之后，情况更糟，圣公会的许多聚会场所被坎伯兰公爵威廉的士兵烧毁或拆除。政府还通过一项法令，禁止任何牧师同时向五人以上讲道，除非是爱尔兰或英格兰的主教发出的，否则任何命令书都被视为无效。1755年，一位叫康纳切的牧师被指控非法主持婚礼。根据查理二世统治时期通过的一项反对契约派的法案，康纳切被流放，并被禁止回国，一旦回国，立即处死。苏格兰和英格兰在政治上统一之后，在宗教观点上的分歧却比以往任何时候都大。因此，一国依法成立的认真负责的教会成员，在另一国却被视为危险的、不信奉国教者。直到1792年，政府才通过一项法令，解除对圣公会实施的刑法。1784年，在阿伯丁，康涅狄格的塞缪尔·西伯里被三位苏格兰主教阿瑟·皮特里、约翰·斯金纳和罗伯特·基尔戈封为主教。美国圣公会是被苏格兰一度禁止和迫害的圣公会的一个分支。除圣公会以外，还有许多长老会教派，他们脱离教会的主要原因是赞助者的问题。1843年，苏格兰教会分裂成两

康涅狄格的塞缪尔·西伯里

派,被称为"苏格兰教会的分裂"。大约在1833年,伦敦苏格兰教会牧师爱德华·欧文能言善辩,因坚持不按教条阐述宗教观点而被迫脱离长老会。被迫脱离长老会。爱德华·欧文的追随者建立了一个新教派——天主教使徒教会,此后在两个王国都赢得诸多信徒。在宗教仪式上,天主教使徒教会更像罗马天主教而不像长老会。

苏格兰教会的分裂是由一场关于不管会众是否赞同,赞助人都有权强迫牧师在教区工作的争端引起的。长老会的宗旨一向反对赞助人干预。《教会管理法规第一集》就规定人民应该选举自己的牧师,《教会管理法规第二集》规定人民至少应该有权反对教区内的继承人或土地所有者为他们选择的牧师。1688年光荣革命之后,1690年通过的一项法案确认了对人民的这一优待。但

1712年两国合并之后，教区内的继承人渴望重获他们认为应得的权利，于是又废除1690年的法案，恢复教区内的继承人原来的特权。尽管遭到人民和教会的抗议，但1690年的法案已经逐渐成为习惯和规则，并导致了几次教会分裂。那些不愿意自己反对的牧师强加于自己教会的会众选择分裂，并建立不同的教派。最后，1834年，"不干涉派"，即反对赞助人一派的长老会，在全国教会大会中占多数，通过了《否决权法案》。《否决权法案》宣布"教会的基本法则是任何牧师不得违背人民的意愿侵入教会"，而且如果房主反对赞助人提出的任何候选人，长老会都会拒绝。同年，即1834年，扬先生被介绍到珀斯的奥赫特拉得教区。因为有几个人不赞成，所以长老会根据《否决权法案》拒绝了扬先生。赞助人金诺尔勋爵乔治·海-德拉蒙德向最高法院提起上诉，要求执行公民权，并获得有利判决，但随后长老会向上议院提起上诉。虽然上议院不同意长老会的做法，但长老会仍然拒绝试用扬先生。在另一教区斯特拉斯博吉，被选为牧师的爱德华兹先生遭到会众反对，长老们拒绝爱德华兹先生加入教区。爱德华兹先生也从最高法院获得有利判决。但长老们并未屈服，为此遭到全国教会大会的停职和罢免。从这一点可以清楚地看出，全国教会大会中大多数人决心不遗余力地抵制民事权利。最终，苏格兰全国教会大会不得不让步，收回非法的《否决权法案》。因为这一分歧，1843年，超过三分之一的神职人员离开教会。带领神职人员"出走"的是托马斯·查默斯博士和罗伯特·史密斯·坎德利什。许多人和神职人员一起"出走"。自此建立起来的苏格兰自由教会成为全国教会大会的对手。

政府迁往伦敦，不仅吸引了所有苏格兰贵族，也吸引了所有富人和雄心勃勃的平民。因此，尽管爱丁堡依然是文化之都，爱丁堡的法院和大学在社会中起着主导作用，但由于两国的合并，爱丁堡的重要地位已不如往日。与此同时，西部重要城市格拉斯哥，在财富和商业领域逐渐变得更加重要。最初由邓肯·福布斯引入的制造业已经在格拉斯哥生根发芽。在这一时期，文明的两大要素——生产性工业和文化素养——为改善低地人口素质做出了巨大贡献。

托马斯·查默斯博士

罗伯特·史密斯·坎德利什

在低地人中，读书总是优于物质享受。直到1745年叛乱之后，工业精神才首次使人们充满活力。但有段时期，高地地区依然处于非常糟糕的状态。高地地区的人们精神不振，气候恶劣，土壤贫瘠，矿物缺乏，导致高地地区的人们除渔业之外一无所有。1784年成立的苏格兰皇家高地和农业学会，通过开垦荒芜之地，为改善农业状况做出巨大贡献。后来，大量高地人移居国外。在联合王国初期，苏格兰没有农业、制造业和贸易。联合王国后，苏格兰在所有这些领域都取得卓越成就，许多有益于现代的发明出现。1736年，在格里诺克，詹姆斯·瓦特出生。詹姆斯·瓦特改进了蒸汽机，从而使一种新的力量掌握在人类

詹姆斯·瓦特

詹姆斯·瓦特改进蒸汽机

手中。正是在苏格兰，这种力量首次用于交通领域的蒸汽轮船。1788年，一艘由蒸汽机驱动的小游船在邓弗里斯的多尔斯温顿湖试航。1802年，在福斯河和克莱德河上又进行了一次试航。但1812年开始在克莱德河上定期往返的"彗星"号是第一艘真正用于交通的蒸汽轮船。"彗星"号由格拉斯哥的木匠亨利·贝尔设计。许多印花、染色工艺和各种机器的改进，同样也要归功于苏格兰人。其中特别值得一提的是约翰·劳登·麦克亚当，他创立了现在以其名字命名的道路修筑系统——碎石路面。

苏格兰和英格兰合并之后，文学和上流社会的语言不再是低地的英语方言。这样一来，苏格兰的民族文学就走到了尽头，但苏格兰人的作品也逐渐壮大了英国文学的规模。即使在这一时期，除许多不知名的歌手以外，苏格兰也有两位诗人独树一帜，这两位诗人用人们至今仍在使用的方言演唱。艾伦·拉姆齐，1685年生于克莱兹代尔，刚开始在爱丁堡做理发师，后来成为诗人和书商。除自己非常受欢迎的诗歌以外，艾伦·拉姆齐还收集并出版了早期被遗

瓦克莱德河上航行的"彗星"号

人们利用约翰·劳登·麦克亚当发明的方法修建碎石路面

罗伯特·伯恩斯

忘的吟游诗人的歌曲和民谣。大约艾伦·拉姆齐出生一个世纪后，1759年，佃农之子、农民诗人罗伯特·伯恩斯在埃尔郡出生。罗伯特·伯恩斯的天才弥补了出身卑微的不利条件。罗伯特·伯恩斯创作了无数歌曲，这使罗伯特·伯恩斯在所有国家的诗人中名列前茅。只要还能用苏格兰语吟唱这些歌曲，罗伯特·伯恩斯就会在同胞心中占据一个永久的位置。1776年出版《国富论》的作者亚当·斯密可以说是政治经济学的奠基人。亚当·斯密出生于柯卡尔迪，是格拉斯哥大学的道德哲学教授。大约在同一时间，爱丁堡大学校长威廉·罗伯逊博士撰写了几部极有价值的历史著作。1711年，在爱丁堡，"异教徒"哲学家戴维·休谟出生。戴维·休谟成名的原因是撰写了一部很受欢迎但不可信的《英格兰史》。幽默作家托拜厄斯·斯莫利特是卡达罗斯人。除几部情节巧妙的小说之外，托拜厄斯·斯莫利特最好的作品是《汉弗莱·克林克》和《罗德里克·兰登》①。此外，托拜厄斯·斯莫利特还撰写了一部完整的英国历史，从历史上第一次提到不列颠一直写到1768年。现在人们通常认为这部历史书的后半部分由戴维·休谟续写，但戴维·休谟的作品中不包括光荣革命之后的历史。长老会神学家休·布莱尔撰写了《关于修辞学和纯文学的演讲》和几卷至今仍备受推崇的布道书。爱丁堡大学道德哲学教授杜格尔德·斯图亚特作为学者和哲学家而闻名，其主要著作是《人类心灵哲学原理》和《道德哲学大纲》。这一时期声名鹊起的苏格兰艺术家有肖像画家艾伦·拉姆齐②，画家亚历山大·朗西曼、亨利·雷伯恩和戴维·威尔基爵士。戴维·威尔基爵士，1785年出生于法夫郡，主要擅长描绘乡村生活情景，是苏格兰国王的御用画师。在用南方英语写作的诗人中，苏格兰最有名的是詹姆斯·汤姆森、詹姆斯·贝蒂和托马斯·坎贝尔。詹姆斯·汤姆森的作品有《四季》《懒散城堡》和一些悲剧。詹姆斯·贝蒂的作品是《吟游诗人》。托马斯·坎贝尔，1777年生于格拉斯哥，富有想象力的诗歌《希望之悦》是其成名作。《希望之悦》笔调优美，精雕细琢，在创意与精神上远远超过他为纪念"波罗的海战役"和英法战争中的其他战役而创作的民谣。约翰·盖特因情节巧妙的小说而名垂千史，最好的作品是《艾尔郡的继承者》和《遗赠》。更接近19世纪的诗人和传奇作家是沃尔特·斯科特，他为英国文学贡献了最好的小说作品，同时引进和完善了现代小说。在小说作家中，费里尔小姐，本名苏珊·埃德蒙斯通·费里尔是必须要提及的。在诙谐讽刺小说《婚姻》《命运》《遗产》中，费里尔小姐描绘了苏格兰人生活和礼仪的精彩画面。沃尔特·斯科特的女婿、传记作家约翰·吉布森·洛克哈特，爱丁堡大学道德哲学教授约翰·威尔逊和克里斯托弗·诺斯共同完成系列小

---

① 《罗德里克·兰登》又译为《兰登传》。——原注
② 诗人艾伦·拉姆齐之子。——原注

亚当·斯密

威廉·罗伯逊博士

戴维·休谟

托拜厄斯·斯莫利特

休·布莱尔

格尔德·斯图亚特

艾伦·拉姆齐

詹姆斯·汤姆森

说"夜之安布罗西亚那"[①]；约翰·吉布森·洛克哈特的朋友、同时代的诗人詹姆斯·霍格，他的笔名"埃特里克牧羊人"更被人们熟知；艾利森父子，父亲阿奇博尔德·艾利森牧师是《品味随笔》的作者，儿子阿奇博尔德·艾利森爵士是《欧洲史》的作者。这些作家都是苏格兰人，都以自己的文学成就为苏格兰增光添彩。在科学界，苏格兰的代表人物有：天文学家詹姆斯·弗格森；最初只

詹姆斯·霍格

---

① "夜之安布罗西亚那"又译为"夜神"。——原注

是个石匠,后来成为伟大的地质学家的休·米勒;以在光学和其他领域的发现而闻名的戴维·布鲁斯特爵士和许许多多其他方面的科学家。非洲探险家芒戈·帕克和戴维·利文斯通医生都出生在苏格兰。戴维·利文斯通医生是19世纪在同一研究领域工作时间最长的人。现在苏格兰和英格兰已经如此紧密地团结在一起,民族猜忌和民族自豪感几乎都已被遗忘,苏格兰人乐于把精力和才能贡献给共同的英国繁荣大业,无论是在国内还是在殖民地。

可以说苏格兰独立史随着苏格兰和英格兰的合并而结束,其显著的特点是每次争取独立的斗争之间都毫无关联,零碎不成体系。每一个自然分裂的时期都会突然中断,而且对之后的时期几乎没有影响。凯尔特人的制度随着最后的盖尔国王无子嗣继承而结束。在英格兰统治苏格兰时期引入英格兰的法律和习俗,但这种英格兰的影响突然被独立战争打断。独立王国开始的时期不是第二次独立战争的自然结果,正如第二次独立战争不是第一次独立战争的自然结果一样。第三个时期——独立战争时期,引入了罗马法,法兰西取代英格兰成为模仿的典范。苏格兰的代议制在这一时期固定下来,与法兰西王国国民议会的共同点远多于与英国议会的共同点。三级庄园主,分别是教会、男爵①和市民。平民作为一个阶级在议会中根本就没有代表。平民首次引起注意是因为宗教改革。立法机关和国家代表权的封建性质,把人民的精力推向留给他们的唯一渠道——宗教信仰。因此,在苏格兰,争取政治自由的伟大斗争是在争取宗教信仰自由斗争的外衣下进行的。从宗教改革到苏格兰与英格兰合并,苏格兰争取政治自由斗争的历史很少,只有一系列宗教战争的记录。苏格兰的历史也为我们描绘了一幅纯粹而不混杂他物的封建主义影像。封建制度由马尔科姆一世的继任者们引入,苏格兰的圣玛格丽特使之在苏格兰扎根,远比英格兰的封建制度根基更深。因为在苏格兰,封建制度没有受到普通法和宪法发展的影响,但宪法在英格兰起着制约作用,宪法的权力增长到很大,甚至超

---

① 指直接从国王那儿得到土地的大佃主。——原注

休·米勒

戴维·布鲁斯特爵士

芒戈·帕克

戴维·利文斯通

过王室的权力。实行世袭制、授王权的做法，进一步加强了封建贵族的影响。在英格兰封建制度被推翻后很久，苏格兰的封建制度一直存在。1748年，通过废除可继承司法上的管辖权的法案，苏格兰的封建权力首次被打破。即使在废除可继承司法上的管辖权的法案之后，封建权力仍然影响着代表形式。直到1832年通过第一个《改革法案》，苏格兰的封建制度才终于被推翻。也是直到《改革法案》之后，苏格兰的下议院才在议会中有了代表。1715年和1745年支持斯图亚特王朝的叛乱虽然造成许多毫无意义的流血事件，但就国家的社会进步而言，带来非常可喜的结果。废除世袭的司法制度大有裨益，因为废除世袭的司法制度使农民更自由，而作为封建权利补偿付给大地主的资金则给苏格兰的经济发展带来新的活力。在苏格兰和英格兰合并之初，苏格兰没有农业、制造业、航运和商业。此后，在所有这些方面，苏格兰都取得卓越成就。

译名对照表

A Royal Charter	皇家特许状
Abbey church of Holyrood	荷里路德修道院
Abbot ofthe monastery of Dunkeld	邓肯修道院院长
Aberdeen	阿伯丁
Abernethy on the Tay	泰河的阿伯内西
Abjuration Oath	《废除誓言》
Act of Grace	《大赦令》
Act of Indemnify	《免罪法》
Act Rescissory	《废除法案》
Ada de Warenne	埃达·德·瓦伦
Ada of Huntingdon	亨廷登的埃达
Ada of Scotland	苏格兰的埃达
Adam Bothwell	亚当·博斯韦尔
Adam of Melrose	梅尔罗斯的亚当
Adam Smith	亚当·斯密
Aelred of Rievaulx	里沃的埃尔雷德
Agricola	阿格里科拉
Aidan of Lindisfarne	林迪斯凡的艾丹
Airds Moss	艾尔兹莫斯
Alba	阿尔巴
Alexander Boyd	亚历山大·博伊德
Alexander Forbes	亚历山大·福布斯

Alexander Gordon	亚历山大·戈登
Alexander Henderson	亚历山大·亨德森
Alexander Home	亚历山大·霍姆
Alexander Home	霍姆勋爵亚历山大·霍姆
Alexander I	亚历山大一世
Alexander II	亚历山大二世
Alexander III	亚历山大三世
Alexander Leslie	亚历山大·莱斯利
Alexander Lindsay	亚历山大·林赛
Alexander Livingston of Callendar	卡伦德的亚历山大·利文斯顿
Alexander MacDonald	亚历山大·麦克唐纳
Alexander Montgomerie	亚历山大·蒙哥马利
Alexander Runciman	亚历山大·朗西曼
Alexander Ruthven	亚历山大·鲁思文
Alexander Seton	亚历山大·西顿
Alexander Stewart	亚历山大·斯图亚特
Alexander Wilson	亚历山大·威尔逊
Allan Ramsay	艾伦·拉姆齐
Alnwick	阿尼克
Amsterdam	阿姆斯特丹
Act of Toleration	《宽容法案》
Explanation of the Apocalypse	《天启的解释》
Ancrum	安克鲁姆
Andrew Gray	安德鲁·格雷
Andrew Lamb	安德鲁·兰姆
Andrew Melville	安德鲁·梅尔维尔
Andrew Wilson	安德鲁·威尔逊
Andrew Wyntoun	安德鲁·温顿
Angles	盎格鲁人
Angus	安格斯

Anne of Brittany	法兰西的安妮
Anne of Denmark	丹麦的安妮
Anne Queen	安妮女王
Anthony Beck	安东尼·贝克
Anthony de la Bastie	安东尼·德·拉巴斯蒂耶
Antoninus	安敦尼
Aonghas Óg	阿昂哈斯·奥斯卡
Apologetical Declaration	《辩护宣言》
Aquitaine	阿基坦
Arbroath	阿布罗斯
Archbishop of Canterbury	坎特伯雷大主教
Archbishop of York	约克大主教
Archbishopric	大主教
Archibald Alison	阿奇博尔德·艾利森
Archibald Cameron of Lochiel	洛希尔的阿奇博尔德·卡梅伦
Archibald Campbell	阿奇博尔德·坎贝尔
Archibald Douglas	阿奇博尔德·道格拉斯
Ardoch	阿多赫
Argyle	阿盖尔
Armstrongs	阿姆斯特朗家族
Arthur Elphinstone	阿瑟·埃尔芬斯通
Arthur Petrie	阿瑟·皮特里
Aryan	雅利安人
Assured Scots	"有保证的苏格兰人"
Athelstan	阿瑟尔斯坦
Auchterarder	奥赫特拉得
Aymer de Valence	艾梅·德·瓦朗斯
Ayr	艾尔
Ayrshire	埃尔郡
Baillie of Jerviswood	杰维斯伍德的贝利

Baltic	波罗的海
Bamborough	白姆布勒
Bank of England	英格兰银行
Bannockburn	班诺克本
Barons	男爵
Bass	巴斯
Battle of Ancrum Moor	安克鲁姆摩尔战役
Battle of Arkinholm	阿金霍姆战役
Battle of Bannockburn	班诺克本战役
Battle of Bauge	博热战役
Battle of Brunanburh	布鲁南堡战役
Battle of Carham	卡汉姆战役
Battle of Culloden	卡洛登战役
Battle of Falkirk	福尔柯克战役
Battle of Falkirk Muir	福尔柯克穆尔战役
Battle of Flodden	弗洛登战役
Battle of Halidon Hill	哈里顿山战役
Battle of Harlaw	哈尔洛岛战役
Battle of Killiecrankie	基利克兰基战役
Battle of Marston Moor	马斯顿荒原战役
Battle of Neville's Cross	内维尔十字战役
Battle of Northallerton	诺萨勒顿战役
Battle of Otterburn	奥特本战役
Battle of Pinkie Cleugh	平基克鲁格战役
Battle of Sauchieburn	索奇伯恩战役
Battle of Solway Moss	索尔韦莫斯战役
Battle of Stirling Bridge	斯特灵大桥战役
Battle of the Baltic	波罗的海战役
Battle of the North Inch	诺斯因克战役
Battle of the Standard	军旗战役

Battle of Verneuil	韦尔讷伊战役
Battle of Worcester	伍斯特战役
Bell the Cat	猫钟
Ben Alder	本奥尔德山
Bernard I de Balliol	伯纳德一世·德·巴利奥尔
Berwick	贝里克
Betty Burke	贝蒂·伯克
Bishop of Durham	达勒姆主教
Bishop of London	伦敦主教
Bishop of Rome	罗马主教
Bishop of St. Andrews	圣安德鲁斯主教
Bishop of Vicenza	维琴察主教
Black Douglas	黑道格拉斯
Blackfriars monastery	黑修士修道院
Blair	布莱尔
Blind Harry	盲哈里
Bobbing John	"墙头草"约翰
Bolton Castle	博尔顿城堡
Bomby	邦比
Book of Canons	《教规手册》
Book of Common Order	《公祷书》
Book of Discipline	《纪律手册》
Borthwick Castle	博思威克城堡
Bothgowan	博斯高恩
Bothwell Bridge	博思韦尔大桥
Boyds	博伊德家族
Brechin	布里金
Bridei I	布里代一世
Bridge of Dee	迪伊桥
Brigadier Macintosh	麦金托什准将

British Civil Wars	英格兰内战
Britons	布列吞人
Burgh-on-the-Sands	苏格兰的边界布鲁夫
Burgundians	勃艮第人
Burnt Candlemas	"烧坏的圣烛节"
Burntisland	本泰兰
Caerlaverock Castle	卡拉弗罗克城堡
Caithness	凯斯内斯
Caithness	凯斯内斯
Calais	加来
Caledonia	喀里多尼亚
Caledonians	喀里多尼亚人
Calvinists	加尔文主义者
Cambuskenneth	康柏斯内斯
Cameronians	卡梅伦派
Campbell of Glen lyon	格伦莱昂的坎贝尔
Campbells	坎贝尔家族
Canon	卡农
Canter of Coltbrigg	科尔特布里格的逃跑
Canterbury	坎特伯雷
Captain Bushell	布谢尔上尉
Carberry	卡伯里
Cardinal	枢机主教
Cardross	卡达罗斯
Carham	卡汉姆
Carisbrooke	卡里斯布鲁克
Carlisle	卡莱尔
Carmichael	卡迈克尔
Carolina	卡罗利纳
Carrickfergus	卡里克弗格斯

Carse	卡斯
Cathedral Church at Glasgow	格拉斯哥大教堂
Cecily of York	约克的塞西莉
Celtic	凯尔特人
Chancellor	大法官
Chapel of Greyfriars Monastery	灰修士礼拜堂
Chapter of Mitton	米顿"分会"之战
Charles Edward Stuart	查尔斯·爱德华·斯图亚特
Charles I	查理一世
Charles II	查理二世
Charles Radclyffee	查尔斯·拉德克利夫
Charles Stewart	查尔斯·斯图亚特
Charles XII of Sweden	瑞典国王卡尔十二世
Chester	切斯特
Chevalier de St. George	圣乔治骑士
Chevy Chase	切维·蔡斯
Christian Carrier	基督徒卡里尔
Christian Church	基督教会
Christian Fletcher	克里斯蒂安·弗莱彻
Christian I	克里斯蒂安一世
Christina	克里斯蒂娜
Christina Bruce	克里斯蒂娜·布鲁斯
Christopher North	克里斯托弗·诺斯
Christopher Seton	克里斯托弗·西顿
Christ's Kirk on the Green	《绿野上的基督教堂》
Clear the Causeway	清除堤道
Clergy	神职人员
Cleveland	克利夫兰
Clifton Moor	克利夫顿荒原
Clitheroe	克利瑟罗

Clung	克朗河
Clydesdale	克莱兹代尔
Cnut the Great	克努特大帝
Coldingham	科尔丁厄姆
Colin Campbell	科林·坎贝尔
College of Justice	司法院
Colonel James Gardiner	詹姆斯·加德纳上校
Colt Bridge	柯尔特桥
Columba	科伦巴
Comet	"彗星"号
Commission of Regency	摄政委员会
Committee of Estates	庄园主会议委员会
Committee of the Articles	准备委员会
Common Law	普通法
Commons	平民
Community	社区
Conall mac Comgaill	康纳尔·麦克·康盖尔
Connacher	康纳切
Connecticut	康涅狄格
Constable	治安团
Constable of France	法兰西王国骑士统帅
Constantine I	康斯坦丁一世
Constantine II	康斯坦丁二世
Constantine III	康斯坦丁三世
Convention of Royal Burghs	《皇家自治市公约》
Copenhagen	哥本哈根
Corrichie	科里奇
Cotentin Peninsula	科唐坦半岛
Countess of Carrick	卡里克伯爵夫人
Countess of Huntingdon	亨廷登伯爵夫人

Countess of Ross Euphemia II	罗斯伯爵夫人尤菲米娅二世
Countess of Ross Mariota	罗斯伯爵夫人马里奥塔
court of Christian	克里斯汀宫廷
Court of High Commission	高等法院
Court of Session	高等民事法院
Courtray	库尔特雷
Covenant	《盟约》
Covenanters	盟约派
Craig	克雷格
Craigmillar Castle	克雷格米拉城堡
Crínán of Dunkeld	邓肯的克里南
Crusades	十字军运动
Cuilén	奎伦
Culbleen	卡尔布伦
Cumbraes	坎布雷斯岛
Cumnock	卡姆诺克
Czar of Russia	俄罗斯沙皇
Dalriada	达尔里亚达
Dalswinton Loch	多尔斯温顿湖
Darien Scheme	达里恩计划
Dauphin	王太子
David	大卫
David Beaton	戴维·比顿
David Douglas	戴维·道格拉斯
David Hackston	戴维·哈克斯顿
David Hume	戴维·休谟
David Leslie	戴维·莱斯利
David Livingstone	戴维·利文斯通
David Lyndsay	戴维·林赛
David Rizzio	戴维·里齐奥

David Stewart	戴维·斯图亚特
Dean of Edinburgh	爱丁堡的主持牧师
Denmark	丹麦
Derby	德比
Destiny	《命运》
Domhnall Dubh	唐纳德·杜布
Domhnall II	多姆纳尔二世
Donald Balloch MacDonald	唐纳德·巴洛赫·麦克唐纳
Donald Cameron of Lochiel	洛希尔的唐纳德·卡梅伦
Donald Cargill	唐纳德·卡吉尔
Donald III	唐纳德三世
Donald MacAlpin	唐纳德·麦卡尔平
Doncaster	唐克斯特
Donnchad Mac Máel Coluim	邓肯·麦克马尔科姆
Donnchadh IV	唐纳德四世
Dover	多佛尔
Drontheim	特隆赫姆
Drumclog	德拉姆克洛格
Drummond	德拉蒙德
Drunken Parliament	"醉酒的议会"
Dryburgh	德赖堡
Dub	杜布
Dugald Stewart	杜格尔德·斯图亚特
Duke of Albany	奥尔巴尼公爵
Duke of Buccleuch and Monmouth	巴克鲁公爵克兼蒙茅斯公爵
Duke of Châtellerault	沙泰勒罗公爵
Duke of Cumberland	坎伯兰公爵
Duke of Guelders	海尔德公爵
Duke of Guise	吉斯公爵
Duke of Monmouth	蒙茅斯公爵

Duke of Norfolk	诺福克公爵
Duke of Queensberry	昆斯伯里公爵
Duke of Rothesay	罗斯西公爵
Duke of Somerset	萨默塞特公爵
Duke of Touraine	图赖讷公爵
Duke of York	约克公爵
Dunbar	邓巴
Dunbarton	邓巴顿
Dunblane	邓布兰
Duncan Forbes	邓肯·福布斯
Duncan Forbes of Culloden	卡洛登的邓肯·福布斯
Duncan I	邓肯一世
Dundee	邓迪
Dunfennline	邓弗姆林
Dunkeld Monastery	邓凯尔德修道院
Dunkirk	敦刻尔克
Dunnottar	邓诺特
Dunse Law	邓斯
Duplin	杜普林
Durham	达勒姆
Durrow	达罗
Eadmer	埃德默
Eadwulf Cudel	埃德武夫·库特尔
Earl of Cambridge	剑桥伯爵
Earl of Derwentwater	德温特沃特伯爵
Earl of Huntingdon David	亨廷登伯爵戴维
Earl of Huntly	亨特利伯爵
Earl of Ilay	艾莱伯爵
Earl of Lennox	伦诺克斯伯爵
Earl of Mar and Garioch	马尔伯爵兼加里奥赫伯爵

Earl of Middleton	米德尔顿伯爵
Earl of Moray	莫里伯爵
Earl of Northumbria	诺森伯里亚伯爵
Earl of Ross Hugh	罗斯伯爵休
Earl of Stirling	斯特灵伯爵
Earl of Sutherland	萨瑟兰伯爵
East India Company	东印度公司
Ecgfrith of Northumbria	诺森伯里亚的埃克弗里思
Edgar II	埃德加二世
Edgar the Peaceful	"和平者"埃德加
Edmund I	埃德蒙一世
Edmund II	埃德蒙二世
Edmund of Scotland	苏格兰的埃德蒙
Education Act	《教育法》
Edward Balliol	爱德华·巴利奥尔
Edward Bruce	爱德华·布鲁斯
Edward I	爱德华一世
Edward III	爱德华三世
Edward Irving	爱德华·欧文
Edward IV	爱德华四世
Edward Prince of Wales	威尔士亲王爱德华
Edward Seymour	爱德华·西摩
Edward the Elder	"长者"爱德华
Edward VI	爱德华六世
Edwin of Northumbria	诺森伯里亚的埃德温
Elbe	易北河
Elgin	埃尔金
Elizabeth I	伊丽莎白一世
Elizabeth Mure	伊丽莎白·缪尔
Elizabeth Stewart	伊丽莎白·斯图亚特

Elizabeth·Dunbar	伊丽莎白·邓巴
Empress Matilda	马蒂尔达皇后
Engagers	契约派
English Act of Settlement	《王位继承法》
Episcopal Church	圣公会
Ercildoun	埃塞尔多恩
Eric II	埃里克二世
Erlend Thorfinnsson	埃利勒·索芬森
Esk	埃斯克
Eskdale	埃斯克河
Esme Stewart	埃斯米·斯图亚特
Essay on Taste	《品味随笔》
Estates	庄园主会议
Etgar Mac Maíl Choluim	埃德加·麦克马尔科姆
Ettrick Shepherd	"埃特里克牧羊人"
Euphemia de Ross	尤菲米娅·德·罗斯
Euphemia Stewart	尤菲米娅·斯图亚特
Ewen MacPherson of Cluny	克卢尼的尤恩·麦克弗森
Eyder	埃德河
Eyemouth	艾茅斯
Falaise	法莱斯
Falkirk	福尔柯克
Fast Castle	法斯特城堡
Fergus of Galloway	加洛韦的弗格斯
Fergus the Great	弗格斯大帝
Fife	法伊夫
First Book of Discipline	《教会管理法规第一集》
First book of Edward the Sixth	《第一祈祷书》
First Covenant	《第一盟约》
First Book of Discipline	《教会管理法规第一集》

Firth of Clyde	克莱德湾
Firth of Forth	福斯湾
Five Articles of Perth	《珀斯五项条款》
Flanders	佛兰德斯
Flavius Theodosius	弗莱维厄斯·狄奥多西
Flemings	弗莱明人
Flora MacDonald	弗洛拉·麦克唐纳
Floris III	弗洛里斯三世
Floris V	弗洛里斯五世
Fort William	威廉堡
Fotheringhay	福瑟陵格
Francis I	弗朗索瓦一世
Francis Russell	弗朗西斯·罗素
Franciscans	方济各会
Frankfort	法兰克福
Frederick II of Denmark	丹麦国王腓特烈二世
French National Assembly	法兰西王国国民议会
Gaberlunzie Man	《流浪乞丐》
Gaelic	盖尔人
Galloway	加洛韦
Gary MacDonald	格伦加里·麦克唐纳
Gavin Douglas	加文·道格拉斯
Gavin Hamilton	加文·汉密尔顿
General Assembly	教会大会
General Wade	乔治·韦德
Geneva Confession of Faith	《日内瓦信仰告白》
George Buchanan	乔治·布坎南
George Dunbar	乔治·邓巴
George Gillespie	乔治·吉莱斯皮
George Gordon	乔治·戈登

George Hay-Drummond	乔治·海-德拉蒙德
George Home	乔治·霍姆
George Jameson	乔治·詹姆森
George Keith	乔治·基思
George Kerr	乔治·克尔
George Louis	乔治·路易
George Mackenzie	乔治·麦肯齐
George Monck	乔治·蒙克
George Seton	乔治·西顿
George sprott	乔治·斯普罗特
George Wishart	乔治·威沙特
Gerard	杰勒德
Gilbert Kennedy	吉尔伯特·肯尼迪
Gille Brigte of Galloway	加洛韦的吉尔·布里格特
Gille Coemgáin of Moray	马里的吉尔·科曼
Giric	吉里克
Giulio Alberoni	朱利奥·阿尔贝罗尼
Glasgow	格拉斯哥
Glen Fruin	格伦弗鲁因
Glen Shiel	格伦希尔
Glenfillan	格伦菲兰
Glenlivat	格伦利瓦特
Glorious Revolution	光荣革命
Gloucester	格洛斯特
Good Regent	"杰出摄政王"
Grampian Mountains	格兰皮安山脉
Granlon	格兰隆
Grassmarket	干草市场
Great Britain	大不列颠岛
Great Michael	"大迈克尔"号

Great Supplication	大请愿
Greenock	格里诺克
Gruoch of Scotland	苏格兰的格鲁克
Guardian	监国大臣
Gulf of Darien	达里恩湾
Haakon IV	哈康四世
Haddington	哈丁顿
Hadrianus	哈德良
Hamburg	汉堡
Hamiltons	汉密尔顿家族
Hammer of the Malignants	"保王党之锤"
Hampton Court	汉普顿宫
Hanseatic League	汉萨同盟
Harald Fairhair	哈拉尔·费尔海尔
Harald Maddadsson	哈拉尔德·马达德松
Harrying of Buchan	巴肯地狱
Havre	勒阿弗尔
Hebrides	赫布里底群岛
Hector Boece	赫克托·博伊斯
Henderson	亨德森
Henry Bell	亨利·贝尔
Henry Benedict Stuart	亨利·本尼迪克特·斯图亚特
Henry Dundas	亨利·邓达斯
Henry Hawley	亨利·霍利
Henry I	亨利一世
Henry II	亨利二世
Henry III	亨利三世
Henry IV	亨利四世
Henry Lowthere	亨利·劳瑟
Henry of Scotland	苏格兰的亨利

Henry Percy Hostspur	"急性子"亨利·珀西
Henry Raeburn	亨利·雷伯恩
Henry VI	亨利六世
Henry VII	亨利七世
Henry VIII	亨利八世
Henry Wardlaw	亨利·沃德洛
Henry Wynd	亨利·温德
High Chamberlain	高级内侍
High Court of Admiralt	海军部高等法院
High Steward	苏格兰王室大管家
Highland	高地
Highlanders	高地人
History of England	《英格兰史》
History of Europe	《欧洲史》
History of Scotland	《苏格兰史》
Holy See	罗马教廷
Holyrood	霍利鲁德
Holyrood Palace	霍利鲁德宫
Homildon	霍米尔登
House of Gordon	戈登家族
House of Lords	上议院
Howards	霍华德家族
Hugh Blair	休·布莱尔
Hugh de Cressingham	休·德克莱辛汉姆
Hugh Miller	休·米勒
Humphrey Clinker	《汉弗莱·克林克》
Hundred Years' War	百年战争
Huntingdon	亨廷登
Iceland	冰岛
Ida	艾达

Inchcolm Abbey	因奇科尔姆修道院
Independents	独立派
Indulf	因德武夫
Ingibiorg Finnsdottir	英格堡·芬斯多蒂尔
Instrument of Government	《政府文书》
Inverary	因弗雷里
Inverness	因弗内斯
Iona	艾奥纳
Ireland	爱尔兰
Irish Sea	爱尔兰海
Irvine	欧文
Isabel Douglas	伊莎贝尔·道格拉斯
Isabella MacDuff	伊莎贝拉·麦克达夫
Isabella sharp	伊莎贝拉·夏普
Isle of Arran	阿伦岛
Isle of Bute	比特岛
Isle of Man	马恩岛
Isle of Mull	马尔岛
Isobel of Huntingdon	亨廷登的伊索贝尔
Jack Short	杰克·肖特
Jacobites	雅各比派
James Beaton	詹姆斯·比顿
James Beattie	詹姆斯·贝蒂
James Carnegie	詹姆斯·卡内基
James Dalrymple	詹姆斯·达尔林普尔
James Douglas	詹姆斯·道格拉斯
James Drummond	詹姆斯·德拉蒙德
James Ferguson	詹姆斯·弗格森
James Francis Edward Stuart	詹姆斯·弗朗西斯·爱德华·斯图亚特
James Graham	詹姆斯·格雷厄姆

James granger	詹姆斯·格兰杰
James Guthrie	詹姆斯·格思里
James Hamilton	詹姆斯·汉密尔顿
James Hamilton	约翰·汉密尔顿
James Hepburn	詹姆斯·赫伯恩
James Hogg	詹姆斯·霍格
James II	詹姆斯二世
James III	詹姆斯三世
James Kennedy	詹姆斯·肯尼迪
James Mitchell	詹姆斯·米切尔
James Sharp	詹姆斯·夏普
James Steward	詹姆斯·斯图亚特
James Thomson	詹姆斯·汤姆森
James V	詹姆斯五世
James Watt	詹姆斯·瓦特
Jean de Vienne	让·德维埃纳
Jean Gordon	琼·戈登
Jedburgh	杰德堡
Jesuits	耶稣会
Joan Beaufort	琼·博福特
Joan of England	英格兰的琼
John Armstrong	约翰·阿姆斯特朗
John Balfour	约翰·巴尔弗
John Balliol	约翰·巴利奥尔
John Barbour	约翰·巴伯
John Beaufort	约翰·博福特
John Brown	约翰·布朗
John Campbell	约翰·坎贝尔
John Comyn	约翰·科明
John Comyn III of Badenoch	巴德诺赫的约翰·科明三世

John de Warenne	约翰·德·瓦伦
John Dunbar	约翰·邓巴
John Elphinstone	约翰·埃尔芬斯通
John Erskine	约翰·厄斯金
John Forbes	约翰·福布斯
John Galt	约翰·盖特
John Gibson Lockhart	约翰·吉布森·洛克哈特
John Gordon of Findlater	芬勒特的约翰·戈登
John Graham	约翰·格雷厄姆
John Hastings	约翰·黑斯廷斯
John Ker	约翰·克尔
John Knox	约翰·诺克斯
John Loudon McAdam	约翰·劳登·麦克亚当
John MacDonald	约翰·麦克唐纳
John Maitland	约翰·梅特兰
John Menteith	约翰·门蒂斯
John Middleton	约翰·米德尔顿
John Murray of Broughton	布劳顿的约翰·默里
John Napier of Merchiston	默奇斯顿的约翰·内皮尔
John of Bretayne	布列塔尼的约翰
John of Caithness	凯斯内斯的约翰
John of Fordun	福尔登的约翰
John of Lorn	洛恩的约翰
John Porteous	约翰·波蒂厄斯
John Ramsay	约翰·拉姆齐
John Reseby	约翰·雷斯比
John Skinner	约翰·斯金纳
John Spottiswood	约翰·斯波蒂斯伍德
John Stewart	约翰·斯图亚特
John Welch	约翰·韦尔奇

John Wilson	约翰·威尔逊
John Wycliffe	约翰·威克里夫
Justiciar	司法大臣
Kelso	凯尔索
Kenneth II	肯尼斯二世
Kenneth III	肯尼斯三世
Kenneth MacAlpin	肯尼思·麦卡尔平
Kent	肯特郡
Kerrara	凯勒拉岛
Kerrs	克尔家族
Kincardine	金卡丁
King Hart	《哈特国王》
King of England John	英格兰国王约翰
King of Scotland Edgar	苏格兰国王埃德加
Kingdom of the Isles	群岛王国
Kingdom of the West Saxons	西撒克逊王国
Kinghorn	金霍恩
King's Quhair	《国王书》
Kintyre	金泰尔
Kirkaldy	柯卡尔迪
Kirko'-Field	基尔科菲尔德
Knapdale	纳普代尔
Lady Catherine Gordon	凯瑟琳·戈登夫人
Lanark	拉纳克
Lancashire	兰开斯特人
Lancastrian	兰开斯特家族
Langside	兰赛德
Largs	拉格斯
Lauder	劳德
Lectures on Rhetoric and Belles Lettres	《关于修辞学和纯文学的演讲》

Leith	利斯
Lennox	伦诺克斯
Letter of marque	私掠许可证
Lewis	刘易斯
Lewis Gordon	刘易斯·戈登
Lincoln	林肯
Lindisfarne	林迪斯凡
Linlithgow	林利斯戈
Lionel of Antwerp	安特卫普的莱昂内尔
Liverpool	利物浦
Loarn Mac Eirc	洛恩·麦克·艾瑞克
Loch Garry	加里湖
Loch Leven	利文湖
Loch Linnhe	林尼湖
Loch Lomond	洛蒙德湖
Lochaber	洛哈伯
Lochlann of Galloway	加洛韦的洛克兰
Lochnannagh	洛赫南纳格
Logarithms	对数
Lollardy	罗拉德
Long Parliament	长期议会
Lord Aboyne	阿伯因勋爵
Lord Advocate	总检察官
Lord Darnley	达恩利勋爵
Lord High Commissioner	高级专员
Lord Justice Clerk	法院陪审法官
Lord Newbottle	纽伯尔勋爵
Lord Ochiltre	奥希尔特里勋爵
Lord of the Isles Donald	群岛领主唐纳德
Lord's Day	主日

Lords of the Congregation	主的圣会
Lords of the Isles	群岛之王
Loudon Hill	劳登山
Louis II Dorléans	路易二世·多莱昂
Louis VIII	路易八世
Louis XI	路易十一
Louis XIV	路易十四
Louis XV	路易十五
Lowland	低地
Lowlanders	低地人
Lulach	卢拉赫
Macbeth	麦克白
Macdougal of Lorn	戚洛恩的麦克杜格尔
Macduff of Fife	法夫的麦克达夫
MacGregors	麦格雷戈家族
MacIain of Glencoe	格伦科的麦克伦
Madagascar	马达加斯加岛
Madeleine of France	法兰西的马德莱娜
Máel Snechtai of Moray	马里的梅尔·斯内赫泰
Magnus Barefoot	"赤脚王"马格努斯
Malcolm I	马尔科姆一世
Malcolm II	马尔科姆二世
Malcolm III	马尔科姆三世
Malcolm IV	马尔科姆四世
Malise Graham	马利兹·格雷厄姆
Manchester	曼彻斯特
Marches	马奇
Margaret Douglas	克劳福德伯爵
Margaret Douglas	玛格丽特·道格拉斯
Margaret Drummond	玛格丽特·德拉蒙德

Margaret Maclauchlan	玛格丽特·麦克劳恰兰
Margaret of Denmark	丹麦的玛格丽特
Margaret of England	英格兰的玛格丽特
Margaret of Huntingdon	亨廷登的玛格丽特
Margaret of Scotland	苏格兰的玛格丽特
Margaret Stewart	玛格丽特·斯图亚特
Margaret Tudor	玛格丽特·都铎
Margaret Wilson	玛格丽特·威尔逊
Marie de Coucy	库西的玛丽
Marjorie Bruce	玛乔丽·布鲁斯
Marquess of Atholl	约翰·默里
Marquess of Huntly	历山大·戈登
Marquess of Tullibardine	塔利巴丁侯爵
Marriage	《婚姻》
Mary	玛丽
Mary Douglas	玛丽·道格拉斯
Mary I of England	英格兰的玛丽一世
Mary of Guelders	海尔德的玛丽
Mary of Guise	吉斯的玛丽
Mary Stewart	玛丽·斯图亚特
Massacre of Glencoe	格伦科大屠杀
Master of Forbes	福布斯的主人
Matilda of Scotland	苏格兰的马蒂尔达
Matthew Stewart	马修·斯图亚特
Maurice de Saxe	莫里斯·德·萨克斯
Maxwells	马克斯韦尔家族
Melrose Abbey	梅尔罗斯修道院
Mercia	麦西亚王国
Merne	莫恩人
Michael Scot	迈克尔·斯科特

Mile Act	《英里法》
Miss Ferrier	费里尔小姐
M'Lcllan	米克兰
Moffat	莫弗特
Moidart	莫伊达特
monastery of Scone	斯昆的修道院
Moors	摩尔人
Moray	马里
Moray Firth	马里湾
Morgarten	莫尔加滕
Mormaer	摩尔玛尔
Mount	芒特山
Mr. Edwards	爱德华兹先生
Mungo Park	芒戈·帕克
Murdoch Stewart	默多克·斯图亚特
Musselburgh	马瑟尔堡
Nair	奈尔
Nairn	奈恩
National Assembly	国民议会
National Council	国民议会
Navigation Act	《航海法案》
Nechtansmere	内甘斯米尔
Newark	纽瓦克
Newburn	纽本
Newcastle	纽卡斯尔
Nigel de Brus	奈杰尔·德布鲁斯
Noctes Ambrosianae	《夜之安布罗西亚那》
Non-intrusion party	不干涉派
Norham	诺勒姆
Norman knights	诺曼骑士

Normandy	诺曼底
Normans	诺曼人
Northampton	北安普顿
Northmen	北方人
Northumberland	诺森伯兰
Norway	挪威
Norwegians	挪威人
Nova Scotia	新斯科舍
Ochil	奥希尔
Office of Treasurer	司库
Old Pretender	"老僭王"
Old world	旧世界
Oliver Cromwell	奥利弗·克伦威尔
Orkney	奥克尼
Orkneys	奥克尼群岛
Ormsby	奥姆斯比
Orygynale Cronykil of Scotland	《韵律编年史》
Oswald of Northumbria	诺森伯里亚的奥斯瓦尔德
Oswiu	奥斯威
Otterburn Tower	奥特本塔
Outlines of Moral Philosophy	《道德哲学大纲》
Oxford	牛津
Palm Sunday	棕枝全日
Parliament of Great Britain	大不列颠议会
Parliament of Paris	巴黎议会
Patrick Forbes	帕特里克·福布斯
Patrick Hamilton of Kincavil	金卡维尔的帕特里克·汉密尔顿
Patrick Lindsay	帕特里克·林赛
Patrick Ruthven	帕特里克·鲁思文
Paul Thorfinnsson	保罗·索芬森

Paulinus of York	约克的波莱纳斯
Pavia	帕维亚
Penrith	彭里斯
Pentland Hills	彭特兰山
Perkin Warbeck	珀金·沃贝克
Perth	珀斯
Peterhead	彼得黑德
Philip II	腓力二世
Philip IV	腓力四世
Philip V	腓力五世
Philiphaugh	菲利普霍赫
Philosophy of the Human Mind	《人类心灵哲学原理》
Picardy	皮卡第
Picts	皮克特人
Political Economy	政治经济学
Pope Clement III	教皇克莱门特三世
Pope Paschal II	教皇帕沙尔二世
Pope Sixtus IV	教皇西克斯图斯四世
Porteous Riots	波蒂厄斯暴乱
Ports Augustus	奥古斯塔斯港
Ports George	乔治港
Prayer Book of the Reformed Church	《归正会的祈祷书》
Presbyter	长老会
Preston	普雷斯顿
Preston-pans	普雷斯顿潘斯
Prince of Cumbrians	坎布里安亲王
Prince of Orange William	奥兰治亲王威廉
Prince of Scotland Alexander	苏格兰王子亚历山大
Prince of Wale Edward	威尔士亲王爱德华
Privy Council	枢密院

Protector of England	英格兰的护国公
Protestant Associations	新教协会
Protestant Reformation	新教改革
Quadruple Alliance	四国同盟
Quakers	贵格会
Quintus Lollius Urbicus	昆塔斯·洛利乌斯·乌尔比古斯
Raid of Ruthven	鲁思文突袭
Ralph Percy	拉尔夫·珀西
Rathlin Island	拉斯林岛
Red Tod	"红托德"
Reform Bill	《改革法案》
Remonstrants	抗辩派
Renfrew	伦弗鲁
Richard Cameron	理查德·卡梅伦
Richard Cromwell	理查德·克伦威尔
Richard II	理查二世
Richard of Shrewsbury	什鲁斯伯里的理查德
Richard I	理查一世
River Aln	阿伦河
River Dee	迪伊河
River Ribble	里布尔河
River Tay	泰河
River Tees	蒂斯河
River Till	蒂尔河
River Tweed	特威德河
Robert Balliol	罗伯特·巴利奥尔
Robert Blackadder	罗伯特·布拉凯德
Robert Boyd	罗伯特·博伊德
Robert Burns	罗伯特·伯恩斯
Robert Cochrane	罗伯特·科克伦

Robert Curthose	罗伯特·库尔斯
Robert Dalzell	罗伯特·达尔泽尔
Robert de Brus	罗伯特·德布鲁斯
Robert Ferguson	罗伯特·弗格森
Robert Graham	罗伯特·格雷厄姆
Robert III	罗伯特三世
Robert Kilgour	罗伯特·基尔戈
Robert Leighton	罗伯特·莱顿
Robert Logan of Restalrig	雷斯塔里克的罗伯特·洛根
Robert McQueen	罗伯特·麦奎因
Robert Melville	罗伯特·梅尔维尔
Robert of Scone	斯昆的罗伯特
Robert Sidney	罗伯特·悉尼
Robert Smith Candlish	罗伯特·史密斯·坎德利什
Robert Stewart	罗伯特·斯图亚特
Robert the Brus	罗伯特·布鲁斯
Robert Wishart	罗伯特·威沙特
Roderick Random	《罗德里克·兰登》
Roger Bartholomew	罗杰·巴塞洛缪
Roger de Kirkpatrick	罗杰·德·柯克帕特里克
Rogers	罗杰斯
Roman Empire	罗马帝国
Roman general	罗马将军
Roman Law	罗马法
Romanists	天主教教徒
Romans	罗马人
Ross	罗斯
Roxburgh	罗克斯堡
Roxburgh Castle	罗克斯堡城堡
Royal Declaration	《王室宣言》

Rye House Plot	"黑麦屋阴谋"
Sacrament of the Lord's Supper	圣餐礼圣事
Saint Andrews	圣安德鲁斯
Saint Anselm of Canterbury	坎特伯雷的圣安塞尔姆大主教
Saint Conan	圣科南
Saint John's Town	圣约翰镇
Saint Margaret of Scotland	苏格兰的圣玛格丽特
Saint Mungo	圣芒戈
Saint Thomas of Canterbury	坎特伯雷的圣托马斯
Samuel Seabury	塞缪尔·西伯里
Sanquhar Declaration	《桑克尔声明》
Saxons	撒克逊人
Scandinavia	斯堪的纳维亚
Scotia	斯科舍
Scotichronicon	《苏格兰编年史》
Scots	斯科特人
Scots Guard of the French kings	法兰西国王苏格兰卫队
Scottish Secretary	苏格兰国务大臣
Scotts	斯科特家族
Second Book of Discipline	《教会管理法规第二集》
Secretary of State for Scotland	苏格兰国务卿
Selkirk	塞尔科克
Severus	塞维鲁
Sheriff	治安官
Sheriffmuir	谢里夫米尔
Shields	希尔兹
Shrewsbury	什鲁斯伯里
Sidney Godolphin	悉尼·戈多尔芬
Sigurd	西格德
Sigurd I	西格德一世

Simon Fraser	西蒙·弗雷泽
Sir Andrew Barton	安德鲁·巴顿爵士
Sir Archibald Alison	阿奇博尔德·艾利森爵士
Sir Archibald Douglas	阿奇博尔德·道格拉斯爵士
Sir David Brewster	戴维·布鲁斯特爵士
Sir David Wilkie	戴维·威尔基爵士
Sir Henry de Bohun	亨利·德·博恩爵士
Sir James Douglas	詹姆斯·道格拉斯爵士
Sir James Melville	詹姆斯·梅尔维尔爵士
Sir James Turner	詹姆斯·特纳爵士
Sir John Cope	约翰·科普爵士
Sir Patrick Gray	帕特里克·格雷爵士
Sir Ralph Neville	拉尔夫·内维尔爵士
Sir Robert Grahame	罗伯特·格雷厄姆爵士
Sir William Alexander	威廉·亚历山大爵士
Sir William Douglas	威廉·道格拉斯爵士
Sir William Kirkcaldy of Grange	格兰奇的威廉·柯卡尔迪爵士
Solway	索尔韦河
Solway Moss	索尔韦莫斯
Somerled	索默莱德
Sophia of Hanover	汉诺威的索菲娅
South Britain	大不列颠岛南部
Southern Isles	南岛
Spey River	斯佩河
St. Andrews	圣安德鲁斯
St. Andrews Castle	圣安德鲁斯城堡
St. Bartholomew's Day	圣巴塞洛缪节
St. Giles' Church	圣吉尔斯教堂
St. John Baptist's Day	圣约翰浸信会节
St. John of Beverley	贝弗利的圣约翰

St. Peter of York	约克的圣彼得
St. Wilfrith of Ripon	里彭的圣威尔弗雷德
Stephen of Blois	布卢瓦的斯蒂芬
Stirling	斯特灵
Strathbogie	斯特拉斯博吉
Strathclyde	斯特拉斯克莱德
Strathearn	斯特拉森
Sudereys	苏德里斯
Susan Edmonstone Ferrier	苏珊·埃德蒙斯通·费里尔
Sutherland	萨瑟兰
Sweden	瑞典
Swiss	瑞士人
system of representation	代议制
Tantallon Castle	坦特伦城堡
Tartars	鞑靼人
Test Act	《宣誓法》
Teutons	条顿人
The Ayrshire Legatees	《艾尔郡的继承者》
The Castle of Indolence	《懒散城堡》
The Dance of the Seven Deadly Sins	《七宗罪之舞》
The Dreme	《德雷姆》
The Entail	《遗赠》
The Golden Terge	《金色的白蚁》
The Habeas Corpus Act	《人身保护法》
The Inheritance	《遗产》
The life of David	《大卫传》
The Minstrel	《吟游诗人》
The Monarchy	《君主政体》
The Palace of Honou	《荣誉宫》
The Pleasures of Hope	《希望之悦》

The Satire of the Three Estates	《苏格兰庄园主会议的讽刺》
The Seasons	《四季》
The Thistle and the Rose	《蓟与玫瑰》
The Westminster Confession of Faith	《威斯敏斯特信条》
Theodosius I	狄奥多西一世
Thomas Boyd	托马斯·博伊德
Thomas Buchan	托马斯·巴肯
Thomas Campbell	托马斯·坎贝尔
Thomas Chalmers	托马斯·查默斯
Thomas Crawford of Jordanhill	乔丹希尔的托马斯·克劳福德
Thomas Dalziel	托马斯·达尔齐尔
Thomas Fiennes	托马斯·法因斯
Thomas Fyshe Palmer	托马斯·费舍·帕尔默
Thomas Green	托马斯·格林
Thomas Learmouth	托马斯·利尔茅斯
Thomas Livingstone	托马斯·利文斯通
Thomas Muir	托马斯·缪尔
Thomas Percy	托马斯·珀西
Thomas Randolph	托马斯·伦道夫
Thomas Rotherham	托马斯·罗瑟拉姆
Thomas Wentworth	托马斯·温特沃斯
Thomas wolsey	托马斯·沃尔西
Thorfinn Sigurdsson	托尔芬·西古德松
Thorstein	索尔斯坦
Tippermuir	蒂珀缪尔
Tithes	什一税
Tobias Smollett	托拜厄斯·斯莫利特
Tolbooth	托尔布斯
Tostig Godwinson	托斯蒂格·戈文森
Treasurer	财政大臣

Treaty of Aix-la-Chapelle	《亚琛条约》
Treaty of Berwick	《贝里克条约》
Treaty of Brigham	《伯厄姆条约》
Treaty of Edinburgh	《爱丁堡条约》
Treaty of Edinburgh–Northampton	《爱丁堡-北安普敦条约》
Treaty of Falaise	《法莱斯条约》
Treaty of Ripon	《里彭条约》
Treaty of Union	《合并条约》
Trot of Turriff	塔里夫小跑
Tulchan Bishops	"图尔坎"主教
Turgot of Durham	达勒姆的图尔戈特
Turks	土耳其人
Turriff	塔里夫
Tweedmouth	特威德茅斯
Tyne	泰恩河
Tynedale	泰恩河谷
Tynemouth	泰恩茅斯
Uhtred the Bold	博尔德的乌特雷德
Ulster	阿尔斯特
University of Aberdeen	阿伯丁大学
University of Edinburgh	爱丁堡大学
University of Glasgow	格拉斯哥大学
University of Paris	巴黎大学
University of St Andrews	圣安德鲁斯大学
Upslo	厄普斯洛
Uttoxeter	尤托克西特
Valentia	瓦伦西亚
Valentinian I	瓦伦丁尼安一世
Virgil's Eneid	《埃涅伊德》
Viscount of Kenmure	肯穆尔子爵

Walter Bower	沃尔特·鲍尔
Walter Chapman	沃尔特·查普曼
Walter Espec	沃尔特·埃斯佩克
Walter Fitz-Alan	沃尔特·菲茨－艾伦
Walter Milne	沃尔特·米尔恩
Walter Scott	沃尔特·斯科特
Walter Stewart	沃尔特·斯图亚特
Waltheof	瓦尔塞奥夫
Waltheof of Bamburgh	白姆布勒的瓦尔塞奥夫
Wardens of the Border	边境守卫官
Wars of the Roses	玫瑰战争
Wealth of Nations	《国富论》
Welsh	威尔士人
Werk	威克
Wessex	韦塞克斯
Western Isles	西部群岛
Westminster	威斯敏斯特
Westminster Assembly	威斯敏斯特神学会议
Whiggamore Raid	辉格党突袭
Whitehall	白厅
William Boyd	威廉·博伊德
William Crichton	威廉·克赖顿
William Cunningham	威廉·坎宁安
William de Lamberton	威廉·德兰伯顿
William de Warenne	威廉·德·瓦伦
William Douglas	威廉·道格拉斯
William Drummond of Hawthornden	霍桑登的威廉·德拉蒙德
William Dunbar	威廉·邓巴
William Frase	威廉·弗雷泽
William Haselrig	威廉·哈塞里克

William Hay	威廉·海
William II	威廉二世
William Maitland of Lethington	莱辛顿的威廉·梅特兰
William Maxwell	威廉·马克斯韦尔
William Murray	威廉·默里
William Nicholson	威廉·尼科尔森
William Olifant	威廉·奥利方
William Paterson	威廉·帕特森
William Robertson	威廉·罗伯逊
William Ruthven	威廉·鲁思文
William the Conqueror	"征服者"威廉
William the Lion	"狮子"威廉
William Turnbull	威廉·特恩布尔
William Wallace	威廉·华莱士
William Widdrington	威廉·威德林顿
Wolf of Badenoch	巴德诺赫之狼
Word of God	《圣言论》
Yorkists	约克家族
Young Chevalier	"小僭王"